Sergei Radamsky
Der verfolgte Tenor

Sergei Radamsky

DER VERFOLGTE TENOR

Mein Sängerleben zwischen Moskau und Hollywood

R. Piper & Co. Verlag

Vom Verfasser autorisierte Übersetzung
aus dem Englischen von Horst Leuchtmann

ISBN 3-492-01974-9

Gesetzt aus der Linotype-Janson
Gesamtherstellung: Graph. Werkstätten Kösel, Kempten
Printed in Germany

Von einem Impresario fast ruiniert,
doch gerettet
von einem großen Dirigenten,
Leopold Stokowski,
dem dieses Buch in Zuneigung gewidmet ist.

1923 gab ich ein Konzert in Lodz in Polen. Ein Kritiker schrieb: »Warum gilt Radamsky als russischer Tenor, wo man in seinen russischen Liedern doch deutlich den polnischen Tonfall hört?«
1927 ereiferte sich Ippolitow-Iwanow: »Was heißt hier amerikanischer Tenor?« Er umarmte mich und sagte gerührt: »Er ist Russe von unserem Fleisch und Blut!«
1929 bezog ich in New York bei einer Hochzeit eine tüchtige Tracht Prügel von anwesenden Neapolitanern, weil ich meine italienische Abstammung verleugnet hätte.

Inhalt

Vorwort

Dieses Buch habe ich aus mehr als einem Grund geschrieben. In meinen ersten Schuljahren teilte ich mein Pausenbrot mit ärmeren Kameraden und stahl meinem Vater Geld, um es denen zu geben, die es nötiger brauchten. Mit fünfzehn Jahren erfaßte mich eine schwärmerische Liebe zu Jesus. Mit achtzehn war ich in Revolutionskreisen tätig und verteilte Aufrufe an die Kasernen und wurde dabei beinahe erschossen. Im Alter von zwanzig Jahren sollte ich nach Sibirien deportiert werden und mußte bei Nacht und Nebel Eltern und Heimat verlassen.

Ein Jahr lang war ich allein in einer fremden Welt und fand mich dann in New York – ohne einen Pfennig Geld, hungrig, ohne Ausbildung und ohne Zukunft. Ich war verzweifelt und hatte alle Hoffnung verloren; da wurde meine Stimme entdeckt. Die Menschen waren nett zu mir und halfen mit Geld und guten Worten. Nach langen Jahren harten Studiums erlangte ich Anerkennung als Sänger und Pädagoge.

Aber mein russischer Name war keine Garantie für den italienischen Bel canto, und so wurde mein Aufstieg schwierig. Doch Lob von der Kritik und pädagogische Arbeit an Konservatorien und Akademien festigten meinen Ruf. Radikale Gesinnung, Parteinahme für die Sowjetunion und meine Verbundenheit mit der Arbeiterbewegung in Amerika beeinträchtigten meine finanziellen Erfolge; ich war aber entschlossen, meinen Weg zu gehen, und habe ihn nie verlassen.

Weil es mir gelang, die naturgegebenen Schwierigkeiten meiner Stimme zu überwinden, und wegen der Leichtigkeit, mit der ich *mezza voce*, Koloraturen, *Crescendo* und *Descrescendo* zu singen verstand, bin ich oft aufgefordert worden, ein Buch über meine Methode zu schreiben, um damit jungen Sängern zu helfen. Das hätte ich gern getan, wenn ich der Ansicht gewesen wäre, es gäbe eine Methode, die für alle Sänger anwendbar sei. Ich muß das jedoch bestreiten. Zahlreiche Bücher sind über Gesangsmethoden erschienen, die – mit wenigen Ausnahmen – junge Sänger nur verwirren müssen. Die großen Sänger, die ich jahrelang tagtäglich hören konnte – Melba, Flagstad, Destine, Farrar, Galli-Curci, Lilli Pons, Caruso, McCormack, Bonci, Tauber, de Lucca, Ruffo, Schaljapin – sie alle hatten eine ganz individuelle Art, mit ihrer Stimme umzugehen.

Die Naturwissenschaften haben bislang das Geheimnis der menschlichen Stimme nicht lüften können – und auch nicht das Geheimnis der Nachtigall. Aber wir wissen, daß jedes lebendige Wesen, ob Mensch oder Tier, einen Klang hervorbringt, welcher der Gesamtheit seines physischen, geistigen und seelischen Seins entstammt, und das erklärt auch, weshalb sogar die größten Sänger oftmals »nicht bei Stimme« sind. Was für den einen Sopran gut ist, kann dem anderen schaden. Es gibt keine zwei Stimmen, die sich in Fülle, Klang oder Umfang vollkommen ähnlich sind. Jede Stimme muß gemäß ihrer eigenen natürlichen Beschaffenheit behandelt werden, und die physische und auch emotionale Individualität des einzelnen Sängers erfordert gebührende Berücksichtigung.

Um aber mit dem Gesang Karriere machen zu können, muß man auch um die Tücken, Schwierigkeiten und Nöte wissen, die einen in diesem Beruf erwarten. Es genügt also nicht, in jungen Jahren eine hübsche Stimme zu entdecken, um gleich auf eine Sängerlaufbahn zuzusteuern. Gute Gesundheit, Musikalität, Begabung und Geld sind für eine erfolgreiche Karriere unerläßlich. Man hat mir oft vorgeworfen, ich hätte mir meinen Weg unnötig erschwert, weil ich mich zuallererst als soziales Wesen und erst in zweiter Linie als Sänger betrachtet hätte. Ich hätte mir selbst Schwierigkeiten in den Weg gelegt, die mich oftmals in ausweglose Lagen gebracht hätten. Das mag nun sein wie es will: Ich gebe zu, daß mein Fall vielleicht außergewöhnlich war.

Ich hatte elf Gesangslehrer – einige davon ausgezeichnet und einige, die mich nur verwirrten. Mehrmals war ich nahe daran,

die ganze Singerei einfach hinzuwerfen. Ich begriff schon ganz am Anfang, daß ich mich auf einen gefährlichen Beruf eingelassen hatte, der keine Regeln und Gesetze kennt, auf die Verlaß wäre. Jeder Gesangslehrer, besonders in New York, war überzeugt, mich zum Ruhme zu führen. Aber die meisten änderten rasch ihre Einstellung, wenn sie erkennen mußten, daß hinter mir keine reichen Verwandten standen, die mich hätten unterstützen können. Vermittler und Impresarios haben mich aus demselben Grunde immer wieder schnell fallengelassen.
Mein Interesse am sozialen und geistigen Leben meiner Umgebung brachte mir den Ruf ein, ein Revolutionär zu sein. Ich schreibe auch über die gesellschaftlichen Bewegungen, besonders in Rußland, und über die Leiden der Künstler, die für ihre Ideale zu kämpfen bereit waren.
Ich freue mich, daß Klaus Piper an der Darstellung meines »unordentlichen« Lebens Gefallen gefunden hat. Wir lernten uns auf Elba durch meine dortigen Konzerte kennen. Du hast Dich, lieber Klaus, für meine Kunst und mein Leben interessiert, wenn Dir auch vielleicht mein rückhaltloses Eintreten für die sozialistische Idee etwas naiv erscheinen mochte. Dennoch hast Du mir in meinem Lebensbericht jede Freiheit gelassen, überall in meinem Buch meine wahren Überzeugungen auszudrücken.
Und so hoffe ich, daß dieses Buch, das kein Allheilmittel anbieten kann, meinen jungen Freunden nützlich und auch für andere unterhaltend sein möge. Wie ich in meiner Jugend meine belegten Brote teilte, möchte ich jetzt an meinen Lebenserfahrungen teilhaben lassen.

Elba, Sommer 1972 S. R.

Frühe Jahre

Meine Mutter war in Pjetrakow im damaligen Russisch-Polen geboren, wo mein Großvater Aaron Zlotnik einen blühenden Holzhandel betrieb. Großvater war ein Riese von fast zwei Metern, mit einem mächtigen grauen Bart, und unter den gewaltigen Augenbrauen konnte man seine durchdringenden blauen Augen kaum sehen. Die Bauern hatten Angst vor ihm, und die Kaufleute und Beamten legten großen Respekt an den Tag. Sie nannten ihn Zlotnik, auf deutsch: Goldmann, weil er immer mit Goldmünzen zahlte. Und da die polnischen Bauern den Papierrubelchen des Zaren nicht trauten, konnte er sein Holz ganz nach Belieben einhandeln. Er war so stolz wie er lang war, sprach nur ganz abgehackt und sagte nichts zweimal, wenn man ihn nicht sogleich verstand. Wenn ihm etwas nicht gefiel, stand er nur da und sah einem so lange unverwandt in die Augen, bis man sich entschuldigte oder eine Erklärung vorbrachte. Dabei schaute er aus, als könne er einen umbringen; aber in Wirklichkeit hat er in seinen ganzen achtzig Lebensjahren keiner Fliege etwas zuleide getan. Mit einem unglücklichen Zwischenfall wurde er jedoch nicht fertig. Jahrelang waren ihm Baumstämme vom Lagerplatz gestohlen worden, und zwar stets am Freitagabend. Die Diebe wußten, daß Großvater dann mit der ganzen Familie bei Tisch saß und sang und trank und daß niemand da war, das Holz zu bewachen. An einem solchen Freitagabend kam seinen beiden Söhnen eine glänzende Idee. Sie schichteten über den Holzstapel besonders dicke Stämme, die viel zu schwer waren, als daß man sie auf der Schulter hätte fortschleppen können. Aber sie irrten sich: am nächsten Morgen war das Holz fort, aber zwei dieser dicken Stämme fand man im Dorf, wo die Diebe sie hatten zurücklassen müssen. Später wurde bekannt, daß zwei Bauern sich dabei das Genick gebrochen hatten. Die Kaufleute und Beamten und auch der katholische Geistliche der Stadt gratulierten den Brüdern zu ihrer Schläue – nur Großvater war unglücklich. Der Tod der beiden Bauern und damit der Ruin ihrer Familien lasteten so schwer auf seinem Gewissen, daß er sein Geschäft, das er doch im Lauf seines Lebens aufgebaut hatte, verkaufte und nach Lodz zog. Dort lernte seine älteste Tochter Deborah einen braven jungen Mann aus der Familie Radamsky kennen. Sie verliebten sich auf den ersten Blick, heirateten und bekamen einen Sohn – das war ich.

Jedes Jahr, das Gott werden ließ, beschenkte meine Mutter die Welt mit einem Sohn oder einer Tochter, bis wir elf Geschwister waren. Drei starben allerdings bald nach der Geburt. Ich erinnere mich, wie ein kleiner Junge von anderthalb Jahren aufgebahrt lag, das Körperchen in ein weißes Laken gehüllt. Um Mitternacht stahl ich mich heimlich in den Raum, schlug das Laken zurück und küßte den Kleinen. Er lächelte, und ich fragte ihn ganz ruhig, ob er denn wisse, daß er tot sei. Da öffnete er die Augen und schaute mich an. Ich sagte, es täte mir furchtbar leid, aber er würde am nächsten Morgen fortgebracht und in der Erde eingegraben.

Großvater, der bei uns wohnte, schlief im Nebenzimmer. Als er sprechen hörte, öffnete er die Tür und fragte ärgerlich: »Was tust du denn da?«

»Ich spreche mit meinem kleinen Bruder.«

»Weißt du denn nicht, daß er tot ist?«

»Nein, er hat mich angelächelt und sich gefreut, als ich ihm einen Kuß gegeben habe.«

Großvater kam rasch herbei und schaute sich den Kleinen an. »Nein, er lächelt nicht – er ist tot.«

Ich schaute jetzt auch genau hin und sah, daß der Kleine die Augen geschlossen hielt und nicht mehr lächelte.

Großvater sagte nur: »Du bist ein komisches Kind. Geh jetzt schlafen und erzähle niemandem, was du gemacht hast.« Als später die beiden anderen Geschwister starben, mußte immer ein Mann über Nacht Wache halten bei den Toten.

Ich liebte Großvater Aaron. Er schrie nie, und niemals habe ich ihn ein böses Wort sagen hören, obwohl er streng war. Großmutter Njunja war zierlich und hatte liebe braune Augen. Die beiden sprachen selten miteinander in meiner Gegenwart, lächelten sich aber oft zu. Ich war gerne bei ihnen und schlich mich oft von meinen Geschwistern fort, um bei ihnen zu sitzen.

Mein väterlicher Großvater Elia war ein kleiner Mann mit rotem Bart. Er erzählte ständig Witze, die ich meistens gar nicht verstand. Seine erste Frau gebar ihm drei Söhne und drei Töchter und starb mit vierzig Jahren. Er heiratete wieder, eine hübsche junge Frau, die jeder leiden mochte. Sie gebar ihm zwei weitere Kinder und starb bei der Geburt des dritten. Kurz darauf heiratete er zum dritten Mal, diesmal eine junge Witwe aus Warschau. Sie erfreute sich keiner Beliebtheit bei der Familie. Ich hörte einmal Großvater Elia zu Gästen sagen: »Frauen sollten wie Lackschuhe sein. Wenn sie neu sind und glänzen, sind wir stolz auf sie und pflegen sie ordentlich. Sind sie aber abgetragen, werfen wir sie fort und kaufen neue.«

Alle lachten – außer meinem Vater, und als er merkte, daß ich Großvater gegenüber ein Gesicht zog, nahm er mich beiseite und sagte: »Großvater hat nur Spaß gemacht.«

Die Eltern meiner Mutter zogen auch in die Nähe von Lodz, wohnten aber für sich auf dem Lande. Freitags bettelte ich mir von der Mutter drei Kopeken, um zu ihnen zu fahren und übers Wochenende dort zu bleiben. Großmutter summte ständig Volkslieder, und wenn ein Lied besonders lustig war, mußte sie es für Großvater wiederholen. Bei anderen Liedern sagte er nur: »Dies konnte meine Mutter nicht leiden.« Wenn ich fragte, warum nicht, antwortete Großvater immer: »Ich habe meiner Mutter niemals Fragen gestellt.« Später merkte ich, daß er Tanzmelodien am liebsten mochte. Seine Begründung dafür war: »Warum singt ihr traurige Lieder? Es gibt genügend Traurigkeit in der Welt.« Ich fragte mich, warum auch mir die traurigen Lieder am besten gefielen. Vaters Lieblingslied war Lenskis Arie aus Tschaikowskijs Oper *Eugen Onegin*.

In den neunzehn Jahren, die ich mit meinem Vater zusammenlebte, hörte ich ihn nicht ein einziges Mal einen Witz erzählen. Und wenn die anderen vor Lachen brüllten, lächelte er kaum.

Meine Eltern lieferten Futtermittel für die Pferde der besseren Herrschaften sowie der russischen Armee, und da sich unsere Mutter um das Geschäft kümmern mußte, blieb unsere Erziehung den Dienstboten überlassen – nicht etwa feinen Gouvernanten, sondern einfachen polnischen und ukrainischen Bauernmädchen. Wenn die Eltern abends aus dem Geschäft nach Hause kamen, wurden die Mädchen gefragt, ob wir artig gewesen waren. Da es kaum Klagen gab, waren die Eltern zufrieden ob ihrer wohlgeratenen Kinder.

Wir waren nicht reich, hatten aber doch stets genügend Geld und satt zu essen – meine Schulkameraden jedoch selten eine Kopeke in der Tasche oder ein Butterbrot. Wenn ich in der Schule mein dickgebuttertes Käsebrot auspackte, standen die anderen herum mit gierig sabbernden Mäulern. Angelegentlich fragten sie, ob ich denn alle vier Brote allein aufessen würde, und so teilte ich eines mit ihnen. Sie aber würgten die Bissen so hastig hinunter, daß ich nicht umhin konnte, den Rest meiner Ration herzugeben. Schließlich sammelten sich immer mehr Jungen um meine Freßfeste. Hungrig kam ich nach Haus, und die Köchin schnitt mir mehr Butterbrote und steckte mir oft ein Extrastück Käse zu. Als ich dennoch mit wahrem Heißhunger nach Hause kam, verständigte sie meine Mutter, der ich von meinen Schulkameraden erzählte. Ich dachte, daß sie etwas sagen würde, aber sie machte keinerlei Bemerkung. Ich blieb ganz verwirrt zurück – war es ihr nun recht oder nicht? Ich fuhr jedenfalls fort, meine Butterbrote zu verteilen.

Meine kleine Welt

Das erste Mal, daß meine Eltern ernsthaftes Interesse an mir zeigten, war, als sie dahinterkamen, daß ich zu Hause Geld stahl. Das wäre niemals aufgekommen, wenn nicht unsere Nachbarin meiner Mutter erzählt hätte, ihr Iljoscha, mein Schulkamerad, brächte immer Geldstücke mit nach Haus.

»Ihr Serjossha geht mit ihm nach der Schule zum Sandspielen, und da finden sie immer Silbermünzen. Heute hat der Iljoscha sogar dieses goldene Fünfrubelstück mitgebracht. Wissen Sie etwas davon?«

Anstatt sich lange zu wundern, sagte Mutter nur: »Das ist vielleicht des Rätsels Lösung. Seit Wochen verschwindet bei uns Geld. Die Mädchen sind schon seit Jahren bei uns, und die Amme nährt das zweite Kind, und niemals haben wir Grund gehabt, an ihrer Ehrlichkeit zu zweifeln. Wie sollten wir auf den Gedanken kommen, unseren siebenjährigen Buben zu verdächtigen?«

Ich wurde verhört und gestand sofort meine Schuld ein – ich sehe noch heute die bestürzten Gesichter meiner Eltern. Ein Familienrat wurde einberufen mit Vater, Großvater und den verschiedenen Onkeln. Ich wurde vorgeladen, und nach langem Hin und Her verkündete mir Onkel Berrill das Urteil: ich sollte nach altem Brauch bestraft werden – dem Dieb werden die Finger verbrannt. Das sollte am nächsten Sonntag geschehen.

Ich fragte Vater: »Wer wird mir die Finger verbrennen? Du doch nicht?!«

Mit großem Ernst und mit einer Stimme, die ich kaum ertragen konnte, fragte mich Vater nach dem Grund für meine Sünden. Ich sagte, ich hielte es nicht für gerecht, daß wir immer Geld und reichlich Essen hätten, während meine Schulkameraden keines von beiden besäßen.

Er wollte wissen, wo ich so etwas gelernt hätte, und ich antwortete: »Bei dir – du gibst doch den Armen auch immer Geld.« Er sah mich an, sagte aber nichts. Ich wunderte mich wieder – mir war nicht klar, ob er nun meine Handlungsweise billigte oder nicht. Als ich ihn fragte, warum Onkel Berrill mich einen kleinen Dummkopf genannt hatte, schwieg er ebenfalls.

Vater war von mittlerer Größe, mit blauen Augen und einem kleinen roten Bart. Er lächelte oder schaute traurig drein, aber niemals erhob er seine Stimme. Nach dem Urteilsspruch, daß mir die Finger verbrannt werden sollten, ging mir Vater aus dem Wege.

Der Sonntag kam. Ich ging zu meinem Vater, der bei den Gästen saß, legte meine Hände auf den Tisch und sagte: »Ich komme, um mir die Finger verbrennen zu lassen.«

Die Gäste schauten mich ganz verblüfft an. Ich sah, daß Vater Tränen in die Augen traten.
Da zog ich die Hände zurück, schaute ihm gerade ins Gesicht und sagte: »Ich verspreche, niemals wieder Geld zu stehlen« und entschuldigte mich für die Störung. Ich hörte, wie mich die Verwandten ein »seltsames Kind« nannten. »Wo hat er bloß diese Ideen her?«
Onkel Berrill, der mich ausgeschimpft und einen kleinen Dummkopf genannt hatte, fragte ich: »Warum macht Gott manche reich und manche arm?« – »Wenn du älter bist, wirst du nicht mehr solche dummen Fragen stellen«, antwortete er und drehte sich brüsk um.
Vaters Mitleid und Erbarmen mit anderen blieben nicht ohne Eindruck auf mich. Er war kein Geistesheld und nicht einmal ein guter Geschäftsmann. Hätten wir nicht unsere Mutter gehabt, die das Geschäft führte, wären wir arm dran gewesen.
Unsere Wohnung bestand aus mehreren Zimmern. Vater und Mutter hatten ein geräumiges Schlafzimmer; mein jüngerer Bruder und ich teilten ein Zimmer, ebenso meine zwei kleinen Schwestern. Nastja, die Amme, schlief mit dem Kleinsten und der Köchin zusammen, und die anderen Dienstmädchen hatten ihre Strohmatratzen in der großen Küche. Die Mädchen hatten ihre Freunde, die sie regelmäßig besuchen kamen und bei ihnen aßen. Dann luden sie mich oft zu sich in die Küche ein, wo sie Volkslieder sangen und auch mir ordentlich zu essen vorsetzten.
Einmal beobachtete ich, wie Nastja mit einem großen Kerl in ihrem Zimmer verschwand. Als ich Geräusche hörte, äugte ich neugierig durchs Schlüsselloch und sah Nastja auf dem Boden liegen, die Beine weit gespreizt, und über ihr der Kerl, der auf und nieder wippte. Ich lief zur Köchin und schrie und heulte, der »Pan« wolle unsere Nastja töten. Aber die Köchin lachte nur. Also rannte ich zur Mutter und erzählte ihr, daß ein Mann unsere Nastja umbringen wolle. Mutter eilte sofort nach Haus und fand den Mann mit Nastja am Tisch sitzen und essen. Meine Mutter fragte nach, und die Köchin erklärte ihr, er wäre der Freund von der Amme und käme jeden Mittag zu einem kleinen Späßchen.

Als ich das hörte, fragte ich Mutter: »Warum müssen sie denn ihr Späßchen auf dem Fußboden treiben?« Mutter antwortete: »Sie haben auf dem Fußboden geschlafen, das ist alles. Und das nächste Mal spionierst du nicht hinter den Dienstboten her!« Dieser »Spaß« auf dem Fußboden beunruhigte mich sehr, aber ich wagte keine weiteren Fragen zu stellen.

Es bedrückte mich auch, daß es immer etwas gab, das Vater nicht wissen durfte, und als ich ihm davon erzählte, daß jeden Mittag ein Mann in die Küche kam, um mit Nastja zu essen, zu trinken und anschließend mit ihr sein »Späßchen« auf dem Fußboden zu treiben, sagte er: »Ich habe niemals jemanden gesehen; und du mußt auch nicht alles weitererzählen, was du siehst und hörst.«

Eines Tages fragte mich eine meiner Tanten: »Ist deine Mutter immer noch nicht damit einverstanden, daß du uns besuchen kommst?« Diese Frage überraschte mich, weil Mutter niemals ein Wort darüber verloren hatte. Sie war zu stolz dazu; ebenso zog sie auch niemals jemanden ins Vertrauen. Oft hörte ich sie sagen: »Dies oder jenes ist gut für andere, aber nicht für meine Kinder.« Man brachte uns bei, daß wir etwas Besonderes seien. Großer Wert wurde darauf gelegt, daß wir nicht zuhörten, wenn andere Leute sich unterhielten, und daß wir nicht weitererzählten, was wir notgedrungen mit anhören mußten.

Als ich zwölf Jahre alt war, schlug unser Lehrer einen Schulkameraden mit seinem Spazierstock derart auf den Kopf, daß ihm das Blut von der Stirn floß. Der Lehrer pflegte uns auch sonst im Unterricht ins Gesicht zu schlagen. Ich stand auf und sagte mit lauter Stimme: »Wenn ich groß wäre, würde ich das Blut aus Ihrem Kopf spritzen lassen.« Als er den Stock hob, um auch mich zu schlagen, lief ich aus dem Klassenzimmer, ging nach Hause und weigerte mich beharrlich, die Schule weiterhin zu besuchen.

Vater war sehr unglücklich darüber, hatte aber alles Verständnis für mich. Aber Mutter bestand darauf, daß er mich dafür bestrafen müsse. Zunächst widersetzte er sich; endlich aber gab er mir dann doch ein paar hinter die Ohren, mehr eigentlich, um sie zufriedenzustellen. In dem Augenblick stürzte Mutter auf ihn zu, um ihm Einhalt zu gebieten. »Geh weg«, sagte ich, »zuerst bekniest du Vater so lange, bis er zuschlägt, und dann paßt es dir nicht, wenn er tut, was du willst.«

Vater war zwar entsetzt über meinen Ausbruch, sagte aber nichts. Mutter war mit uns beiden böse. Bei solchen Gelegenheiten nahm sie ein Buch zur Hand und las, ohne uns zu beachten.

Die Neuigkeit über diesen Zwischenfall machte die Runde; ich erntete Lobsprüche über meinen Mut und fühlte mich wie ein Held. »Dieser kleine Kerl mit seinen zwölf Jahren hat dem Lehrer eine tüchtige Lektion erteilt!« hieß es, und ich war das Gespräch der gesamten Nachbarschaft. Ich weigerte mich standhaft, wieder einen Fuß in die Schule zu setzen und verlangte, daß meine Eltern mich privat unterrichten ließen.

Mutter hielt immer zu ihren Freundinnen und war recht intim mit den Töchtern einer sehr reichen polnischen Familie, die sich manchmal mit russischen Offizieren in unserem Laden trafen. Ich mußte den Mädchen Briefchen und Geschenke der Offiziere überbringen. Eines dieser Mädchen, Annuschka, ein ziemlich pummeliges Geschöpf mit großen Augen, kam häufig um die Teestunde in den Laden, um Mutter zu besuchen. Sobald aber jemand den Laden betrat, huschte sie in den Nebenraum und versteckte sich dort. Ich beobachtete sie – es kam mir komisch vor, daß sie vor aller Welt außer Mutter solche Angst haben sollte.

Eines Nachmittags war sie wieder in dem bewußten Nebenraum, zusammen mit dem russischen General Radsumow, und als sie herauskam, war sie hochrot im Gesicht und ihr Brusttuch war ganz unordentlich. Ohne auch nur auf Wiedersehen zu sagen, rannte sie durch die Hintertür davon. Ich fragte, was denn los sei. »Ich weiß auch nicht«, sagte Mutter. »Stelle bitte keine Fragen über Annuschka und den General.«

Das machte mich natürlich nur um so neugieriger. Ich versteckte mich also das nächste Mal, um sie zu beobachten. Der General legte seine Hände auf Annuschkas dicke Brüste, griff ihr zwischen die Beine und preßte sie dann fest an sich. Beide wurden sie ganz rot im Gesicht. Ich hatte auch einmal gehört, wie Annuschka zu Mutter sagte: »Er gibt mir massenhaft Geld, aber ich hasse seinen großen schmutzigen Bart.«

Am nächsten Tag brachte der General zwei Schachteln Schokolade, eine für Mutter und die andere, mit einem Briefchen, für Annuschka. Das Geschenk mußte ich überbringen. Ich schaute auf seinen Bart und mußte lachen. »Bring ihr sofort die Schokolade!« brüllte er mich an und ich lief also zu Annuschka und sagte: »Das ist von dem General mit dem schmutzigen Bart.« Sie nahm mich mit auf ihr Zimmer und begann mich zu streicheln und verlangte, daß ich sie küssen sollte. Das tat ich. Darauf knöpfte sie mir die Hosen auf und fummelte an mir herum, wobei sie mir schrecklich wehtat. Ich rannte aufgelöst und angewidert aus ihrem Zimmer. Zuhause erzählte ich nichts; aber ich war die ganze Nacht in heller Aufregung.

Am folgenden Tag behauptete Annuschka, ich hätte die Schokolade halb aufgegessen, und sie hätte mich dafür bestrafen müssen. Mutter schalt mich aus, daß ich ihr Schande gemacht hätte, aber ich schämte mich zu sehr, als daß ich ihr hätte sagen können, was wirklich passiert war. Mutter verbot mir daraufhin, wieder in den Laden zu kommen, solange ich mich nicht anständig ihren Bekannten gegenüber benehmen könne.

Ich war sehr unglücklich darüber, weil ich stolz war auf meine Mutter. Sie war bildschön, sehr elegant und sprach fließend Polnisch, Russisch und Deutsch. Ich mochte es, wenn ihr die Leute Komplimente machten, aber ihre Freundinnen, die sich immer in den Ecken des Ladens mit den russischen Generälen herumdrückten und kicherten, konnte ich nicht ausstehen. Mutter fragte mich einmal, warum ich denn Annuschka nicht leiden könne.

»Sie hat damals bei der Sache mit der Schokolade gelogen«, sagte ich.

»Und warum magst du ihre Schwester Halka nicht?«

»Weil sie die ganze Zeit kichert, wenn sie mit dem General Sawrugin spricht. Als der Oberst heute morgen wegging, hörte ich ihn zu seinem Freund Jefimow sagen: ›Etta Polatschka krassawitza no bolschaja dura‹ (dieses polnische Luder ist schön, aber dumm).«

Mutter wurde sehr traurig. »Magst du keine meiner Freundinnen leiden?«
»Doch, ich mag deine Freundinnen, aber nicht diese beiden.«
Und wieder ließ Mutter ihre Wut an Vater aus, weil er nicht streng genug mit mir sei, und machte uns alle drei unglücklich.
Es war kurz vor meinem dreizehnten Geburtstag, und Mutter war schon mit den Vorbereitungen für ein großes Fest am Gange, als ich plötzlich Blinddarmentzündung bekam. Mutter glaubte zuerst, es wären noch die Folgen eines Huftritts. Damals war es mit dem Operieren noch nicht so einfach wie heute, und ins Krankenhaus eingeliefert zu werden, bedeutete oftmals, nicht wieder lebendig herauszukommen. Der Arzt verschrieb Eisbeutel, und am nächsten Tag kam ein Spezialist aus Warschau, der allerdings wenig Hoffnung äußerte. Ich hatte hohes Fieber, und mein Zustand verschlimmerte sich in der Nacht. Doch wie durch ein Wunder überstand ich alles. Dreizehn Wochen mußte ich im Bett bleiben. Hinterher war ich noch niedergedrückter über meine Umgebung als zuvor. Ich wurde melancholisch und nörgelte an allem herum. Annuschka und ihre Schwester trafen sich wie eh und je mit den russischen Generälen in unserem Laden und schnitten mir Grimassen. Aber das Verhältnis zu meiner Mutter hatte sich gebessert. Jetzt behandelte sie mich mehr wie einen Erwachsenen, fragte mich in verschiedenen Angelegenheiten um Rat und beklagte sich manchmal sogar über Vater. Der hockte stundenlang mit seinen Kumpanen zusammen und schwatzte über Sänger, während Mutter das Geschäft besorgte. Vater hatte eine Tenorstimme, und da ich als Knabe Alt sang, sangen wir oft zweistimmig. Er hatte nie etwas auszusetzen und klagte nie. Was auch über die Stadt, über unsere Bekannte oder unsere Familie hereinbrach, stets fand er nur die Worte: »Dankt Gott dafür – es hätte schlimmer kommen können.« Da war Onkel Berrill mit seinem riesigen schwarzen Schnauzbart ganz anders, der stets in einem jammerte und zeterte.
Wir hatten einmal Gäste, und ich sollte mit Vater ein Mendelssohn-Duett singen, wollte aber nicht, weil Onkel Berrill mich wieder so angefahren hatte. Da rief er mit lauter Stimme: »Dieser Bengel wird im Leben kein Sänger werden!«

Ich durfte den großen Geiger Jan Kubelik hören. Voller Begeisterung schickten mich die Eltern hinterher zu einem Geigenlehrer, und nach vier Monaten konnte ich tatsächlich kleine Stückchen von Haydn spielen und machte vielversprechende Fortschritte. Die Familie sah darin einen Ausgleich für meine beharrliche Weigerung, zur Schule zu gehen, und erblickte in mir einen jungen Paganini. Eines Tages wollte ich unserem Knecht helfen, eine Tür einzuhängen, und geriet mit dem vierten Finger der rechten Hand so unglücklich in die Türangel, daß mir Hören und Sehen verging. Ich verbarg das Mißgeschick vor den Eltern, aber nach zwei Tagen waren Hand und Arm derartig angeschwollen und schmerzten so fürchterlich, daß ich wohl oder übel einen Arzt aufsuchen mußte, der den Fingerknochen auskratzte. Ich litt wochenlang – und konnte meine Laufbahn als Geiger begraben. Einige Monate später versuchte ich es mit dem Cello, weil ich glaubte, vielleicht mit einem steifen Finger spielen zu können. Aber auch hier wurde ich enttäuscht. Wie üblich sagte Onkel Berrill: »Gott hat dich gestraft!«

Auf der Suche nach Gott und der Liebe

In diesem verwirrten Zustand begann ich Fragen zu stellen über Gott, die Propheten und Jesus. Ein Jesusbild, das ihn mit der Dornenkrone zeigte, beeindruckte mich so, daß ich es kaufte und in meinem Zimmer aufhängte.

Vater wollte wissen, weshalb ich es gekauft hätte. »Findest du es nicht sehr traurig?«

»Es ist schon sehr traurig«, sagte ich. »Glaubst du, daß Jesus ein geborener Jude war?«

Ohne zu antworten, schaute er mich nur mit seinen traurigen Augen an, und ich mochte nicht weiterfragen.

Mein Interesse an Jesus wuchs täglich. Wenn ich Mutters Verwandte besuchte, die konvertiert waren, bekam ich dort zwar ebenfalls keine Antworten auf meine Fragen, aber sie nahmen mich Sonntags mit in die Messe.

Einige Monate später besuchte ich unsere lutherischen Verwandten, die Lichtfelds, die einen riesigen Grundbesitz hatten und viele Pferde, auf denen ich reiten durfte. Ich hörte sie einmal sagen: »Wie schade, daß er keine Erziehung bekommt! Er ist gescheit und könnte einmal was werden.« Das war das erstemal, daß ich jemanden von mir sagen hörte, ich sei begabt. Aber ich war weder geschmeichelt noch erfreut, sondern nur verwirrt. Als ich hier Fragen über Jesus stellte, bekam ich ebensowenig eine Antwort, sondern nur gleicherweise eine Einladung in ihre Kirche. Mir gefielen die Choräle, die Ruhe und Freundlichkeit der Leute. Der Pfarrer sprach leise in wunderschönem Deutsch über die Propheten und die Kreuzigung. Ich war hingerissen und bat, wieder mitgenommen zu werden. Meine Verwandten freuten sich darüber, machten aber eine Bedingung: ich dürfte Vater nichts davon sagen. Als ich am nächsten Sonntag in die Kirche kam, lud mich der Pfarrer zu seiner Bibelstunde ein und verpflichtete mich seinerseits, meinen Eltern nichts davon zu erzählen. Diese Geheimnistuerei machte mir Angst, und meine Verwirrung wuchs.

In meinem konfusen Suchen nach Religion hörte ich von dem Philosophen Spinoza. Ich bekam seine *Ethik* zu lesen, aber mit der Auflage, Stillschweigen darüber zu bewahren; denn Spinoza sei Atheist. Ich las bei Mondschein unter dem Oberlicht. So fand mich Mutter einmal um Mitternacht ganz in meine Lektüre vertieft und verlangte zu wissen, was ich da las. Ich wollte ihr das Buch geben, glitt dabei aus und fiel vom Fenstersims.

Sie half mir auf und machte sich Vorwürfe, mich überrascht und erschreckt zu haben. Die ganze Familie stürzte jetzt herbei, um zu sehen, was geschehen sei, und es gab eine große Aufregung. Nur Großvater Aaron blieb die Ruhe selbst. Am andern Morgen wollte er wissen, ob ich mich verletzt hätte, erwähnte aber das Buch mit keinem Wort. Ich hatte mir zwar kräftig wehgetan, verbarg es aber, weil ich Angst hatte, wieder hören zu müssen: »Gott hat dich gestraft!«, ohne daß man mir erklären wollte, welcher Gott und weshalb.

Allzu viele Fragen drängten sich jetzt in meinem Kopf. Was ist Gott? Wo ist Gott? Wie kann er einverstanden sein mit den verschiedenen Religionen, mit ihrem Gezänk, und warum kann er als Gott sie nicht alle unter einen Hut bringen? Um mich herum hörte ich immer nur von den fürchterlichen Juden, den gräßlichen Katholiken, den wilden Chassidim und den langweiligen Lutheranern. Alle, die ich fragte über diese Dinge, wußten keine Antwort, sondern schauten mich nur an und begannen zu tuscheln. Ich blieb also ohne Antwort und wurde richtig tiefsinnig, so daß Mutter meinte, ich sei krank. Beharrlich drang sie in mich, und weil sie so bekümmert war, gestand ich ihr die mehrmaligen Kirchenbesuche ein und meine Enttäuschungen. Sie versuchte mir zu erklären, was es auf sich hatte mit der Entwicklung des reichen, gebildeten Judentums in Deutschland und Polen, das sich innerhalb der letzten fünfzig Jahre vollständig dem Christentum assimilieren wollte. Mutter schien erstaunt, daß ich in meinem zarten Alter schon lösen wollte, was andere in reiferen Jahren nicht zustande gebracht hätten, und gab mir den guten Rat, über meine Probleme mit anderen nicht zu sprechen.

So beschloß ich denn, mich mit unserem Geschäft zu befassen und meinen Eltern nützlich zu sein. Bald mußte ich entdecken, daß z. B. der Kutscher einer reichen Familie oder auch verschiedene Regierungsbeamte acht Sack Futter mitnahmen, aber für den Empfang von zehn Sack quittierten. Ich fragte Mutter danach, und sie erklärte mir, daß die Schlauberger das Geld für die Säcke, die sie bei uns ließen, in die eigene Tasche steckten. Es gab noch mehr solcher heimlicher Machenschaften. Ich gab Mutter die Schuld und erfuhr erst ein Jahr später, daß sie diese zweifelhaften Usancen dulden mußte, damit der Kutscher und die Offiziere nicht zur Konkurrenz überliefen. Ich bereute meine vorschnellen Verdächtigungen und entschuldigte mich. Vater freute sich darüber und sagte: »Jetzt bist du groß – du bist schon ein richtiger junger Mann. Bald wirst du sechzehn.«

Ich trat auch einem Musikverein bei. Zweimal die Woche trafen wir uns, und dort hörte ich von Streiks und von Judenverfolgungen, die die polnischen Rowdys im Balut-Viertel, wo die armen Juden wohnten, veranstalteten. Aber niemand wollte mir die Zusammenhänge zwischen Streiks und Judenverfolgungen auseinandersetzen, bis ich Grischa kennenlernte, einen Verwandten, der aus Odessa hierher übergesiedelt war. Aus irgendwelchen Gründen wurden diese ukrainischen Verwandten in unserer Familie niemals erwähnt. Ich wußte nicht einmal, aus welchem Teil Rußlands Vaters Eltern nach Lodz gekommen waren, und wann und warum. Wenn ich fragte, hieß es nur, ich sei noch zu jung, um alles zu wissen. Grischa war der erste, der auf meine Fragen eine Antwort zu geben versuchte.

Wir wohnten in der Zachodnja-Straße 54. Das Haus nebenan war ein Bordell, und jeden Abend gingen junge und nicht mehr ganz junge Mädchen vor dem Haus auf und ab, rauchten Zigaretten und lachten. Kamen Vater und ich vorbei, grüßten sie lächelnd: »Guten Abend, der Herr.« Vater dankte freundlich. War ich allein, schenkten sie mir Bonbons, nannten mich »Süßer« und tätschelten mich. Einmal, als ich an ihrem Haus vorüberkam, wütete ein furchtbarer Schneesturm. Eines der Mädchen, Mariana, eine Große mit dunklem Haar und roten Backen, wickelte mich in ihren mächtigen Wollschal, drückte mich fest an sich und brachte mich nach Hause. Noch tagelang spürte ich die Wärme ihres Körpers. Ich fragte Grischa, was diese Mädchen eigentlich trieben und warum Männer kamen, einen Augenblick mit ihnen verhandelten und dann eilig mit ihnen in dem Haus verschwanden. Was machten sie denn da drinnen? Grischa schien verlegen und meinte: »Das werde ich dir ein anderes Mal erklären.«

Zuhause wurde von Liebe und Sexualität nicht gesprochen. Ich hatte keine Ahnung, woher die Kinder kamen, ob aus dem Bauch oder aus der Brust. Ich wußte nur, daß ich gern bei Mariana geblieben wäre damals, als sie mich in ihren Schal gewikkelt hatte. Eines Abends drückte mich eins dieser Mädchen fest in die Arme, und ehe ich noch wußte, wie mir geschah, war ich schon in ihrem Zimmer und lag auf ihr. Mir wurde ganz schwindlig. Sie nannte mich »moj kochany« (mein Geliebter), und als ich aus ihrem Bett stieg, fühlte ich mich ganz erledigt. Mit Entsetzen stellte ich fest, daß ich keine Hosen anhatte. In Windeseile zog ich mich an und ging, und als ich verschwand, rief mir das Mädchen nach: »Du bist noch zu jung. Wenn du wiederkommst, zeige ich dir's. Aber bring zwei Rubel mit!« Natürlich zog ich mir bei diesem ersten Liebeserlebnis einen Tripper zu. Diese Erfahrung beruhigte mich keineswegs, sondern machte mich allen Frauen gegenüber argwöhnisch. Auf dem Nachhauseweg benutzte ich jetzt immer den gegenüberliegenden Gehsteig – aus Angst vor den Mädchen und ihren Küssen. Grischa meinte, ich hätte noch Glück gehabt – ich hätte mir ebenso leicht die Syphilis holen können. Das erinnerte mich an Vater, der ja stets sagte, es hätte noch schlimmer kommen können.

Nach diesem Erlebnis wurde die Freundschaft mit Grischa noch enger. Er nahm mich mit ins Theater und gab mir Bücher von Tolstoj, Turgenjew und Andrejew zu lesen. Gemeinsam lasen wir Gedichte von Puschkin, Nason, Lermontow und anderen Dichtern. Mir eröffneten sich ganz neue Welten. Er versuchte auch, mir die verschiedenen Religionen zu erläutern, und führte mich in einen studentischen Literaturzirkel ein. Dort trafen sich Russen, Ukrainer und Litauer, aber keine Polen, und es wurde ausschließlich russisch gesprochen.

Das alles gab wieder Schwierigkeiten zu Hause. Mutter wußte, daß Grischa sich um meine geistigen Interessen kümmerte. Sie sah meine Bücher und meinte, ein Junge von sechzehn Jahren sollte noch nicht Tolstojs *Auferstehung* oder *Anna Karenina* lesen. Sie hielt mir vor, ich sollte lieber Grammatik lernen (was ich haßte) und sagte, dieses Versäumnis werde mir eines Tages noch leid tun. Sie sollte recht behalten – es hat mir mein Leben lang leid getan. Denn ich spreche zwar sechs Sprachen, aber ich kenne die Grammatik kaum einer einzigen.

Das Zarenreich zerbröckelt

Die Zeit, in der ich großgeworden bin – 1900 war ich elf Jahre alt – war keine gewöhnliche. Das zaristische Reich war in Aufruhr, im Lande schwelte der Umsturz. Nach der Niederlage der russischen Armee und Flotte im Russisch-Japanischen Krieg von

1903–05 wurden in ganz Rußland Streiks organisiert und in den großen Städten Räte aufgestellt. Die gebildeten Schichten taten sich mit den Arbeitern zusammen. 1905 führte der Pope Gapon eine Demonstration von hunderttausend Arbeitern und Bauern vor den Zarenpalast in St. Petersburg und forderte Brot für die Massen. Der Zar antwortete mit Kosaken, die mit blankem Säbel auf die Menge losgingen und Hunderte töteten und Tausende verwundeten. Neue Streiks folgten. Die Regierung war in chaotischer Verfassung. Intellektuelle und Schriftsteller bildeten Revolutionsausschüsse. Viele wurden verhaftet und nach Sibirien deportiert. Einigen gelang die Flucht nach London, Berlin oder Paris, wo sie revolutionäre Zeitschriften herausgaben, die nach Rußland geschmuggelt und dort unter den Arbeitern verteilt wurden. Die bekanntesten unter diesen Emigranten waren Lenin, Trotzkij und Plechanow. Zugleich wurden aber auch Judenverfolgungen im ganzen Lande organisiert.

Lodz, eine Textilstadt von über sechshunderttausend Einwohnern, war wie aufgeputscht. Die polnischen Arbeiter lebten in bitterster Armut; sie liefen kilometerweit zur Arbeit und trugen Lumpen um die Füße gewickelt, weil sie sich Schuhe nicht leisten konnten. Die jüdischen Arbeiter und Krämer waren ebenfalls arm daran. Massenstreiks wurden von der polnischen sozialistischen Partei durchgeführt. Die jüdische sozialistische Partei – der *»Bund«* – rief ebenfalls zum Streik auf und versuchte, ihre Anhänger zu führen. Die zaristische Polizei ließ den polnischen Schlägern alle Freiheit, Juden zu plündern und zu morden. Oftmals nahmen auch die polnischen Arbeiter an den Pogromen teil, mordeten, plünderten und äscherten die Häuser im Balut-Viertel ein. Der *»Bund«* organisierte die Selbstverteidigung der jüdischen Arbeiter, konnte aber gegen die Tausende polnischer Rowdys nichts ausrichten. Später traf ein Regiment Kosaken ein, aber die Kosaken machten keinen Unterschied zwischen Juden und Nichtjuden und töteten wahllos. Niemand konnte ahnen, wo der Terror das nächste Mal zuschlagen würde. Eines Sonntags war ich Zeuge einer friedlichen Demonstration von hunderttausend Männern, Frauen und Kindern, die Lieder sangen und Plakate mit der Forderung nach besseren Löhnen mit sich führten. Sie marschierten auf den großen Platz, den *Nowi Rineck*, bogen dann in die Hauptstraße, die *Pjetrokowska Uliza* ein. Die Gehsteige standen gedrängt mit Sympathisanten, Balkons und Fenster waren voll von Frauen und Kindern, die begeistert Beifall klatschten. Alle stimmten in die Lieder der Demonstranten ein. Plötzlich, wie ein Blitz aus heiterem Himmel, griffen die Kosaken an, wie damals in St. Petersburg. Sie töteten Hunderte und trampelten Tausende mit ihren Pferden nieder. Am nächsten Morgen, als die Leichen fortgeräumt waren, war der große Platz rot von Blut. Nach diesem entsetzlichen Ereignis gab es keine Demonstrationen mehr. Aber die Arbeiter und ihre Führer, denen die im verborgenen tätigen Intelligenzler beistanden, organisierten neue Streiks in allen Fabriken, und es folgten neuerliche Verhaftungen und Schießereien. Mit siebzehn Jahren, auf einmal, wurde mir die brutale Wirklichkeit unserer Lage klar. Die Ruhe in unserer Familie verstörte mich. Meine Eltern hatten die freundlichsten Beziehungen zu den reichen Bauern, von denen sie ihre Waren kauften, und zu russischen Offizieren. Mutter pflegte nach wie vor ihre guten Beziehungen zu ihren aristokratischen Bekannten, und Vater verkehrte weiterhin mit seinen reichen polnischen, russischen und deutschen Kunden. Trotz allen Mordens und Plünderns klagte er niemanden an, sondern sagte nur: »Das ist Gottes Wille« und »Was auch passiert, schuld sind die Leute selber.« Das entfremdete mich von meinem Vater, den ich doch liebte und verehrte. Ich begehrte auf gegen diese stillschweigende und ergebene Hinnahme all dieser Greuel als »Wille Gottes«. Ein ganzes Jahr verging, und ich erfuhr nur Enttäuschungen.

Grischa war der einzige meiner Bekannten, von dem ich geradezu abhängig wurde. Einmal saßen wir eine ganze Nacht zusammen und diskutierten, und ich schüttete ihm mein Herz aus. Ich erzählte von meinem Kummer über Gott, die Welt und meinen Vater. Ich sei, entschied er daraufhin, nun reif für die aktive Teilnahme an revolutionären Kreisen, warnte mich allerdings, daß es gefährlich sei, zu diesen Gruppen zu gehören. »Wenn die Polizei dich schnappt oder auch nur verdächtigt, können sie dich unter Umständen ohne jedes Gerichtsverfahren einfach erschießen oder, wenn du Glück hast, nach Sibirien verschleppen.« Ich dachte nicht an die Konsequenzen. Zum erstenmal wurde mir klar, daß auch ich etwas zu bieten hatte, und ich machte mir zu eigen, was Grischa sagte: »Hör auf mit dem Jammern und tu etwas!« Ganz plötzlich spürte ich, daß ich kein Kind mehr war.

Grischa führte mich in den Kreis der Sozialrevolutionäre ein, der aus jungen Leuten der besseren Stände bestand, und ich wurde aktiver Revolutionär. Wir versammelten uns in Privathäusern, vorgeblich, um über Literatur zu diskutieren. Doch sobald wir sicher sein konnten, daß kein Spitzel unter uns war, machten wir Pläne, wie wir mithelfen könnten, Streiks zu organisieren. Wir druckten Aufrufe und verteilten sie in den Fabriken unter den Arbeitern. Besondere Proklamationen druckten wir für die Soldaten. Wegen meines ordentlichen Aussehens, meiner anständigen Garderobe und auch meiner Begeisterung für die Sache wurde ich dazu ausersehen, diese Flugzettel in die Kasernen zu tragen, was ich mit Stolz und Erfolg drei Monate lang besorgte. Als ich eines Abends mit meinem üblichen Lächeln dem Wachtposten wieder solch einen Zettel in die Hand drücken wollte, richtete er plötzlich das Gewehr auf mich und brüllte: »Won ot sjuda o ja strelju!« (Verschwinde oder ich schieße!) Ich rannte schleunigst davon, lief nach Hause und überlegte in meinem Zimmer, was mir da zugestoßen war. Als ich meinen Genossen davon erzählte, meinten sie, ich hätte Glück gehabt. Erst eine Woche zuvor war ein Genosse, der Aufrufe in andere Kasernen bringen sollte, dabei erschossen worden. Man beschloß, mich von diesem gefährlichen Auftrag zu entbinden, aber ich wollte auch weiterhin tätig sein. Nach ein paar Wochen wurde ich zu Grischas Assistenten gewählt.

Lodz war damals der wichtigste Umschlagplatz, von dem aus politische Gefangene aus Sibirien über die Grenze nach Österreich und Deutschland geschmuggelt wurden. Grischa leitete die Hauptarbeit bei diesen Unternehmungen. Ich half ihm, geeignete Unterkünfte für die Flüchtigen zu suchen, Kellerräume und Scheunen, wo sie sich versteckt halten konnten. Oftmals hausten sie wochenlang zu zehnt in einem Verschlag. Ich mußte sie auch mit Brot, Milch und Tee versorgen. Einige dieser Unglücklichen konnten sich falsche Papiere verschaffen; aber die meisten wurden in Dreiergruppen auf Bauernwagen verladen, mit Säcken und Strohbündeln zugedeckt und aus der Stadt gefahren. Wir gaben den Bauern Geld, damit sich die Flüchtigen am Tage auf Heuböden verstecken konnten. Nachts ging es dann weiter zum nächsten Dorf, bis wir die Grenze erreichten.

Durch die Zusammenarbeit mit Grischa kam ich nicht mehr in den revolutionären Zirkel. Ich war nur froh darüber, denn es gab dort vieles, was ich nicht verstand, und meine Fragen waren den Genossen immer nur ein Ärgernis. Ich wollte z. B. wissen, weshalb die Arbeiter Judenverfolgungen veranstalteten, statt ihren Fabrikherren den Kampf anzusagen für höhere Löhne und bessere Arbeitsbedingungen. Die Antwort hieß, es brauche Zeit, bis die Arbeiter erkennen könnten, wer ihr eigentlicher Feind sei. Ich hielt dagegen: »Sehen sie das denn nicht selbst?« Antwort: »Wir müssen warten.« Mit achtzehn Jahren fiel das Warten schwer, und ich begann das Zutrauen zu verlieren.

Ich fragte Grischa: »Machen die Arbeiter in Odessa eigentlich mit bei den Gewalttätigkeiten und Ausschreitungen gegen die Juden?«

»Nein«, sagte er. »Natürlich gibt es überall Schläger und Judenhasser, aber nicht so wie in Polen. Der Grund? Die katholische Kirche. Die polnischen Katholiken sind irrsinnig fanatisch und die polnischen Arbeiter vermutlich die unwissendsten in ganz Europa. Selbst den Intelligenzlern ist nicht zu trauen. Jesus lieben heißt für sie die Juden hassen, und so gibt es kaum Hoffnung, die Massen zu erziehen. Vielleicht wird sich das einmal in fünfzig Jahren ändern.«

Seine Ausführungen erschienen mir sinnvoll, und ich fühlte mich ziemlich aufgeklärt – aber unglücklich.

Am nächsten Tag – es war der 25. April 1908 – gingen Grischa und ich auf der Zachodnja-Straße gegenüber der großen Posnanski-Fabrik. Da kam ein Mann auf uns zu und fragte nach dem Eingang der Fabrik. Als er auf das Tor zuging, stürzten plötzlich zwei Männer von hinten auf ihn los, rannten ihm ein Messer in den Hals und gingen dann in aller Ruhe weg. Der

Mann fiel in die Gosse, das Blut schoß aus seinem Hals wie Wasser aus einem Leitungshahn. Arbeiter kamen aus der Fabrik, betrachteten ihn ungerührt und gingen weiter. Keiner rief einen Arzt oder versuchte ihm zu helfen. Zehn Minuten später war der Mann tot.

Ich hörte, wie jemand sagte: »Geschieht ihm ganz recht – wahrscheinlich so ein dreckiger Spitzel. Er sieht zwar nicht so aus, aber dann war's bestimmt ein Stinkjude.«

Grischa nahm mich bei der Hand und brachte mich zu unserem Laden. Am selben Abend war Grischa verschwunden.

Ich war entsetzt bei dem Gedanken, daß Grischa vielleicht irgend etwas zu tun haben mochte mit diesem Mord und erkannte plötzlich, daß Revolutionen mit Blut gemacht werden. Zu meiner Erleichterung stellte sich später heraus, daß Grischa die Stadt verlassen hatte, weil er befürchtete, in die Sache mit hineingezogen zu werden, da er direkt dabeigestanden hatte.

Eines Tages erschien die Polizei, um mich wegen des Mordfalls zu verhören. Ich konnte kaum darüber sprechen, und das machte sie nur argwöhnischer, weil ich vielleicht mehr wußte, als ich sagen wollte. Das scheint überhaupt mein Schicksal zeit meines Lebens zu sein (von Lodz nach Alexandria, New York, Los Angeles, wo ich den F.B.I. satt bekam und 1950 nach Europa ging, nur um dort vom F.B.I. nach Paris, Wien, Florenz und selbst bis in meine Sommer-Opernschule auf Elba verfolgt zu werden). Ein paar Tage später ließ General Radsumow meine Mutter wissen, der Polizei sei bekannt, daß ich Verbindung zu revolutionären Elementen hätte. Mutter erklärte, sie könne mich nicht beschützen, wenn ich diese Dinge nicht ließe. Ich antwortete, ich glaubte an die Revolution und sei ihr verschworen. Meine Zeit war hier nun vorbei, und ich mußte das Land verlassen.

Diese Entscheidung war wohl eine der schwersten meines ganzen Lebens. Es hieß, meine Eltern zu verlassen, meine Schwestern, Brüder, Freunde und – meine wichtige Hilfe bei der Flucht politischer Gefangener aufzugeben. In der Nacht träumte ich, Grischa sei zurückgekommen, und meine Mutter hörte mich im Schlaf rufen: »Grischa, Grischa – hilf mir doch!«

Am nächsten Morgen sagte ich meiner Mutter, daß ich beschlossen hätte, nach Deutschland zu gehen. Sie verstand.
»Ich sehe auch keinen anderen Ausweg für dich. Aber was soll ich deinem Vater sagen?« Meine Mutter brach völlig zusammen. »Was soll ich nur Vater sagen?!« wiederholte sie immerfort. Das war nicht mehr die stolze Deborah – das war eine tödlich verwundete Mutter. »Du bist mein ältester Sohn – warum muß ich dich verlieren? Und Vater? – Vater!« Tränen erstickten ihre Stimme.
Mir war auch ganz elend zu Mute. Ich sah mich um und erkannte, daß wir in demselben Raum unseres Ladens waren, in dem die mollige Annuschka und der General zu knutschen pflegten, was soviel Mißverständnisse zwischen uns ausgelöst hatte. Ich fiel auf die Knie, küßte ihre Hände und bat sie um Verzeihung. Mutter verlangte das Versprechen, daß ich nach Breslau ginge, wo mir ihr Vetter Stanislas behilflich sein würde. Als ich Lebewohl sagte, wandte sie sich ab, hob die Arme und krallte verzweifelt ihre Hände an die Wand. Ich versuchte, sie zu umarmen, aber sie blieb schluchzend an die Wand gelehnt. So lief ich hinaus und wanderte durch die Straßen, bis es dunkel wurde. Ich wollte meine Genossen im Zirkel besuchen, erfuhr dort aber, daß ein Denunziant aus unserer Mitte uns der Polizei verraten hatte und die Gruppe sich auf der Stelle hatte auflösen müssen. Das bestärkte mich nur in dem Beschluß, Lodz sofort zu verlassen. Ohne meinen Geschwistern und Freunden auf Wiedersehen zu sagen, schloß ich mich einer Gruppe an, die zur deutschen Grenze geschleust werden sollte.
Unter den Flüchtlingen waren zwei, denen ich mich besonders verbunden fühlte, Bunja und Alexej. Bunja, eine Jüdin von fünfundzwanzig Jahren, war bei einer Demonstration in Cherson verhaftet und mit lebenslänglicher Verbannung in Sibirien bestraft worden. In einem kleinen sibirischen Dorf hatte sie Alexej, den Sohn des Popen, kennengelernt. Sie verliebten sich ineinander, und er verhalf ihr zur Flucht. Eine Woche später folgte er nach, und sie zogen gemeinsam sechs Monate lang durch das Land. Oft mußten sie sich trennen und in verschiedenen Städten und Dörfern unterschlüpfen.

Als sie in Lodz ankamen und sich vor der Polizei verstecken mußten, verloren sie sich aus den Augen. Wir waren schon zu acht in einem kleinen Gelaß und warteten darauf, zur Grenze geschmuggelt zu werden, als Bunja zu uns stieß. Vier Tage lang verweigerte sie jegliche Nahrung. Sie saß auf dem Fußboden und murmelte unablässig, Tag und Nacht: »Alexej dorogoj – gdje ty?« (Lieber Alexej, wo bist du?)

Endlich wurde auch Alexej zu uns gebracht, und sie war außer sich vor Freude und Glück. Wir nahmen an ihrem Jubel teil und sangen leise »Hej Dubinuschka Uchnjem«, was einige Unruhe verursachte, weil die Hausbewohner höchst überrascht waren, plötzlich dieses Revolutionslied vom Dachboden zu hören.

Noch in derselben Nacht wurden wir, einer nach dem anderen, ganz vorsichtig zum Marktplatz gebracht, dort auf Bauernwagen verladen und aufs Land gekarrt. Wir fuhren bei Nacht und versteckten uns tagsüber auf Heuböden, bis wir Czenstochau erreichten, wo wir auf eine andere Gruppe stießen, die schon wartete, mit uns über die Grenze geschleust zu werden. Nach Mitternacht wurden wir in Zweiergruppen an einen schmalen Fluß gelotst; wir sollten ihn durchqueren und, was auch immer passieren möge, ruhig weiterwaten. Wir waren mitten im Fluß, als uns die russischen Soldaten auf den Wachttürmen entdeckten und uns mit lauten Rufen zum sofortigen Stehenbleiben aufforderten. Wir gingen weiter, wie uns gesagt worden war. Die Soldaten merkten, daß wir ihren Befehlen nicht Folge leisteten, und eröffneten das Feuer. Ein Genosse neben mir wurde getroffen. Ich hörte nur seinen Aufschrei und das Aufklatschen, mit dem er ins Wasser sank. Die Schießerei ging weiter. Ich tauchte unter die Oberfläche und kam nur alle paar Schritt zum Atemholen hoch.

Als wir endlich das deutsche Ufer erreicht hatten, fehlten vier Genossen, darunter Bunja und Alexej. Schweren Herzens, mit Kummer und auch mit einem gewissen Schuldgefühl beladen, trennten wir uns und gingen in verschiedene Richtungen auseinander. Das Ganze spielte Anfang Oktober. Ich lief stundenlang durch feuchte Felder und bereute es fast, daß mich keine Kugel getroffen hatte.

Die Stunden dehnten sich endlos – es schien keine Vergangenheit und keine Zukunft mehr zu geben, nur noch nasse Felder in einer trostlosen, verlassenen Welt. Beim Anblick eines fernen Bauernhauses brach ich zusammen, und es dauerte einige Zeit, bis ich mich aufraffen konnte, weiterzugehen. Mit Mühe gelangte ich endlich vor die Tür des Hauses und hörte eine Männerstimme ärgerlich brummen:
»Schon wieder einer!« Eine Frau kam heraus, betrachtete mich und sagte zu ihrem Mann: »Aber er ist doch noch so jung!«
Sie gaben mir warme Milch, zogen mir die nassen Kleider vom Leibe und setzten mich an den Ofen, damit ich mich trocknen und wärmen konnte. Später gaben sie mir zu essen und erzählten, was sich in der vorigen Woche auf ihrem Hofe abgespielt hatte. Zwei Russen, entflohene politische Gefangene, hatten auf der Schulter eine Frau angeschleppt – sie war die Frau des einen. Beim Überqueren des Flusses war sie von den Wachtsoldaten angeschossen worden. Noch ehe die Bauern die Pferde anspannen konnten, starb die Frau, und man begrub sie nicht weit vom Hause. Sie zeigten mir das frische Grab, auf das die Bäuerin ein kleines Holzkreuz gepflanzt hatte. Das war das erste Mahnmal für einen Genossen, den russische Wachtsoldaten ermordet hatten. Ich setzte mich an das Grab und hatte keinen Mut mehr, meine Reise fortzusetzen.
Die Bauersleute hatten Mitgefühl mit mir, aber mein Schicksal war ihnen nicht neu. Zu oft hatten sie die Schüsse von der Grenze gehört. Allerdings war es das erste Mal gewesen, daß eine verwundete Frau hier vor ihren Augen gestorben war. Die meisten Opfer blieben gleich im Fluß. Wachtsoldaten fischten sie heraus, nahmen ihnen Kleider und Geld ab und überließen die Leichen den wilden Tieren. Kein Deutscher konnte es wagen, sich der Grenze zu nähern – die Wachen schossen sofort.
Die Bauersleute brachten mich zum Bahnhof und setzten mich in den Zug nach Breslau.
Breslau war mir mit seinen Häusern, seinen Menschen und seiner Umgebung so fremd, daß mir alles ganz unwirklich vorkam. Der Vetter meiner Mutter nahm mich mit offenen Armen auf. Es dauerte eine ganze Woche, bis ich mich von den Strapazen

der Flucht erholt hatte. Hier brauchte ich keine Angst mehr zu haben vor Kosaken, Polizei und Spitzeln, und so faßte ich neuen Mut.

Esperanto und Wien

Mein Vetter gab mir den Rat, doch nach Wien zu gehen – zu Dr. Zamenhof, dem Erfinder des Esperanto, und mich dort für diese Kunstsprache einzusetzen. Da ich russisch, polnisch und deutsch sprach, wurde ich in Dr. Zamenhofs Schule auch angenommen und lernte nach ein paar Tagen eifrig diese auf den ersten Blick nicht gerade anziehende Sprache. Die Nützlichkeit eines solchen internationalen Verständigungsmittels beeindruckte mich mit der Zeit – durch Esperanto könnten sich alle Menschen miteinander verständigen und in Frieden leben! Mit neunzehn Jahren und im Jahre 1909 war es nicht unnatürlich, solchen Träumereien nachzuhängen.

Von hier konnte ich meiner Mutter den ersten Brief schreiben mit der guten Nachricht, daß ich es in Wien bei der Esperanto-Gesellschaft prächtig getroffen hatte. Zum erstenmal in meinem Leben ging ich unter herrlichen Bäumen spazieren (in ganz Lodz gab es keinen einzigen Baum, erst außerhalb der Stadt, in Anstadts Garten, war etwas Grün). Ich sah fröhliche Gesichter; luxuriöse Wagen jagten mit rassigen Pferden daher; ich hörte Menschen lachen. Auf den Straßen galoppierten keine Kosaken mit blanken Säbeln und überrannten und töteten Männer, Frauen und Kinder. Noch oft verfolgten mich Angstträume von der grauenhaften Flucht über den Fluß. Wenn ich über den breiten Ring mit seinen majestätischen Baumreihen schlenderte und die eleganten Menschen beobachtete, die in den pompösen Restaurants und den Läden verkehrten, deren große Schaufenster mit Gold und Silber, mit Seiden und prächtigsten Gewändern dekoriert waren, glaubte ich zu träumen.

Als ich meinen Esperanto-Lehrer nach dem geistigen Leben der Stadt fragte, von dem ich soviel gehört hatte, und ihn um Rat anging, wie ich Bekanntschaften machen könnte, um in diese Kreise zu kommen, schaute er mich an, als ob ich nicht recht bei Trost sei. Ich fragte mich allmählich, ob ich eigentlich hierher gehörte. Ich gab mir die redlichste Mühe, meine Esperanto-Lektionen zu lernen, weil ich hoffte, auf diese Weise mit der Zeit doch Freunde zu finden, wie ich es von Zuhause gewohnt war. Wenn ich nicht paukte, saß ich im Park und beobachtete das elegante Leben und Treiben.

Einige Wochen später durfte ich auf einen Ball der Esperanto-Gesellschaft, wo ich zum erstenmal Damen in dekolletierten Abendtoiletten sah, und ein Kokettieren und Flirten, eine Oberflächlichkeit und Leichtlebigkeit gewahrte wie nie zuvor. Ich erkannte, daß ich, mit meinem Interesse an Esperanto, gar nicht in diesen Lebensstil paßte. Der plötzliche Wechsel von Lodz, wo ich heimlich Flugblätter an Soldaten verteilt, mit Revolutionären verkehrt und das Elend meiner Landsleute kennengelernt hatte, nach Wien mit seiner unbeschwerten, lebenslustigen Fröhlichkeit war mehr, als ich verkraften konnte. Niemand schien hier Anteil zu nehmen an den revolutionären Wirren in Rußland und Polen, so daß ich mich fragte, ob denn das alles, was ich gesehen und erlebt hatte, wirklich so tragisch gewesen war, wie es mir vorgekommen war. Die Erinnerungen an den Abschiedsschmerz meiner Mutter und den Kummer meines Vaters wurden immer quälender. Ich wurde zusehends bedrückter und unsicherer, ob hier meine Zukunft lag, ob ich mich je an diese Lebensart würde gewöhnen können.

In meiner Einfalt wunderte es mich, daß keine dieser feinen Damen auf dem Ball, die deutsch und französisch parlierten, an Esperanto interessiert schienen. Eine von ihnen, um die Fünfzig herum und sehr freundlich, lud mich zum Frühstück ein. Ich hoffte auf eine herzliche Aussprache und gute Ratschläge und nahm dankbar an.

Um neun Uhr in der Frühe klingelte ich. Aber ehe ich noch meinen Mantel ablegen konnte, küßte sie mich schon leidenschaftlich ab. Ich befreite mich aus ihren Armen und stellte fest, daß meine Gastgeberin, nur mit einem Nachthemd bekleidet, ganz allein im Hause war.

Mir wurde auf der Stelle klar, daß mich hier mehr erwartete als nur ein Frühstück. Da ich nicht so liebestoll war – die Gute erinnerte mich zudem an eine Tante, die ich nicht ausstehen konnte –, knöpfte ich meinen Mantel zu und eilte zur Tür. »Du dummer Kerl! Wohin gehst du?« rief sie mir noch nach. Ich antwortete nur: »Adieu«, und weg war ich.
Bei der Esperanto-Stunde am Nachmittag fragte mich mein Lehrer, weshalb ich so nervös wäre. Ich erzählte ihm, was mir am Morgen zugestoßen war.
Bedauernd sah er mich an; ich sei erst neunzehn, erklärte ich, worauf er meinte: »Magst du keine Frauen?«
»Schon«, antwortete ich, »aber keine alten Weiber im Nachthemd zum Frühstück.«
Er lachte und fragte mich, wie oft ich denn mit Frauen verkehrte. Darauf erzählte ich ihm von Alexej und Bunja – daß sie vier Tage nichts gegessen habe, weil sie auf Alexej gewartet hatte, und daß die beiden, als sie endlich wieder vereint waren, zwei Tage und Nächte auf dem Fußboden gehockt und einander bei der Hand gehalten hätten. Mein Lehrer sah mich traurig an, stand auf und stellte mit allem Ernst fest, daß Wien anscheinend nicht das richtige Pflaster für mich sei. Ich sei »zu jung« für Wien. Aus der Art, wie er mich dabei anschaute, wußte ich, daß er sagen wollte, ich sei zu naiv für die aristokratische Gesellschaft Wiens. Onkel Berrill wäre sicherlich derselben Meinung gewesen. Das bekümmerte mich. Aber wieso hatte ich unter meinen Kameraden als intelligent gegolten? Als ich noch ganz klein war, hatten sie mich doch ein »Genie« genannt? Ich fragte mich, ob ich überhaupt in irgendeine Gesellschaft paßte, revolutionäre Kreise vielleicht ausgenommen. Wohin sollte ich jetzt? Auf keinen Fall nach Haus.
Da fiel mir mein Freund Moissey ein, dem ich bei seiner Flucht von Lodz nach Deutschland behilflich gewesen war und der jetzt mit seinen Eltern in Alexandria lebte. Ich schrieb ihm von meiner unglücklichen Lage in Wien, und postwendend lud er mich nach Ägypten ein. Als Dank für meine Hilfsbereitschaft in Lodz würde er alles für mich tun. Er schrieb auch, in Alexandria würden über zwanzig Sprachen gesprochen, und er würde es

mir ermöglichen, dort eine Schule zu besuchen. Dieses Angebot machte mir wieder Hoffnung, und ich sagte begeistert zu. Ich nahm Abschied von der Esperanto-Gesellschaft – sie wünschten mir mehr Glück, als ich bisher entwickelt hatte. Mir wurde deutlich, daß sie fast erleichtert waren, mich loszuwerden. Mit genügend Geld für ein Dritter-Klasse-Billet, allerdings ohne einen Pfennig für Proviant unterwegs, setzte ich mich in den Zug nach Triest. Im selben Coupé saß ein russischer Bassist, der nach Mailand wollte und mich mit Brot und Käse fütterte. Als er ausstieg, gab er mir zum Abschied noch ein Riesenstück russischer Wurst, die er sich von Moskau mitgebracht hatte.

Der Zug lief im Bahnhof von Brindisi ein, wo ich eine Woche lang auf das Schiff nach Alexandria warten mußte. Ziellos und hungrig streifte ich kreuz und quer durch die entzückende kleine Stadt. Ein Mann sprach mich an und fragte, wer ich sei und woher ich komme. Ich konnte mich verständlich machen und bedeutete ihm, ich sei aus Russisch-Polen und der Polizei entwischt. Da brachte er mich in eine winzige Wohnung zu einer Arbeiterfamilie und gab Anweisung, für mich zu sorgen: Ich sei Russe und habe kein Geld. Man gab mir Essen und einen Schlafplatz. Es fand sich auch ein Mann, der Russisch sprach, und so redeten wir die ganze Woche lang über die politische Lage in Rußland und Polen. Ich war wieder in meinem Element und lebte auf. Die Erlebnisse in Wien gerieten in Vergessenheit. Was meine italienischen Freunde auf Anhieb einfach nicht begreifen konnten, waren die Pogrome und Plünderungen in Lodz. Es war nicht leicht, ihnen zu erklären, daß es in einem katholischen Land diesen Haß der polnischen Katholiken auf die Juden gab. Bei solchen Gesprächen konnte ich mich zusammennehmen. Aber als sie mich nach meinen Eltern fragten, brach ich in Tränen aus und konnte nicht weiter. Endlich lief das Schiff ein, und es tat ihnen aufrichtig leid, mich gehen zu lassen. Mir war, als ob ich alte Freunde verlassen müßte. So begann meine Liebe zu Italien und zu den Italienern.

Am ersten Tag auf dem Schiff bat mich eine junge Wienerin, sie – aus irgendwelchen Gründen – vor einem »dicken, groben Österreicher« zu beschützen, der sie belästige, seit sie an Bord sei. Ich warf einen Blick auf den bulligen Casanova und beschloß, mich da lieber herauszuhalten. Da ich jedoch für die junge Dame fürchtete, meldete ich es dem Kapitän, der sie sofort unter seine Fittiche nahm. Ich war froh, sie in guter Obhut zu wissen, und sah sie auf der drei Tage währenden Reise kaum. Als ich einmal wieder mit dem Kapitän ins Gespräch kam, dankte er mir überschwenglich für das schönste Mädchen, das er seit langem gehabt habe. Ich war völlig verdattert. Wenn sie weiter nichts wollte – warum hatte sie dann ausgerechnet mich, einen ahnungslosen Bengel von zwanzig Jahren, ausgesucht? Ich lernte jedenfalls, auf der Hut zu sein vor jungen Damen auf einem Dampfer und vor mittelalterlichen Damen beim Frühstück – vor allem wenn sie aus Wien stammten!

Unterdessen liefen wir im Hafen von Alexandria ein, und ich war überwältigt von der strahlenden, sengenden Sonne und dem tiefblauen Wasser des Mittelmeeres. Die kleinen arabischen Gepäckträger huschten herbei und rissen den Passagieren Koffer, ja selbst kleine Päckchen aus der Hand – sie schossen hin und her wie aufgescheuchte Kaninchen. Wenn ihnen ein Konkurrent in die Quere kam, schrien sie laut: »Iachriw Bittok«, zu deutsch etwa: »Die Pest über dein Haus!« Die Sonne, das Meer und die saftigen Flüche ließen mich meine Freunde vergessen, die mich abholen kamen, um mir die üblichen Scherereien zu ersparen. Erst als ich sie rufen hörte: »Sdrastwuj, Sergej!« erkannte ich Moissey und seine ganze Familie, die mich umarmten und zur Begrüßung küßten.

Kaum in meinem neuen Zuhause angelangt, schrieb ich erst einmal an Mutter über mein neues Glück. Ich beschwor sie, Vater auszurichten, daß ich sicher und glücklich bei den Moisseys untergekommen sei. Hier, schrieb ich, ist meine neue Heimat bei meinen Freunden – denn in Alexandria gab es eine große Kolonie von Russen, die vor der zaristischen Polizei geflohen waren, und eine noch größere Kolonie von russischen Juden, die sich vor den Pogromen hierher gerettet hatten.

Ich machte mich daran, Französisch und Italienisch zu lernen und bekam Arbeit in einem Hotel; ich mußte die Kellner beaufsichtigen, die die Speisen in den Speisesaal trugen. Das Hotel lag mitten in der Stadt, und so wurde für mich ein Zimmer in der Nähe ausfindig gemacht.

Die ersten paar Tage war meine Arbeit sehr angenehm. Die reichen Araber lächelten mir zu. Man wollte mir immer wieder zu trinken spendieren, und als ich ablehnte, erhielt ich statt dessen Schokolade und kleine Geschenke. Aber bald geriet ich wieder in Schwierigkeiten. Das Hotel war nämlich ein Umschlagplatz, an dem sich reiche Araber ihre Lustknaben suchten. Ich war jung und sah recht gut aus, und so waren sie bald hinter mir her. Deshalb also die Drinks, die Schokolade, die kleinen Aufmerksamkeiten! Der Hotelbesitzer versuchte mir klarzumachen, was seine Gäste von mir erwarteten. Ich war entsetzt. Mit gewissen Krankheiten hatte ich ja schon meine schmerzlichen Erfahrungen gemacht, aber auf dem Gebiet der Homosexualität war ich noch gänzlich unerfahren. Zudem genierte ich mich, meinen Freunden über die Situation im Hotel etwas zu erzählen, weil ich meinte, irgend etwas an mir müßte wohl nicht ganz normal sein.

Nach weiteren zwei Tagen mit Geschenken und liebevollem Lächeln wurde ich plötzlich ohne meinen Lohn für die letzte Woche auf die Straße gesetzt. Mit nur wenigen Piastern in der Tasche lebte ich jetzt von Brot und Tee. Ich setzte zwar meine abendlichen Französisch- und Italienisch-Kurse in der Berlitz-School fort – aber die Tage waren elend lang. Wenn ich am Kai sitzen und lernen wollte, kamen die Araber und luden mich zu einem Kaffee. Manche legten mir gleich die Hand auf die Schulter, tätschelten mir die Wangen und sahen mich verlangend an.

Als ich noch im Hotel arbeitete, hatte mich ein junger griechischer Kellner zu sich nach Hause eingeladen und mich seinen Eltern vorgestellt. Nach einigen Besuchen erfaßte mich eine romantische Zuneigung zu seiner schönen, zwanzigjährigen Schwester Zaira. Ich wußte nicht, daß ein wohlhabender Italiener in sie verliebt war und ihr bereits einen Antrag gemacht hatte. Zaira zog meine Gesellschaft vor, und obwohl ich mich korrekt verhielt, waren ihre Eltern von mir, einem Habenichts und Ausländer, nicht sehr entzückt. Als ich an einem Sonntag ihr Haus verließ, winkte mir Zaira aus dem Fenster nach. Plötzlich schrie sie: »Vorsicht!« Ich drehte mich um, aber schon krachte ein Schuß, und eine Kugel pfiff mir am Ohr vorbei. Ich lief ins Haus zurück, unter den beobachtenden Augen der Eltern, die auch in dieser Situation nicht sonderlich freundlich zu mir waren. Dieser Italiener, der aus Liebe zu ihrer Tochter sogar einen Mord riskierte, hatte sie so tief beeindruckt, daß sie mir unverzüglich klarmachten, weitere Besuche meinerseits seien nicht länger erwünscht. Zaira wollte den Italiener trotzdem nicht heiraten, aber ich stellte meine Besuche bei ihr ein.

Das war das zweite Mal, daß ich einer Kugel nur mit knapper Not entgangen war. So sehr ich auch versucht hatte, die Flucht über den Fluß aus meiner Erinnerung zu verdrängen – jetzt stand alles wieder hellwach vor mir. Die Polizei kam und verhörte mich. Aber sie wurde höchst mißtrauisch, als ich wegen des erlittenen Schocks und meines erbärmlichen Französischs nicht recht Auskunft geben konnte. Die Beamten argwöhnten, ich sei in irgendeine geheime Affäre verwickelt und ließen mich fortan überwachen. Auch mein Freund Moissey wurde von der Polizei vernommen. Er hatte mich wieder zu seinen Eltern nehmen wollen, traute sich aber unter diesen Umständen nicht mehr.

Ich hatte keine Arbeit, nur sehr wenig Geld und wollte meine Freunde tagsüber nicht besuchen, da es mich genierte, von ihnen immer zum Essen eingeladen zu werden. Also spazierte ich stundenlang durch die Straßen. Besonders gern ging ich auf der Esplanade, die zu den versunkenen antiken Bädern der Kleopatra führt. Dort schaute ich auf das grüne Wasser tief unter mir hinab und beobachtete die Krokodile, die sich träge in den Fluten bewegten. Beim leisesten Geräusch von oben verschwanden sie unter der Oberfläche, und es dauerte Stunden, bis sie sich wieder blicken ließen.

Eines Tages kam ich an einem Café vorüber, in dem Araber saßen; sie fächelten sich kühle Luft zu, schlürften ihren Kaffee und rauchten ihre Pfeifen. Da trat ein großer, wohlgekleideter Araber auf mich zu und sprach mich auf französisch an. Ich war erfreut, mich etwas in dieser Sprache üben zu können, und ließ mich zu seinem Tisch einladen, wo er mich mit Kaffee bewirtete. Er fragte, woher ich käme und was ich triebe, aber ich war recht zurückhaltend, da ich mich meiner Lage schämte. Als wir uns trennten, äußerte er die Hoffnung, daß wir uns bald einmal wiedersehen möchten.

Zwei Tage später – es war nachmittags, und die Straßen lagen verlassen –, tauchte an den Bädern der Kleopatra mein Araber auf und begrüßte mich wie einen alten Freund. Wir spazierten miteinander, schwatzten und lachten, und alles schien in bester Ordnung. Als wir die Bäder erreicht hatten, umarmte er mich plötzlich und begann mich abzuküssen. Ich versuchte mich zu befreien, doch er hielt mich mit Bärenkräften umklammert. Endlich konnte ich ihn zurückstoßen. Er fiel auf die Knie, faßte aber meine Beine und zerrte an meinen Hosen, wobei er wie besessen irgend etwas Arabisches murmelte.

Er war wie von Sinnen, und es bedurfte meiner letzten Kräfte, mich aus seiner Umklammerung zu reißen. Die Szene mit Annuschka stand mir vor Augen. Ich begann zu laufen. Er kam hinterher und packte meinen Arm. Ich konnte ihm nicht entkommen – das war ja kein Mensch mehr, das war ein reißendes Tier! Wahllos hob ich einen Stein auf und warf nach ihm – es half nichts, er blieb hinter mir. Ich packte einen größeren Brokken und traf ihn mit voller Wucht am Kopf, daß ihm das Blut übers Gesicht zu laufen begann. Ich wußte nicht mehr, was ich tat. Ich holte noch einen Stein, er legte die Arme schützend über den Kopf und rannte jetzt zum anderen Ende der Bäder. Auf einmal war er wie vom Erdboden verschwunden.

Ich starrte verblüfft um mich – er war nirgends mehr zu sehen. Die Hitze, das Laufen, die Steine, die Angst – all das hatte mich ganz schwindlig gemacht. Ich wußte nicht mehr, wo ich war. Ich setzte mich hin und fing an zu heulen. Plötzlich hörte ich aus dem Abgrund der Bäder Geräusche, wie ich sie nie zuvor vernommen hatte. Das machte mir Angst und ich lief heimwärts. Als ich an dem Café vorüberkam, wo ich den Araber das erste Mal getroffen hatte, fiel mir auf, wie alle mich anstarrten und miteinander zu tuscheln begannen. Ich geriet in Panik, lief schnell vorbei und suchte in aller Hast, meine Hose wenigstens einigermaßen in Ordnung zu bringen.

Zuhause schloß ich mich zwei Tage lang ein. Ich schlief nicht und aß nicht und wagte nicht einmal aus dem Fenster zu schauen. Als ich endlich zur Ruhe gekommen war, wuchs in mir der Verdacht, daß zwischen dem Verschwinden des Arabers und den merkwürdigen Geräuschen in den Bädern irgendein Zusammenhang bestehen mußte. Sollte ich zu den Bädern zurückkehren und sehen, ob ich ihm nicht irgendwie helfen konnte? Aber ich dachte an die große Tiefe und die Krokodile, die ich beobachtet hatte, und bekam es mit der Angst zu tun. Ich setzte mich auf den Fußboden und raufte mir die Haare. Endlich, nach Stunden, fiel ich in einen erlösenden Schlaf.

Als ich am nächsten Morgen aufwachte, wurde mir klar, daß der Araber zu den Krokodilen hinuntergestürzt war. »Was soll ich bloß tun?« wiederholte ich unablässig. Nur eines war sicher: Dies waren meine letzten Tage in Alexandria, und – wenn es gutging – mußte ich glücklich sein, von hier fortzukommen. Aber wie und wohin – darüber konnte ich mir beim besten Willen keine Vorstellungen machen.

Weil ich mich zwei Tage lang nicht hatte blicken lassen, kam Moissey zu mir. Mein Aussehen erschreckte ihn, und er merkte sofort, daß ich in der Klemme saß. Als er meine Geschichte gehört hatte, wurde ihm himmelangst. Er hatte bereits davon gehört, daß ein wohlhabender Araber unten in den Bädern der Kleopatra gefunden worden war, halb aufgefressen von den Krokodilen. Aber natürlich hatte er keine Ahnung gehabt, daß ich damit etwas zu tun hätte. Der Araber war bekannt dafür, daß er griechische Knaben mit sich auf seine Jacht in der Bai nahm – erst neulich hatte man einen tot an der Küste gefunden. Deshalb suchte die Polizei auch nach einem Griechen als dem mutmaßlichen Täter. Im Augenblick bestand also keine Gefahr für mich. Als ich ihm aber erzählte, daß mich die Gäste des Cafés an dem fraglichen Nachmittag zusammen mit dem Araber gesehen hatten, sah er für mich nur mehr einen einzigen Ausweg: Ich mußte sofort verschwinden, am besten nach Griechenland, nach Patras, und von dort per Schiff nach New York.

Moissey besorgte mir eine Schiffskarte fürs Zwischendeck der *Prinz Wilhelm*, gab mir fünf Pfund Sterling Reisegeld sowie

einen Brief an seine Kusine Mrs. Rayboff in New York, und ich blieb in meinem Zimmer, bis es dunkel wurde. Moissey brachte mir eine weiße Bandana für den Kopf und einen langen Mantel. Auf der Straße trennten wir uns – ich ging auf der einen Seite und er auf der anderen, bis wir den kleinen Dampfer erreicht hatten, der nach Patras abging. Ehe ich an Bord kletterte, zog ich meine arabische Verkleidung aus und warf sie ins Wasser. Ich umarmte Moissey und fragte: »Wohin geht man von New York, wenn's da nicht klappt?« Ärgerlich gab er zurück: »Hör jetzt auf, den ruhelosen Juden zu spielen. Wer einmal in Amerika ist, geht nicht wieder fort.« Das gefiel mir nicht sehr.
Soweit ich damals wußte, emigrierten nur arme Arbeiter in die Vereinigten Staaten, und ich hielt mich weder für arm noch für einen Arbeiter. Aber ich war Moissey dankbar dafür, daß er mich aus dieser gräßlichen Lage befreit hatte.
Um Mitternacht war ich an Bord. Es war Anfang Januar, aber trotzdem schliefen die meisten Passagiere an Deck. Alles ging gut; ich wurde von meinen Nachbarn mit Brot und großen schwarzen Oliven bewirtet. Niemand stellte Fragen. Die Reise dauerte drei Tage. Jedesmal, wenn wir eine Insel anliefen, versteckte ich mich, die Polizei mochte kommen und mich holen. Wir kamen in Patras an, und es schien das reinste Paradies. Erst jetzt merkte ich, daß ich ja auf dem Weg nach Amerika war. Dieses Umhergeschobenwerden von Lodz nach Breslau, Breslau nach Wien, Wien nach Ägypten und jetzt nach New York; dazu die beiden Kugeln, die mir gegolten hatten – alles das hatte mich tief verstört. Zu meinen Alpträumen trat jetzt noch das entsetzliche Spukbild des Arabers unter den Krokodilen, woran ich ja nicht ganz unschuldig war. Mit zwanzig Jahren jetzt in die USA verpflanzt zu werden, ohne Verwandte und Bekannte, ohne Beruf und Sprachkenntnisse, flößte mir Angst ein. Andererseits aber mußte ich einsehen, daß es unter diesen Umständen ein großes Glück bedeutete, die Überfahrt bezahlt zu bekommen und eine Adresse zu haben, wo ich ein Zuhause finden konnte.

Ab nach Amerika

Im Jahre 1910 brauchte man noch kein Visum für die Vereinigten Staaten. Solange man nicht an der ägyptischen Augenkrankheit oder an Tuberkulose litt, durfte man ohne weiteres einreisen. Bei der Ankunft in Patras stellte ich fest, daß die *Prinz Wilhelm* erst in zehn Tagen einlaufen würde. Drei Pfund hatte ich noch in der Tasche – wovon konnte ich bis dahin Essen und Unterkunft bestreiten? Wollte ich doch dieses Geld mit in die Staaten nehmen. Aber ich hatte Glück und lernte einen orthodoxen Priester kennen, setzte ihm meine Lage auseinander und zeigte ihm meine Schiffskarte nach New York, worauf er mir erlaubte, auf einer Bank in der Vorhalle seiner Kirche zu nächtigen.

Die Tage waren herrlich. Ich lebte von Brot, Käse und schwarzen Oliven. Die Stadt mit den nahen Bergen faszinierte mich. Aber die Nächte! Ich wälzte mich auf der harten Bank hin und her und konnte keinen Schlaf finden. Die Heiligen auf den schönen Bildern, die die Wände zierten, schienen lebendig zu werden und ich glaubte sie sprechen zu hören. Schließlich hatte der Pope Mitleid und Einsehen und verschaffte mir eine Schlafstelle bei Privatleuten. New York erfüllte mich mit Angst. Ich hatte viele Geschichten gehört von Auswanderern, gebildeten Leuten immerhin, die ihr Leben als fliegende Obsthändler oder Lumpenhändler fristen mußten. Etwas verkaufen zu müssen, wie alles Geschäftliche überhaupt, war mir zuwider.

In solch düstere Gedanken versunken, schreckte mich eines Tages plötzlich die furchteinflößende Sirene der *Prinz Wilhelm*. Ich stand auf, lief zum Hafen, wußte aber nicht, was tun. Da faßte mich ein Mann bei der Hand, zog mich die Gangway hoch und schubste mich an Bord. Das alles ging mit einiger Aufregung vor sich, weil die Gangway bereits weggezogen werden sollte. Dann heulten die Dampfpfeifen auf, und die *Prinz Wilhelm* legte ab. Der Zahlmeister forderte mich auf, unter Deck zu gehen und mir eine Koje zu suchen, aber es war keine mehr frei.

Der riesige Raum des labyrinthischen Schiffsbauches war vollgestopft mit sechshundertfünfzig Auswanderern: Ukrainer, Polen, Litauer, Rumänen und Russen in ihrem Sonntagsstaat. Die Luft war zum Schneiden, der Lärm ohrenbetäubend. Ich wandte mich an einen Schiffsoffizier, und nach vielem Hin und Her stellte man mir ein schmales Feldbett neben dem Maschinenraum auf. Schlaf zu finden war hier nicht leicht – ich wußte nicht, was störender war, das Dröhnen der riesigen Maschinen oder das Schnarchen meiner Schicksalsgefährten. Es war wie in einem gigantischen russischen Dampfbad.

Bald fand ich heraus, daß diese Leute sich für die Kohlenbergwerke in Pennsylvania verpflichtet hatten. Vertraglich stand ihnen als Verpflegung zu: Kaffee, Brot und Hering zum Frühstück; Suppe, Fleisch und Kartoffeln zu Mittag und Tee, Brot, Butter und Käse zum Abend. Ich sollte dieselben Rationen empfangen. Jeder von uns erhielt eine Holzschüssel und einen Löffel. Am ersten Tag wurde das Essen auch vertragsgemäß ausgeteilt.

Am Morgen des zweiten Tages gab es nur Brot und eine dunkle Brühe, die Kaffee sein sollte. Zum Mittag erhielten wir Hering und Kartoffeln mit einem Stück Brot. Abends dann Tee und Brot – alles natürlich in dieselbe Schüssel.

Die Reise sollte achtzehn Tage dauern, und die Bauern hatten sich auf die versprochene Verpflegung gefreut. Es war das erste Mal in ihrem Leben, daß sie zu essen bekommen sollten, ohne dafür arbeiten zu müssen – die reinsten Ferien. Daß sie jetzt betrogen werden sollten, schuf maßlose Verbitterung und brachte sie in Aufruhr.

Lodz mit den Streiks und Pogromen trat mir wieder vor Augen. Sollte ich mir ein Versteck suchen für den Fall, daß es zu Tumulten kam, oder sollte ich versuchen, zu vermitteln und mit dem Kapitän reden? Ich war überzeugt, er würde die Rationen vertragsgemäß austeilen lassen, wenn ich ihm sagte, es würde sonst Ärger geben, und in achtzehn Tagen könnte ein hungriger Mob von sechshundertfünfzig Männern Gott weiß was anstellen, Männer immerhin, die an Streiks, Plündern und Häuseranzünden gewöhnt waren. Ich bot also meine Dienste an, was begeistert begrüßt wurde.

Ich suchte den Kapitän auf und schilderte ihm die Lage. Anstatt mir dankbar zu sein, warnte er mich davor, mich da einzumi-

schen. Er müsse mich sonst festsetzen lassen und den amerikanischen Behörden als Anarchist anzeigen (Kommunisten gab es damals noch nicht); damit hätte ich die Einreise in die USA selbst verspielt. (Mit meinem wehenden schwarzen Schlips und meinen langen Haaren war ich ja wohl sowieso ein Anarchist.)
Eine halbe Stunde vor dem mittäglichen Essensempfang stellten sich alle sechshundertfünfzig Mann vor der Küche auf. Mich hatten sie zu ihrem Anführer gewählt. Der erste Mann ging an den Schalter und fragte den Koch, ob es Fleisch gäbe. Als ihm nichts als Suppe und ein Stück Hering in seine Schüssel gefüllt wurde, geriet er so außer sich, daß er vor Wut in den riesigen Suppenkessel spuckte. Ein lautes »Hurra!« lief durch die Reihen. Die Köche merkten, daß die Kerle zum Sturm bereit waren, nahmen Reißaus und versteckten sich. Die aufgebrachten Männer brachen jetzt in die Küche und spuckten in den Kessel, bis er überlief. Jetzt waren sie auf einmal gar nicht mehr so wütend, sondern gerieten zunehmend in ausgelassene Stimmung. Ein Lachen und Schwadronieren brach aus, und bald begann man zu tanzen und zu singen. Vor allem die Russen und Ukrainer waren stolz auf ihren Anführer, bildeten einen großen Kreis um mich, sangen ihre Volkslieder und tanzten dazu. Ich war der Held des Tages.
Unser Ausschuß beriet noch über weitere Schritte, als schon der Kapitän nach mir rufen ließ. Wir gaben zurück, ich würde nur zusammen mit den Mitgliedern des Ausschusses kommen, worauf wir zunächst nichts mehr hörten. Keiner stellte sich abends zum Essensempfang an, es legte sich aber auch niemand schlafen, sondern alles schwatzte und lärmte bis in den frühen Morgen. Am Vormittag erschien der Kapitän mit einem Dutzend Matrosen und wollte mich festnehmen. Als die Auswanderer daraufhin die Stühle auseinandernahmen und Miene machten, tätlich zu werden, war er mitsamt seinen Matrosen froh, mit heiler Haut davonzukommen. Kurz darauf ließ er uns melden, er erwarte mich zu einer Aussprache, ich könne auch meinen Ausschuß mitbringen, wenn ich wollte. Weil wir ihm nicht trauten, antworteten wir, er solle lieber zu uns kommen. Das wagte er nicht. Dafür schickte er seinen Ersten Offizier mit folgendem

Vergleichsangebot: Wenn wir unser Frühstück abholten, werde es für jeden eine Portion Fleisch in der Mittagssuppe geben. Wir holten also das Frühstück, und warteten am Mittag alle in höchster Spannung, ob der Kapitän sein Versprechen halten würde. Körperlich und seelisch bereiteten sich die Bauern auf den Kampf mit den Matrosen vor, die Gewehre getragen hatten, als sie mich verhaften wollten. Keiner rührte sich, kein Laut war zu hören. Von Minute zu Minute immer unheimlicher wurde die Stimmung. Hätte es eine Chance gegeben, mich zu verdrücken – ich hätte es liebend gern getan. Die Zeit schien stillzustehen. Dann endlich rief der Koch. Langsam gingen wir zur Küche und stellten uns auf. Das Fleisch wurde tatsächlich ausgegeben, und nun folgte eine neuerliche Siegesfeier mit ukrainischen, polnischen und russischen Liedern und Tänzen. Wieder war ich der Held.

Diese Begeisterung der Leute – die meisten von ihnen waren zehn oder fünfzehn Jahre älter als ich – war mir der Beweis dafür, daß man keine fünfzig Jahre warten müsse, um dem Volk beizubringen, was Recht und was Unrecht sei. Ich mußte an unsere Diskussionen im Revolutionskreis von Lodz denken, die ich nach diesem Erlebnis besser hätte bestehen können. Dort war theoretisch, mit Wissen aus Büchern, diskutiert worden, aber jetzt hatte ich Erfahrungen am eigenen Leibe gesammelt. Als mir Grischa damals sagte, es würde fünfzig Jahre brauchen, um die Arbeiter zu erziehen, hatte ich alle Hoffnung aufgegeben. Jetzt sah ich alles mit ganz anderen Augen und war durch meine Erfahrungen ermutigt.

Das Abendessen wurde ausgegeben, und wir erhielten – wie abgemacht – heißen Tee, Brot, Butter, Käse und sogar ein Extra-Stück Hering. Wer Wodka mitgenommen hatte für die Reise, holte jetzt seine Flasche. Und das Singen und Tanzen ging von neuem los. Noch vor zwei Tagen waren diese Menschen in wildem Aufruhr gewesen, hatten das ganze Schiff demolieren wollen, und jetzt schienen sie guter Dinge und sangen und tanzten. Was hätte ich, ein zwanzig Jahre alter Träumer, mehr erwarten können?

Grischa hatte nicht recht gehabt mit seinen fünfzig Jahren. Nein, diese Leute hatten schnell begriffen, wer ihr wahrer Feind war. Es würde eine bessere Welt geben – ohne brutale Gewalt und ohne Verfolgungen, dachte ich, jung, wie ich damals war und voll von Idealen...

Mitten in diesen Trubel platzte der Erste Offizier mit der Mitteilung, daß ich, als der Rädelsführer dieser aufrührerischen Bande, in die Vereinigten Staaten nicht eingelassen werden sollte. Wir riefen unseren Ausschuß zusammen und kamen überein, daß keiner der sechshundertfünfzig Mann ohne mich das Schiff verlassen würde. Das war allerdings nicht ganz die richtige Art, die Einreise zu erzwingen, und ich hatte Angst, man würde mich dann unter Umständen nach Ägypten zurückbringen. Ägypten war für mich ganz ausgeschlossen, und so dachte ich, wenn es soweit kommen sollte, lieber in Patras bei meinem Freund, dem Popen, Unterschlupf zu suchen. Aber auch das war, bei Lichte besehen, unmöglich. Wie konnte ich als Revolutionär und Jude mein Heil bei einem orthodoxen Priester suchen – das war zuviel verlangt für einen zwanzigjährigen »Führer« und »Helden«.

Ein kultivierter Engländer aus der Ersten Klasse namens Clyde Peters, der fließend Deusch sprach, suchte mich auf. Nachdem er sich genau unterrichtet hatte, wer ich war und woher ich kam, machte er dem Kapitän weis, ich sei ein bedeutender junger Journalist. Sollte ich nach Patras zurückgebracht werden, würde ich in allen Zeitungen Europas über die üble Behandlung der Zwischendeck-Passagiere auf seinem Schiff schreiben, was den Boykott seiner Linie nach sich zöge. Das tat die erwünschte Wirkung. Der Kapitän sandte seinen Ersten Offizier zu Friedensverhandlungen. Falls wir uns fortan ruhig verhielten, sollte alles vergeben und vergessen sein. Nochmals versicherte der Ausschuß mir, daß niemand das Schiff verlassen würde, wenn ich nicht ebenfalls von Bord dürfte. Mein Jubel kannte keine Grenzen.

Ankunft in New York

Kaum waren wir im Hafen von New York eingelaufen, als auch schon ein Beauftragter der pennsylvanischen Kohlenzeche an Bord kam. Es gab einen Mordstrubel; im Nu waren die künftigen Bergleute mit ihren Habseligkeiten an Deck versammelt und schauten ehrfürchtig zur Freiheitsstatue auf. Der Beauftragte hielt eine kurze Ansprache und erzählte von der Freiheit in den USA und der Chance für jedermann, hier reich zu werden. Er sprach deutsch und polnisch, und auf sein Geheiß mußten sie alle die Freiheitsstatue grüßen. Dann wurden sie zur ärztlichen Untersuchung abgeführt.

Clyde blieb bei mir, weil er befürchtete, ich könnte doch noch Schwierigkeiten bekommen, und in diesem Fall wollte er für mich eintreten. Aber als Passagier der Ersten Klasse wurde er vor mir zur Untersuchung aufgerufen. Es stellte sich heraus, daß er Tbc hatte; stehenden Fußes und unter Bewachung wurde er nach Ellis Island verbracht, um von dort nach England zurückgeschickt zu werden. Nicht einmal auf Wiedersehen durfte ich ihm sagen.

Ich war so verdutzt, daß ich gar nicht merkte, als mein Name aufgerufen wurde. Augen und Allgemeinzustand wurden in bester Ordnung befunden, und ich durfte gehen. Von meinen sechshundertfünfzig Revoluzzern hingegen, die mir doch im Notfall beistehen wollten, war keiner mehr zu sehen. Sie hockten schon auf riesigen Lastwagen und befanden sich auf dem Weg nach Pennsylvanien. Ich war betroffen über das Schicksal meines Freundes Clyde und nicht viel heiterer gestimmt über das sang- und klanglose Verschwinden meiner Leute, die sich nicht einmal von ihrem Führer verabschiedet hatten. Mir wurde klar, daß man mich hätte erschießen können, während sie die Freiheitsstatue grüßten. Sie wollten in den Bergwerken arbeiten und Geld verdienen – alles andere war ihnen gleichgültig.

Ich blieb an Deck und hatte gar keine Lust fortzugehen. Da packte mich jemand am Arm und führte mich zur Gangway. Als ich das Schiff verließ, sah ich Hunderte von Männern, Frauen und Kindern, die ihre Angehörigen erwarteten und in den verschiedensten Sprachen willkommen hießen. Fröhliches Lachen, Umarmungen, Tränen und Küsse. Es war ein Freudentag für alle. Das waren also die Vereinigten Staaten, wo sich alle Menschen, ob jung oder alt, umarmen, küssen, wo sie lachen und glücklich sind.

Da stand ich mutterseelenallein – wie erstarrt. Clyde war auf Ellis Island, die trutzigen Auswanderer über alle Berge. Aus der jubelnden Menge grüßte mich kein freundliches Gesicht. Wer war ich denn? Und wo war ich? Ich war ganz in Gedanken versunken, und ein Schutzmann winkte mir zu, weiterzugehen. Ich zeigte ihm ein Stück Papier mit der Adresse, die mir Moissey gegeben hatte. Er wies in die Richtung, in der alle gingen. So schloß ich mich an und fand mich nach einer Weile wieder ganz allein. Wohin sollte ich gehen? Pferdebahnen, Automobile und Wagen jagten in alle Richtungen. Da entdeckte ich einen Polizisten und zeigte wieder meinen Zettel vor. Geradeaus und dann rechts. Er hatte wohl gefragt, ob ich verstanden hätte; denn als ich nickte, nahm er Haltung an und salutierte, als wäre ich ein General.

Ich trug einen kleinen Koffer mit meinen irdischen Besitztümern: zwei Hemden, zweimal Unterwäsche und ein paar Taschentücher – und marschierte also mitten auf der Straße, wie ich es von Rußland her gewohnt war, wo man mit Gepäck in der Hand den Gehsteig nicht benutzen durfte. Die Leute schauten mich an und winkten mir zu, doch auf dem Trottoir zu gehen. Dem nächsten Polizisten zeigte ich wieder mein Zettelchen. In bestem Deutsch sagte er: »Geh nur geradeaus!« Dafür grüßte er mich nicht. Das ist keine Stadt, sagte ich zu mir; das ist eine verrückte Welt. Erneut fragte ich einen Polizisten. Der zeigte auf die Schnellbahn, die über unseren Köpfen dahinratterte, lächelte und salutierte. Ich ging also die Stufen hoch und versuchte auch hier meinen Zettel an den Mann zu bringen. Aber die Passanten liefen so schnell an mir vorüber, daß ich es schließlich aufgab und mich einfach hinsetzte – irgend etwas würde schon passieren; mir war ganz gleich, was.

Tatsächlich kam auch ein Mann daher, der es nicht so eilig hatte wie die anderen, und fragte mich etwas. Zur Antwort zeigte ich nur meine Adresse. Darauf gab er mir ein Geldstück, deutete auf den Billettschalter und winkte mir mit der Hand einen Gruß zu. Ich legte die Münze auf den Schalter und erhielt eine Fahrkarte. In den nächsten Zug stieg ich ein, stellte mich draußen auf die Plattform und wartete auf die Station in der 138. Straße. Bei jeder Haltestelle kam der Schaffner heraus, um die beiden kleinen Eisengitter zu öffnen, und versuchte mir jedesmal anzudeuten, daß ich mir da draußen den Tod holen könnte und daß ich in den Wagen kommen sollte. Endlich hielten wir in der 138. Straße. Ich stieg aus, die Passagiere winkten mir zu und ich winkte zurück. Noch immer wagte ich nicht, auf dem Bürgersteig zu gehen mit meinem Koffer, und die Leute amüsierten sich darüber.

Endlich fand ich die richtige Adresse und wurde lächelnd willkommen geheißen. Mrs. Rayboff machte mir einen heißen Tee und gab mir zu essen. Natürlich war sie sehr gespannt auf Neuigkeiten von ihrem Vetter Moissey, aber sie bestand darauf, daß ich von der anstrengenden Reise ausruhen müßte, ehe wir uns unterhalten könnten, und ließ mich erst einmal in einem kleinen Alkoven ausschlafen.

Da lag ich mit geschlossenen Augen, schlief aber noch nicht, als ihre beiden jungen Töchter von der Arbeit nach Hause kamen. Als sie erfuhren, daß ein Freund ihres Vetters aus Ägypten gekommen sei, äugte die jüngere vorsichtig durch die Vorhänge des Alkovens. Sie glaubte, ich schliefe bereits, und rief: »Mama, der ist aber hübsch!« Das machte mir Angst – nie hatte ich jemanden sagen hören, ich sei hübsch.

Nach einer Woche hatte ich mich erholt und wollte meinen Gastgebern nicht länger zur Last fallen. Ich müßte jetzt Arbeit suchen, sagte ich, um für Kost und Logis bezahlen zu können, worauf mir die Mädchen anboten, mich in die Fabrik mitzunehmen, in der sie arbeiteten. Das Wort »Fabrik« verschlug mir die Sprache, aber ich bedankte mich und nahm ihr Angebot an.

Am nächsten Morgen gingen wir gemeinsam in die Fabrik in Bronx, wo man Kniehosen fabrizierte. Ich wurde Lisa vorgestellt, der irischen Vorarbeiterin, einem großen, gutaussehenden

Mädchen mit schwarzen Haaren. Sie gab sich alle Mühe mir klarzumachen, was ich für fünf Dollar die Woche tun sollte. Als sie merkte, daß ich nicht viel verstand, sagte sie lächelnd: »Ich weiß schon, was wir machen. Wir stecken ›Young Jesus‹ in den Keller in die Auslieferungs-Abteilung.« Sie wünschte mir viel Glück und verschwand.

Ich hatte kaum ein Wort von der Unterhaltung verstanden, aber den Ausdruck »Young Jesus« hatte ich mitbekommen. Als Katja mir zu Hause erzählte, Lisa habe mich »Young Jesus« genannt, schaute ich in den Spiegel. Ich hatte lange Haare, ein schmales Gesicht, tiefliegende Augen und sah recht melancholisch aus. Eine Ähnlichkeit konnte ich nicht entdecken (wieso auch, ohne Bart!). Aber ich mußte an Vaters trauriges Gesicht denken, als er damals das Bild von Jesus in meinem Zimmer erblickt hatte. Am Montag sollte ich mit der Arbeit beginnen.

Die Abende bei meinen Freunden waren sehr gemütlich. Ich erfuhr von den vielen Vorteilen, die es in New York gab. Man konnte zur Abendschule gehen und Englisch oder einen Beruf lernen. Manche Ausländer besuchten sogar Universitätskurse. Die Rayboffs erzählten mir voll Stolz, wie sie vor elf Jahren aus Odessa hier angekommen waren mit einem Vermögen von zwanzig Rubeln, und wie die beiden Schwestern mit Hilfe eines Onkels eine öffentliche Schule absolviert hatten und Mrs. Rayboff eine Abendschule. Jetzt hatten die beiden Schwestern eine gute Stellung als Buchhalterinnen und brüsteten sich, niemand könne mehr merken, daß sie keine »richtigen« Amerikanerinnen seien. Sie besaßen eine nette Wohnung, verdienten gut, konnten sich anständige Kleider leisten, Theater besuchen und im Sommer vier Wochen lang in den Catskill-Bergen Urlaub machen. »Mutter spricht gut Englisch. Wenn sie noch ihren Odessa-Akzent loswürde, wären wir die glücklichste Familie!« Ich hielt ihnen vor, daß sie ja mit jungen Jahren nach Amerika gekommen waren und die Schule besucht hatten, ihre Mutter dagegen schon achtundzwanzig Jahre alt gewesen war. Aber das machte keinen Eindruck auf sie. Erst viel später, als ich wegen meines Akzents als »gottverdammter Ausländer« beschimpft wurde, verstand ich die Schwestern.

Der erste Arbeitstag kam heran, und Katja begleitete mich in die Fabrik. Lisa führte uns lächelnd in den Keller und rief Nick herbei. »Dies ist also mein junger Freund, von dem ich Ihnen erzählt habe. Er hat einen komischen Namen, und deshalb nennen wir ihn einfach ›Young Jesus‹. Passen Sie gut auf ihn auf.«
Ich fing also an und schleppte Kisten von einem Raum in einen anderen und dann in die oberen Stockwerke. Niemand achtete auf mich. Der Keller war warm, alle lachten und schwatzten laut durcheinander. Öfter kam jemand herein und guckte nach mir. Wenn ich sie ansah, lächelten sie. Zuerst war ich sehr verlegen und wagte nicht, die Augen zu heben. Aber schon am nächsten Tag lächelte ich zurück. Zur Mittagszeit saßen wir gemeinsam in einem großen Raum und aßen Brote und tranken Kaffee. Sie begrüßten mich alle mit »Hey, Young Jesus«, und da ich nicht wußte, was ich antworten sollte, gab ich zurück: »Hey! Hey!«, was sie offensichtlich amüsierte.
Am Abend kam ich heiter und fröhlich zurück und bedankte mich bei meinen Freunden, daß sie mir eine so nette Arbeit verschafft hatten. Es betrübte mich, daß sie von mir kein Geld für Wohnung und Essen annehmen wollten. Sie machten meinen kleinen Alkoven noch wohnlicher, und ich nahm mir vor, auf jeden Fall mein Essen zu bezahlen, sobald ich mir erstmal ein Paar warme Schuhe leisten konnte.
Die Schwestern brachten mich auch zur Abendschule. Das Englische fiel mir leicht. Ich hatte ein nettes Zuhause und war dankbar für alles. Aber ich fühlte auch, daß die Fabrikarbeit nicht das richtige für mich war.

Bald ergaben sich die ersten Schwierigkeiten. Katja, die mich so hübsch gefunden hatte, himmelte mich an und seufzte vernehmlich, wenn sie mich sah. Eines Sonntags nahm mich ihr reicher Onkel ins Gebet. Ich sagte ihm ganz offen, daß ich Katja sehr hübsch fände und daß sie mir während der letzten drei Wochen geholfen habe, Englisch zu lernen. Wir saßen gerade beim Tee, und mir fiel auf, wie nervös Katja war. Da schickte der Onkel alle anderen hinaus, um mit mir unter vier Augen zu sprechen. Katja sei in mich verliebt, behauptete er, ich sei der erste Mann, für den sie sich interessiere, sie würde eine gute Frau abgeben, und er würde mich, wenn ich sie heiratete, als Partner in sein Geschäft nehmen. Sein eigener Sohn sei geistig zurückgeblieben, und so müßte ich es übernehmen, für ihn zu sorgen. Sein Geschäft bestand aus einer Hemdenfabrik im Werte von einer Million Dollar.

Ich war so aufgeregt, daß ich kaum sprechen konnte. Endlich faßte ich mir ein Herz und erklärte, ich sei gerührt über sein Vertrauen, aber ich könnte sein großmütiges Angebot nicht annehmen. Mein Vater sei schon ein schlechter Geschäftsmann gewesen, und ich würde ein noch schlechterer sein und taugte nicht dazu. So würde ich auch für seinen Sohn nicht sorgen können. Da machte er den Vorschlag, mich auf die Columbia-Universität zu schicken und dort Jura studieren zu lassen. Weil ich auf keinen seiner Vorschläge eingehen wollte, schlug er endlich vor, wir sollten uns nächsten Sonntag noch einmal zusammensetzen und alle Möglichkeiten gründlich durchsprechen. Als er aus dem Zimmer ging, drehte er sich mit einem Lächeln zu mir und sagte: »Sie wird eine phantastische Frau – du bist ein Glückspilz!« Schon sah ich mich als Katjas Ehemann mit einem ganzen Haus voller Kinder.

Ans Heiraten hatte ich bisher überhaupt noch nicht gedacht. Und auch an einem Jura-Studium war mir nicht gelegen; es fehlte mir zudem ja auch jegliche Vorbildung. Ich hatte Freunde, ein Zuhause und Frieden gefunden; es machte mir Spaß, in der Fabrik zu arbeiten, um meinen Lebensunterhalt zu verdienen und auf diese Weise einen vernünftigen Weg in eine mir gemäße Zukunft zu finden. Das war der Anfang eines neuen Lebens, und plötzlich sollte alles zusammenstürzen, bloß weil ein wohlhabender Mann daherkam und mir geben wollte, was sich ein junger Mann nur wünschen konnte: eine bildschöne Braut, eine Ausbildung und ein Geschäft im Wert von einer Million Dollar?

Dazu kam, daß ich seit den Heiratsvorschlägen des Onkels und seinen Lobsprüchen für Katja nachts erotische Träume hatte,

wobei mich noch stärker verwirrte, daß das Objekt meiner nächtlichen Ausschweifungen nicht etwa Katja war, sondern ihre Schwester Sonja, mit der ich eigentlich gar nichts anfangen konnte. Sie war älter als Katja, sehr hausbacken, und kicherte ständig.
Es kam mir vor, als ob der Onkel ein Komplott gegen mich geschmiedet hätte. Um mich vor meinen Träumen zu retten, las ich bis morgens um drei Uhr und hoffte, danach erschöpft in Schlaf zu fallen. Aber weit gefehlt! Kaum war ich eingeschlafen, hörte ich Sonjas albernes Gekicher, und wenn ich dieses Gackern abstellen wollte, lagen wir auch schon zusammen im Bett.
Ich wurde ganz verrückt. Unter dem plausiblen Vorwand, daß ich doch unmöglich ewig im Alkoven ihres Eßzimmers schlafen könne, nahm ich Abschied von meinen reizenden Freunden und zog zu einem jungen russischen Ehepaar. Der Onkel verfolgte mich beharrlich weiter mit seinen Anträgen. Es hatte den Anschein, als ob ich diese vordem so glückliche Familie mit meiner Weigerung ganz unglücklich gemacht hatte. Der Onkel hatte sie nämlich im Glauben gewiegt, alles sei schon in bester Ordnung. Auch ich war nicht glücklich. Zuzeiten war ich mir keineswegs sicher, ob ich richtig handelte. Als es dann allerdings dazu kam, daß der Onkel ausfallend wurde und mich beschimpfte, war es für mich vorbei, und ich machte mir über die Rayboffs keine weiteren Gedanken mehr.
Die Arbeit in der Fabrik war nicht leicht. Um sechs Uhr früh mußte ich aufstehen und eine Stunde zu Fuß laufen, und mein dünner Regenmantel bot nicht viel Schutz gegen Schnee und Kälte. Zehn Stunden lang schleppte ich Kisten und reinigte danach noch sechs Treppen. Anschließend ging es in die Abendschule. Für die Treppenreinigung bekam ich drei Dollar extra, so daß sich mein Wochenlohn auf insgesamt acht Dollar erhöht hatte. Wären nicht die Sorgen über meine Familie, meine Freunde und Genossen, die ich zu Hause zurückgelassen hatte, gewesen, hätte ich trotz allem mit meinem Los ganz zufrieden sein können.
Das Kistenschleppen vom Keller bis in den sechsten Stock war an

sich gar nicht so schlimm. Niemand kam mir in die Quere, ich konnte in jedem Stockwerk verschnaufen und meinen Gedanken nachhängen. Aber durch das ständige Grübeln wurde ich immer unglücklicher. Warum war ich aus Wien weggelaufen? War es dort wirklich so unerträglich gewesen? Ein Jahr war seitdem vergangen – wo lag meine Zukunft? Dieses dauernde Treppensteigen machte den Tag irgendwie unwirklich, und ich kam auf die verrücktesten Gedanken. Jedes Stockwerk schien eine Straße meiner Heimatstadt Lodz zu sein. Die Stufen sahen aus wie Häuser, die ich kannte. Manchmal glaubte ich sogar die Menschen darin zu sehen. Ich hockte mich auf eine meiner Kisten, schloß die Augen und befand mich plötzlich mitten in einer Versammlung mit meinen früheren Genossen. Und aus diesen imaginären Debatten rief mich dann eine Stimme in die Wirklichkeit zurück: »Was sitzt du denn dort herum, Young Jesus? Mach weiter!« und dann wußte ich überhaupt nicht mehr, ob ich jetzt treppauf oder treppab mußte. Mir fiel auf, daß die Leute tuschelten, wenn ich vorüberging – sie merkten wohl, daß irgend etwas mit mir nicht stimmte. Meine Lage war trostlos, aber was konnten die anderen mehr tun als Mitgefühl mit mir haben? Einmal hörte ich, wie jemand fragte: »Wer ist denn dieser junge Trauerkloß?« Er hatte recht: Von mir ging tatsächlich nichts Freudiges aus, und wie mein Vater, zog ich mich in mein Kämmerchen zurück, wenn die Unterhaltung nach russischer Art laut und turbulent wurde. Nur einmal erntete ich Lob: als es mir gelang, den zweijährigen Sohn meiner Wirtsleute in den Schlaf zu singen. Der kleine Bobtschik wollte und wollte nicht einschlafen; ich setzte mich an sein Bettchen und sang ihm ein russisches Liedchen vor: »Ein bißchen Liebe, ein kleiner Kuß – dafür gebe ich mein ganzes Leben.« Meine Stimme klang so traurig, aber der Kleine lächelte befriedigt und schlief sofort ein.

Meine Stimme wird entdeckt

Das alles änderte sich mit einem Schlage, als ich eines Sonntags selbstvergessen, doch aus Leibeskräften Lenskis Arie aus Tschaikowskijs *Eugen Onegin* donnerte: »Wohin seid ihr entschwunden, goldene Tage? Was wird die Zukunft mir bringen?« Meine Klage dröhnte durch das ganze Haus. Auf einmal mußte ich laut lachen. Gawril und Manja, meine Wirtsleute, stürzten in mein Zimmer, weil sie glaubten, ich sei verrückt geworden. Ich erklärte ihnen, daß bei uns zu Hause ein Witzbold bei dieser Stelle der Arie immer zu antworten pflegte: »Syphilis!« Das war das erste Mal, daß wir uns alle drei köstlich amüsierten.

Ich sang nicht, weil ich Stimme hatte oder weil es mich dazu drängte oder weil die Sonne schien oder das Leben so wunderschön war. Die Geschehnisse der letzten drei Jahre hatten mich immer noch nicht losgelassen. Mit einem Wort: ich war ein melancholischer junger Mann, der niemanden hatte, mit dem er über seine Zukunft hätte reden können. Aus diesem Grunde hatte ich Lenskis Arie für mich gesungen, fühlte ich mich dadurch getröstet. Zu Hause hatte ich mit Vater Duette gesungen, aber nur, weil er mich darum bat. Niemals hatte ich das Bedürfnis empfunden, andere Leute meine Stimme hören zu lassen. Daß meine »wunderschöne« Stimme nun plötzlich »entdeckt« worden war, berührte mich zunächst eher unangenehm. Von jetzt an konnte ich nicht einmal mehr für mich alleine singen, ohne gestört zu werden. Alles änderte sich. Von morgens bis abends redete alles nur mehr über meinen strahlenden Tenor und meine Zukunft in der Großen Oper.

Eines Sonntags sang ich vor mehreren Bekannten die Arie aus Monivszkos Oper *Halka*. Damit war mein Schicksal besiegelt. Die Männer umarmten mich, die Frauen küßten mich. Schon jetzt war ich ein Star. Auf der Stelle mußte ich ihnen versprechen, Gesangsunterricht zu nehmen. Man schleppte mich zu einem russischen Lehrer aus Odessa, und nach einigen Wochen glaubte ich schon selbst an meine Zukunft als Tenor.

Nach langem Schweigen hatte ich jetzt eine prächtige Neuigkeit für meine Eltern, besonders für Vater. Ich wollte ihnen schrei-

ben, was mir der Gesangslehrer gesagt hatte: »Sie bekommen eine große Tenorstimme.« Ich wußte, daß Vater das freuen würde.
Ich nahm drei Stunden die Woche zu je zwei Dollar, und weil auf diese Weise nur wenig übrigblieb für Essen und Zimmermiete, machte ich freudig Überstunden. Der Unterricht bestand darin, daß mein Lehrer – ein imposanter Mann von ein Meter achtzig – mit der einen Faust meinen Unterkiefer herunterdrückte und mir die andere Faust in das Zwerchfell stieß. Dabei kommandierte er jedesmal: »Dawaj!«, was bedeutete, ich sollte so laut wie möglich brüllen. Diese Prozedur wiederholten wir unzählige Male, wobei ich jedesmal lauter »singen« mußte. Wenn ich nicht mehr konnte und mir die Kehle weh tat, zog er mich ans Fenster, zeigte mir die vielen Leute, die von der Straße aus zu uns heraufblickten, und meinte, meine Stimme sei so groß, daß ich eines Tages den Othello würde singen können.
Zwei Wochen später ließ er mich aus dem Prolog zum *Bajazzo* singen, und ich wunderte mich, daß er mich Bariton-Partien studieren ließ, wo ich doch eine Tenor-Stimme hätte. Das schien mir nicht logisch, und da mir die Kehle nach jedem Unterricht nur weher tat, verlor ich das Vertrauen in diese Roßkur und glaubte nicht länger an meine grandiose Sängerlaufbahn. Ich beschloß, Vater fortan lieber nichts mehr von den Versprechungen meines Lehrers zu schreiben.
Zu dieser Zeit lernte ich Schachno kennen, einen Russen, der aus Sibirien geflohen war und jetzt für linke New Yorker Zeitungen schrieb. Er führte mich bei dem Dichter Michael Gold und bei anderen Journalisten und Intellektuellen ein. Die Stunden, die ich in ihrem Kreis verbrachte, erinnerten mich lebhaft an meine letzten Jahre in Lodz. Schachno nahm mich mit zu Versammlungen, ins Theater und auch in Gurjewitschs russischen Buchladen am East Broadway, wo sich viele Intellektuelle und russische Revolutionäre trafen, darunter auch Leo Trotzkij. Hier kam mir meine Singerei mit Magenschwingern und Brüllversuchen so albern vor, daß ich meinen Gesangsunterricht lieber verschwieg. Zum ersten Mal seit meiner Flucht von Zuhause war ich wieder mit Leuten zusammen, zu denen ich aufblickte.

Eines Abends traf ich dort einen Vertreter der Cloakmakers' Union. Als er hörte, daß ich mehrere Sprachen sprach, bot er mir eine Stellung an. Besonders an meinem Italienisch war er interessiert, weil die Gewerkschaft viele italienische Mitglieder hatte. Schachno hatte ich gebeichtet, daß ich Gesangsstunden nähme, aber den Mut verloren hätte und nun alles aufgeben wollte, um bei der Union zu arbeiten. Er überlegte gründlich und riet mir dann zu meiner Überraschung, auf jeden Fall mit dem Unterricht fortzufahren. Feinfühlig gab er mir zu verstehen, daß ich nach seiner Ansicht bestens geeignet sei für eine Sängerlaufbahn. Ich verstand nur zu gut, daß er damit sagen wollte, ich sei für jede Art politischer Arbeit ungeeignet.

Das gefiel mir ganz und gar nicht; aber ich konnte mich auch nicht gekränkt fühlen, wenn ich daran dachte, daß Schachno es klugerweise so formuliert hatte: »Wenn du mal ein berühmter Tenor bist, kann du ja den Arbeitern mit deinem Singen Freude machen.«

Ich nahm also meine Stunden wieder auf, aber mein Lehrer war so darauf aus, meine Stimme laut und groß zu machen, daß ich nach dem Unterricht kaum mehr sprechen konnte.

In der Fabrik arbeitete auch Richard, der Sohn eines Schlachters und ein eifriger Opernenthusiast. Als er hörte, daß ich Gesangsstunden nahm, schenkte er mir eine Galerie-Karte für eine *Aida*-Vorstellung, in der Caruso sang. Meine Begeisterung kannte keine Grenzen, was ihn veranlaßte, mir noch drei weitere Karten zu schenken. Richard war schon seit zehn Jahren ganz vernarrt in die Oper und verstand eine ganze Menge vom Singen. Einmal nahm ich ihn zu meinem Unterricht mit, und er war entsetzt über die Methode und überzeugt, daß ich nach kürzester Zeit überhaupt keine Stimme mehr haben würde. Seine Meinung und der Umstand, daß mir die Kehle schmerzte, ließen mich die Stunden zum zweiten Mal aufgeben.

Ich war völlig entmutigt, besonders, weil meine Freunde nicht zulassen wollten, daß ich mich einer anderen Ausbildung zuwandte. Es hieß nur immer: »Gott hat dich mit einer wunderschönen Stimme gesegnet; es ist deine Pflicht und Schuldigkeit, sie auszubilden und zu singen.«

Ich konnte sich nicht davon überzeugen, daß meine bisherigen Erfahrungen so niederschmetternd gewesen waren. War es denn sinnvoll, für das Studium bei einem solchen Lehrer zehn Stunden pro Tag in einer Fabrik zu arbeiten, ohne daß ich mir auch nur einen bescheidenen Mantel leisten konnte?
Richard erzählte mir von den drei Gala-Abenden, die er sich seit zehn Jahren jede Woche gönnte: montags und mittwochs ging er in die Oper, und samstags, wenn die Fabrik früher Schluß machte, erst ins Bordell und dann in die Oper. Er wollte mir auch mal eines der Mädchen dort bezahlen. Aber ich hatte meine Lektion in dem Etablissement in Lodz noch nicht vergessen und verspürte keine Neigung zu einem zweiten Versuch. Ich vertraute ihm dafür an, daß ich in die schöne Lisa verliebt war, seit ich sie in der Fabrik kennengelernt hatte. Das überraschte ihn nicht; er riet mir aber, nicht darüber zu sprechen, da sie die Freundin des Fabrikbesitzers sei. Ich versicherte, niemand wisse etwas davon, nicht einmal Lisa.
Richard machte mich auch mit einem bekannten New Yorker Photographen bekannt, in dessen Haus viele Sänger und Sängerinnen ein und aus gingen. Einige waren in Italien gewesen und enttäuscht zurückgekehrt. Manche hatten von dort sogar Geschlechtskrankheiten mitgebracht. Sie machten mir keinerlei Mut, besonders nicht, als sie hörten, daß ich in einer Fabrik arbeiten mußte und keine reichen Verwandten besaß. Immerhin waren sie einverstanden, mich einmal anzuhören. Bevor ich noch zu Ende gekommen war, ging die Debatte los. Jeder versuchte den anderen zu übertönen, und es hagelte nur so Fachausdrücke wie Mezza voce, Passagio, Atemstütze, Nasenresonanz, Maske, Ansatz, Zwerchfell, Lunge, Hinterkopf, Vorderkopf und so weiter und so fort.
Ich war entgeistert; alle aber waren sie einer Meinung, daß ich eine gute Stimme hätte und eine glänzende Zukunft. Nur wollte mir keiner Unterricht geben, weil ich ja nicht bezahlen konnte. Weil mein erster Lehrer als einziger bisher der festen Überzeugung gewesen war, daß ich Karriere machen und den Othello singen würde, mußte ich wohl oder übel zu ihm zurück – und das tat ich auch. Wie üblich zahlte ich einen Monat voraus.

Richard nahm mich mit in die *Metropolitan Opera* zum *Othello*. Leo Slezak, ein Riese von über ein Meter neunzig, sang die Titelpartie. Ich mochte es drehen und wenden, wie ich wollte: ich konnte den schmächtigen Sergej beim besten Willen nicht in dieser Rolle sehen; ich wußte nicht einmal, wie ich es anstellen sollte, die bildschöne Desdemona zu erwürgen.
Mein Lehrer dagegen suchte mich zu überzeugen, daß ich auf der Bühne fast genauso groß ausschauen würde wie Slezak.
»Und was das Erdrosseln angeht – warten Sie ab, bis Sie verheiratet sind; dann wollen Sie alle Weiber umbringen!«
Ich fragte: »Sind Sie deshalb nicht verheiratet?«
Er stolzierte zum Fenster, als ob er nach einem Opfer suchte, drehte sich dann unvermittelt zu mir um und antwortete:
»Ja, deshalb und aus verschiedenen anderen Gründen. Dafür sind Sie noch zu jung.«
Dieses ewige »zu jung« schien mich seit der Kindheit zu verfolgen. Ich muß unglaublich naiv und töricht ausgesehen haben.
Nach einer Woche Unterricht reiste mein Lehrer in die Ferien. Die Fabrik machte Sommerurlaub, und so hatte ich weder Arbeit noch Geld. Da ich für einen Monat im voraus bezahlt hatte, schrieb ich meinem Lehrer und bat ihn, mir doch das Geld für die Stunden zurückzuschicken, die ich nicht nehmen könne, weil ich das Geld dringend zum Lebensunterhalt brauche. Nach einiger Zeit erhielt ich eine Postkarte mit der Antwort: »Wer gibt schon Geld zurück für bezahlte Stunden?« und damit war die Enttäuschung vollkommen.
Es war jetzt Anfang Juni, und ich hatte noch achtzehn Dollar in der Tasche, bis die Fabrik im September wieder die Arbeit aufnahm. Der einzige Job, der sich bot, war Küchenarbeit in einem Sommerhotel in den Catskill-Bergen. Ich versuchte es, aber ich konnte weder die Hitze noch den Gestank aushalten. Ich bat, putzen und reinemachen zu dürfen; aber die Direktion stellte mich vor die Alternative: Küche – oder raus. Also ging ich. Zurück in New York fand ich die Wohnung meiner Freunde zugesperrt. Da erinnerte ich mich, daß sie sommers immer in einem Hotel irgendwo in Vermont arbeiteten. Ich eilte in Gurjewitschs Buchladen, in der Hoffnung, daß irgendeiner meiner

russischen Freunde vielleicht noch ein Bett für mich hätte. Aber auch dort war alles in den Ferien. Ich suchte andere Bekannte auf; aber da ich zu schüchtern war, direkt zu fragen, bot mir niemand eine Schlafstelle an.
Ich half einem befreundeten Dentisten in der 103. Straße einen schweren Koffer aus dem Keller hochtragen und entdeckte dabei einen großen Raum voll von Lumpen und alten Zeitungen. Das sollte mein Schlafplatz werden, bis meine Freunde zurück waren. Meist kam ich erst um Mitternacht und verschwand bereits wieder in aller Frühe, um nicht bemerkt zu werden. Ich fand genügend alte Lumpen, auf denen ich weich liegen konnte, und deckte mich mit Zeitungen zu. Tagsüber lief ich durch die Straßen und verbrachte viel Zeit im *Metropolitan Museum*, wo ich stundenlang vor Chases berühmtem Gemälde *Lady in Black* saß. Ich liebte dieses Bild und auch die Bank davor, die so herrlich bequem war. Ich hockte auch halbe Tage in der *Public Library* und las Zeitungen.
Eines Samstags kam ich schon am frühen Abend in meinen Kellerunterschlupf und fiel erschöpft und hungrig in Schlaf. Da weckte mich ein Flüstern: ein Pärchen küßte sich im Eingang. Das Mädchen sagte: »Laß uns reingehen, da kann uns niemand sehen.« Sie ging voran und stolperte über mich. Auf ihr Schreien kam der Mann hinterher und fiel auch noch über mich. Unter hysterischem Geschrei wickelten sie sich aus den Lumpen und Altpapier und liefen auf die Straße. Ich rannte unbemerkt hinter ihnen drein. Nachbarn, Passanten und Polizisten eilten herbei. Einige Hausbewohner wollten in den letzten Nächten verdächtige Geräusche gehört haben, und Polizei und Hausbewohner machten sich jetzt daran, den Keller zu untersuchen. Ich war ja bislang unverdächtig und lief also mit. Sie fanden einen »Schlafplatz«, und als jemand eine russische Zeitung entdeckte, fiel mir das Herz in die Hose. Aber ich riß mich zusammen, warf einen Blick darauf und sagte: »Ja, das ist eine russische Zeitung. Komisch!« Das Geheimnis wurde nicht gelüftet, aber ich traute mich fortan nicht wieder in den warmen Keller und nächtigte von da an auf Parkbänken. In der 3. Avenue fand ich einen Trödler und kaufte mir für zwei Dollar einen alten Regenman-

tel, der so groß war, daß ich mich ganz darin einwickeln konnte. Das war höchst komfortabel – bis ein Kumpel, der ebenfalls auf Parkbänken schlief, das gute Stück einmal ausprobierte und nicht wieder herausrückte.
In diesem Sommer wurde ich bestens vertraut mit den Museen und Parks, den prächtigen Avenuen der Stadt und auch mit den Slums, den Armenvierteln von New York East Side und Harlem. Mit einer Barschaft von zwölf Dollar, die bis September reichen mußte, begann ich jetzt die »free luncheons« in den Bierlokalen auszunutzen. Diesen Trick verdankte ich Jack aus Oklahoma, der stets ein Buch von Jack London bei sich trug. Jack war mit einem Güterzug nach New York gekommen und brüstete sich, essen, trinken und schlafen zu können, ohne auch nur einen Finger zu rühren, abgesehen von ein paar Stunden Tellerwaschen am Samstag in einem Restaurant. Er versicherte mir, sobald ich nur fließend Englisch spräche, könnten wir beide durch ganz Amerika reisen und ein herrliches Leben führen, ohne arbeiten zu müssen. Ich hatte gerade Knut Hamsuns *Hunger* gelesen und mich an den hochinteressanten Reisen in Amerika begeistert, die der Autor leider mit knurrendem Magen hatte unternehmen müssen, und so erschien mir der Vorschlag meines neuen Freundes sehr verlockend. Der Trick mit dem Gratis-Essen funktionierte wie folgt. Wir gingen um die Mittagszeit in ein Lokal, wenn es recht voll war. Beim Eintreten nahmen wir uns vom »free luncheon«-Büfett einen *hamburger*, würgten ihn schnell hinunter, schnappten einen zweiten und gingen zur Theke. Dort bestellten wir ein Bier für fünf Cent, ließen es stehen, gingen zurück und holten uns ein ordentliches Stück kalter Leber, eilten zur Theke, tranken das Glas halbleer, grinsten den Bar-Keeper an, holten uns dann vom Büffet, was zu kriegen war, und tranken unser Bier aus. Beim Verlassen faßten wir noch einmal nach und kauten auf der Straße weiter.
Nach einer Woche solcher Freßorgien bekam ich Magenkrämpfe und konnte überhaupt nichts mehr zu mir nehmen. Ich mußte ins Mount-Sinai-Krankenhaus in der 103. Straße eingeliefert werden. Ein Arzt wollte mich auf der Stelle operieren, aber seine Kollegen waren sich nicht so sicher. Sie flößten mir ein

Medikament ein – aber dadurch wurde mein bereits schwacher Magen nur noch stärker angegriffen. Mein Freund Jack machte sich aus dem Staub und ließ mich mit trüben Erinnerungen zurück.

Am 1. September machte die Fabrik wieder auf, und ich konnte bei meinen russischen Wirtsleuten wohnen. Die schöne Lisa fragte mich, wie ich den Sommer verbracht hatte, aber ich hatte ihr nur wenig zu berichten. Sie stellte fest, daß ich zwar gebräunt wäre, aber viel magerer als zuvor. Mit großen Augen sah sie mich forschend an und sagte leise: »Sie sollten Maschinennähen lernen und in der Fertigung Kniehosen nähen.« Sie konnte es wohl nicht ertragen, daß ich, ein »so zarter, nett aussehender junger Mann«, zehn Stunden täglich schwere Kisten vom Keller in den sechsten Stock schleppen mußte. Ich war wie berauscht von ihren Augen und ihrer Schönheit, so daß ich zu allem, was sie vorschlug, nur »Yes, Miss Lisa« sagen konnte. Der Mann, der mir das Maschinennähen beibringen sollte, brachte mich in einen riesigen Saal, in dem Hunderte von Männern und Frauen eifrig über ihre Maschinen gebückt saßen.

An einem Tisch machte er halt und verkündete mit betont lauter Stimme: »Young Jesus näht jetzt Kniehosen!«

Die Arbeiter horchten auf, hielten ihre Maschinen an und brüllten vor Lachen. Er setzte sich neben mich und erklärte mir die Geheimnisse der Nähmaschine. Ich verstand kein Wort, aber noch ehe der Tag zu Ende war, wurde ich mit einem Bündel Material und mit Lisas Segenswünschen ganz allein auf das ratternde Monstrum losgelassen. Je fünfzehn Mann arbeiteten an den beiden Seiten unseres langen, schmalen Arbeitstisches, alles Italiener, Polen, Iren und galizische Juden zwischen fünfundzwanzig und fünfzig; und aller Augen waren auf mich gerichtet.

Der Lärm war ohrenbetäubend – alle schwatzten und sangen gleichzeitig ihre neapolitanischen oder jüdischen Lieder. Einige hatten schönere und vollere Stimmen als ich, so daß ich mich fragte, warum gerade ich Gesang studieren mußte, wenn Leute mit so guten Stimmen nicht im Traum daran dachten, sich ausbilden zu lassen. Einige brüllten mir mit voller Lautstärke zu: »He, Young Jesus, macht's Spaß?« Ich hätte am liebsten auf der Stelle Reißaus genommen; aber das konnte ich Lisa nicht antun, die sich so rührend um mich sorgte. Alle paar Stunden kam sie herein, schaute, wie ich voran kam und stand dann so dicht hinter mir, daß ich die Wärme ihres Körpers spüren konnte.

Alles war hier so anders als in der Phantasiewelt meines Kellerreiches. Mir fehlten die netten lachenden Kollegen, ihr leises Getuschel und vor allem meine Treppen, in denen ich meine Heimat, die Straßen, die Häuschen, meine Familie und Genossen im fernen Lodz zu sehen glaubte. An der Maschine vergaß ich, wo ich war und was ich tat, und oft genug geriet ich mit den Fingern in die große Nadel – nach sechzig Jahren sind noch heute die Narben zu sehen. Dann mußten alle Maschinen abgeschaltet werden, bis die Nadel herausgezogen und das Blut weggewischt war. Wegen dieser Unterbrechungen erntete ich manche Verwünschung. Gott sei Dank verstand ich die saftigen Namen nicht, mit denen mich meine Arbeitskollegen belegten.

Ich war ein Störenfried und auch meine Kollegen ärgerten sich über die Sonderbehandlung, die Lisa mir angedeihen ließ. Sie gab mir besseres Arbeitsmaterial, und wenn ich etwas verpatzt hatte, was oft genug vorkam, mußten sie es wieder in Ordnung bringen.

22 Dollar und fünf Lehrer

Um das Unglück voll zu machen, bekam ich solche Zahnschmerzen, daß ich glaubte, mir würde der Kopf bersten. Jetzt tat ich auf einmal allen leid, und man war voller Mitgefühl. Niemand sang, niemand schwatzte, jeder war eifrig auf seine Arbeit bedacht. Sorgenvolle Blicke streiften mich – und ich vergaß alle früheren Beleidigungen.

Eines Morgens konnte ich es vor Schmerzen nicht mehr aushalten. Ich wankte auf die Toilette. Dave, ein Galizier, kam hinterher.

»Hör mal, Sammy, heulst du unseretwegen? Ich werde ihnen sagen, daß sie dich nicht mehr aufziehen sollen.« Er mußte mir

das englische Wort für »aufziehen« erst auf polnisch und dann auf russisch erklären, bis ich ihn verstand. Er legte mir den Arm um die Schultern und versprach, dafür zu sorgen, daß man mich in Ruhe ließ. Von jetzt an waren alle freundlich zu mir.
Dave brachte mich zu seinem Zahnarzt. Verschiedene Zähne mußten dringend plombiert werden, aber die Kosten betrugen hundert Dollar. Ich zahlte drei Dollar für die Beratung, und damit war die Sache für mich erledigt. Dave brachte zwar den Arzt dazu, seinen Kostenanschlag auf fünfzig Dollar zu senken, und wollte für die Bezahlung garantieren. Ich konnte aber nur fünf Dollar pro Woche aufbringen – entweder Gesangsunterricht oder Zahnbehandlung. Also mußte ich ablehnen. Dave war enttäuscht. Die Zähne schmerzten wie eh und je, aber meine Stimme schien besser zu werden.
Eines Sonntags brachten meine russischen Freunde einen älteren Mann mit, der an der Oper in Odessa gesungen hatte und der mich hören wollte. Ich sang die Serenade aus *Cavalleria Rusticana*. Er spürte, wie alle auf sein Urteil gespannt waren und fragte nach meinem Alter. Dreiundzwanzig, gab ich zur Antwort. Da wollte er wissen, wie lange ich schon Gesang studierte und wer mein Lehrer sei.
Dann sagte er langsam und deutlich: »Ja, der junge Mann hat eine Stimme, aber einen sehr merkwürdigen Stimmklang.« Als er die allgemeine Enttäuschung bemerkte, fügte er rasch hinzu: »Er ist allerdings sehr musikalisch und könnte bei einem guten Lehrer ein ausgezeichneter Sänger werden.«
Er empfahl mir einen italienischen Maestro, der erst vor kurzem aus Sizilien gekommen war, Corcini, einen früheren Bariton von der Oper Palermo.
Meine Freunde waren begeistert, als Corcini mich annahm, und sonntags kamen fortan immer mehr Leute, um mich zu hören. Mein Lehrer und sein Freund, ein Pianist, ebenfalls aus Sizilien, waren nett zu mir, und das Leben zeigte mir seine angenehmen Seiten; in Gurjewitschs Buchladen wurde ich als der kommende Caruso gefeiert. Das alles nahm ich nicht ernst, aber es ermutigte mich doch. Jetzt war ich endgültig entschlossen, mit dem Gesangsunterricht fortzufahren.

Durch Richard lernte ich Mr. Margolies kennen, der mit Caruso befreundet war und in der *Metropolitan Opera* die Claque anführte. Dieser Claque trat ich bei und besuchte jetzt sieben Opernaufführungen die Woche. Mr. Margolies hörte mich auch singen. Ihm gefiel meine Stimme, nicht aber die Art, wie ich beim Singen die Oberlippe in die Höhe zog. Er sprach mit Caruso darüber, und Caruso meinte: »Wenn er eine schöne Stimme hat und singen kann, laß ihn die Lippe und die Augenbrauen hochziehen und meinetwegen mit den Füßen strampeln. Hauptsache, er singt gut.« Dennoch riet mir Margolies dringend, den Lehrer zu wechseln.

Aber das brachte ich nicht über mich. Ich konnte frei singen und ich wußte, daß Corcini es ehrlich mit mir meinte. Und daß er arm war, brachte ihn mir noch näher. Er und der Pianist hausten zusammen in East Side in einem winzigen Zimmer, das möbliert war mit einem Klavier, zwei schmalen Betten und einem einflammigen Gasherd. Wasser und Toilette waren auf dem Gang, gemeinsam für sieben Mietparteien. Natürlich hob es meine Gemütslage keineswegs, meinen Lehrer, einen ehemaligen italienischen Opernsänger, in dieser armseligen Bude zu finden. Sonntags wurde ich zum Spaghetti-Essen eingeladen. Es gab weder Fleisch noch Obst dazu, sondern allenfalls eine Tasse schwarzen Kaffee. Und doch waren die beiden immer heiter.

Corcinis einziger Verwandter, ebenfalls ein Sizilianer, der ihn in die USA gebracht hatte, war in Zusammenhang mit einem Mordfall zu lebenslänglich Zuchthaus verurteilt worden. Da der Maestro den Ermordeten gekannt hatte und mit dem Zuchthäusler verwandt war, lebte er in ständiger Angst, ebenfalls verhaftet zu werden, und verließ nur selten sein Zimmer. Eines Tages schickte er mich mit einem Briefchen zu einem italienischen Getränkehändler auf der East Side. Dort wurde ich in den Hinterraum des Ladens bugsiert und über den Maestro ausgefragt.

Plötzlich tauchte ein Mann auf, der wie Sparafucile in *Rigoletto* aussah, setzte mir ein Messer auf die Brust und sagte: »Wenn du dich hier noch einmal blicken läßt, mache ich Ernst.«

Dann drückte er mir einen Packen Zehn-Dollar-Scheine in die Hand mit den Worten: »Gib ihm das und sag ihm, er soll sofort nach Palermo abdampfen.«
Er drehte mir den Arm auf den Rücken und stieß mich aus dem Laden. Noch tagelang hinterher konnte ich den Arm nicht bewegen.
Ich übergab das Geld und erzählte dem Maestro, was vorgefallen war. Als ich ihm den Einstich des Messers in meinem Jackett zeigte, bekreuzigte er sich und schwatzte, aufgeregt hin- und herlaufend, mit seinem Freund auf sizilianisch.
Plötzlich blieb er stehen, hob drohend die Fäuste gen Himmel, küßte mich und rief: »Addio! Addio mio caro! Mai più! Mai più! Goo'-bye, Goo'-bye, mio caro.« Damit schob er mich aus dem Zimmer und schlug mir die Tür vor der Nase zu.
Corcini und der Pianist verschwanden von einem Tag auf den anderen, und ich hatte meinen ersten guten Lehrer verloren. Ein schlechtes Vorzeichen. Wiederum dachte ich daran, das Singen aufzugeben.
Die Arbeit in der Fabrik nahm ihren gewohnten Gang. Wenn ich die Genossen im russischen Buchladen traf und meine politischen Ansichten zum besten gab, erhielt ich zur Antwort, ich würde einen viel besseren Opernsänger abgeben als einen Politiker.
Ich war noch auf der Suche nach einem Lehrer, als Henri Barron, der erste Tenor der *Aborn English Opera Company*, nach New York kam. Seine Frau sang Koloratursopran, und beide hatten in Mailand bei Carusos Lehrer Lombardi studiert. Ich sang ihnen vor und Mrs. Barron war entsetzt: »Schau mal, Henri, er zieht die Oberlippe hoch und zeigt alle Vorderzähne. Gräßlich!« Er beruhigte sie, teilte aber ihre Meinung, daß mein Gebiß kein himmlischer Anblick wäre. Nachdem ich noch einiges vorgesungen hatte, sagte er: »Möglicherweise könnten Sie eine ausgezeichnete Tenorstimme bekommen. Nicht gerade wie Caruso. Aber hören Sie auf, ständig die Oberlippe hochzuziehen.« Das war tröstlich, besonders, weil er mir nicht gleich eine »große Karriere« versprach. Bei ihm nahm ich drei Stunden die Woche. Eine Viertelstunde sangen wir jeweils Tonleitern, erst auf As,

dann auf A. Nach drei Monaten schafften wir das B. Nach einem halben Jahr hatte meine Stimme einen schönen Klang bekommen und ich konnte mit einiger Leichtigkeit bis zum hohen b singen. Barron war ein ausgezeichneter Musiker und man konnte von ihm viel über Stilfragen lernen. Zudem war er ein ausgezeichneter Blattsänger, wobei es ihm Spaß machte, ein beliebiges Notenblatt verkehrt herum in die Hand zu nehmen und mit Text und Ausdruck abzusingen. Der Sänger aus Odessa hörte mich und war von meinen Fortschritten beeindruckt. Meine Freunde waren mehr als überzeugt, daß sie recht gehabt hatten, mir Mut zu machen, und meinten, von nun an sei ja alles in Butter. Ich arbeitete hart und verdiente jetzt zwanzig Dollar die Woche. Endlich konnte ich mir einen Anzug und ein Paar Schuhe kaufen!

Meine Arbeitskollegen in der Fabrik versprachen, mein erstes Konzert zu besuchen – egal wo ich singen würde, in der Kirche, Synagoge oder Oper, und oft fragten sie mich diskret, ob ich nicht ein paar Dollar brauchte. Natürlich hätte ich sie gut brauchen können; aber wie konnte ich von ihnen Geld annehmen?

Besonderen Eindruck machte es mir, daß die Arbeiter in der Fabrik niemals stritten, obwohl sie doch zu den verschiedensten Religionen und Nationalitäten gehörten und höchst unterschiedlichen Alters waren. Es gab Junge und Alte, Gebildete und gänzlich Ungebildete, aber dennoch führten diese Unterschiede niemals zu Reibereien. Wenn einer ein italienisches Lied anstimmte, fielen die anderen ein und sangen in Polnisch, Rumänisch oder Jiddisch mit. Das war ganz anders, als ich es in Lodz erlebt hatte, und ich verstand auf einmal, warum keiner aus Amerika wieder fortging, der einmal dorthin gekommen war.

Diese Toleranz sah ich auch bei meinem Lehrer. Mr. Barron war russischer Jude, seine Frau katholisch. Aber wenn er sonntags in der protestantischen Kirche sang und samstags in der jüdischen Synagoge, ging sie brav mit, und in beiden Häusern betete sie zu ihrem Gott. Leider mußten Mr. und Mrs. Barron mit ihrer Operntruppe von New York weiterziehen, und so saß ich schon wieder ohne Lehrer da. Da empfahl mir jemand einen berühmten Maestro. Für das Vorsingen allein zahlte ich fünf Dollar.

Er war angetan und versprach mir wiederum die große Zukunft als Operntenor. In ein paar Jahren schon würde ich erster Sänger an der Met sein. Ich sollte nur drei Stunden die Woche nehmen, und innerhalb eines Jahres würde ich Geld scheffeln. Drei Stunden bedeutete fünfzehn Dollar die Woche, und ich verdiente mit Überstunden doch bloß zwanzig. Als ich dem Maestro anvertraute, daß mir dann nur mehr fünf Dollar die Woche für den gesamten Lebensunterhalt übrigblieben, war er aufrichtig betrübt; aber er könnte sein Honorar nicht senken. Das war das Ende seiner Begeisterung für russische Sänger und, soweit es an ihm lag, das Ende meiner großen Zukunft als Erster Tenor an der Met.

Ein anderer Maestro dagegen ließ sich von fünf Dollar pro Stunde auf drei Dollar herunterhandeln. Unglücklicherweise aber konnte er nicht nach sechs Uhr abends oder sonntags oder in den Ferien unterrichten, und zwar aus dem begreiflichen Grunde, da er diese Zeiten für besser zahlende Schüler reservieren mußte. Auch er »bedauerte außerordentlich«, mir nicht helfen zu können.

Ich ging noch zu verschiedenen anderen Lehrern. Jeder Gesangsstudent hielt seinen Lehrer für den besten und dessen Methode für die einzig richtige. Zum Schluß hing es mir zum Hals heraus, von einem Studio und Lehrer zum nächsten zu laufen, einen Pianisten mitzuschleppen, eine Arie vorzusingen und nach einer kleinen Pause den immergleichen Kommentar zu hören: »Tja – Sie haben eine gute Stimme, aber was Ihnen fehlt, ist die Ausbildung.« Wobei mir jeder eine große Karriere prophezeite und zwar in kürzester Zeit, wenn ich bei ihm Stunden nähme. Wenn sie aber hörten, daß ich in einer Fabrik arbeitete und zwanzig Dollar die Woche verdiente, waren sie an meiner »großen Karriere« nicht mehr so interessiert.

Ich suchte Adamo Didur auf, den polnischen Bassisten an der *Metropolitan Opera*, der vor Fjodor Schaljapin als *der* Boris galt. Didur war der erste, der mich darauf aufmerksam machte, daß es drei bis vier Jahre dauern würde, bis ich erfolgreich in der Öffentlichkeit singen könnte. Das war nicht sehr ermutigend. Am nächsten Tag wurde ich einer Lehrerin empfohlen, die mich

als Heldentenor einstufte und versicherte, schon nach einem Jahr Unterricht würde ich im Gelde schwimmen. Wem sollte ich nun glauben?
Immerhin hatte ich jetzt begriffen, daß es beim Gesang weder Regeln noch Gesetze gab und daß mir niemand auch nur annähernd verraten konnte, wie lange die Ausbildung bei mir dauern würde. In den letzten drei Jahren hatte ich bei fünf verschiedenen Lehrern studiert, und jeder hatte »die einzig richtige Methode« gehabt.
Ich hatte keine Lust, einen Beruf zu ergreifen, dessen Ausbildung so im ungewissen lag. Keine zwei Pädagogen waren einer Meinung. Niemand konnte sagen, ob es ein oder zehn Jahre dauerte, bis ich mich selbst würde ernähren können. Da beschloß ich, in die Chorschule der *Metropolitan Opera* einzutreten. Dort mußte man mich zwangsläufig als Tenor, Bariton oder Baß einstufen. Und da der Chor nur abends sang, konnte ich tagsüber meinen Lebensunterhalt verdienen.
Die Schule nahm mich an als Ersten Chortenor – und ich atmete auf. Keine Lehrer mehr und Schluß mit den Kniehosen. Meine Freunde freuten sich mit mir. Sie hofften, daß mich jemand in der Met entdecken, aus dem Chor holen und berühmt machen werde. Lisa wünschte mir viel Glück. Aber unser Abschied war alles andere als glücklich. Tränen standen in ihren Augen.
Da stellte sich heraus, daß man in der Chorschule morgens von zehn bis ein Uhr und nachmittags von drei bis sechs Uhr proben mußte, dazu abends von sieben bis elf Vorstellung in der Met. Damit waren meine Hoffnungen zerschlagen. Außerdem bekam man erst Geld, wenn man in einer Oper mitsingen durfte, was ein Jahr oder länger dauern konnte. Wovon sollte ich in der Zwischenzeit Miete und Essen bezahlen?
Wiederum war ich gründlich enttäuscht. Jetzt war ich endgültig fertig mit der Oper. Nicht so meine Freunde. Ich hörte die stereotypen Worte: »Wie jammerschade!« – »Gott hat dir eine so wunderschöne Stimme geschenkt.« – »Du mußt durchhalten.« und dergleichen mehr.
Also kehrte ich reumütig in die Fabrik zurück. Lisa hatte »vergessen«, daß ich sie verlassen hatte, um in die Chorschule zu

kommen. Die Italiener an unserem Tisch rieten mir, doch nach Italien zu gehen und dort zu studieren. Dave wollte mir sogar mit Geld aushelfen. Die jüdische Belegschaft schlug vor, doch auf Kantor zu studieren. »Da verdienst du gut und schiebst eine ruhige Kugel.« Es gab nur noch ein Thema: Young Jesus, seine Stimme und wie man ihm helfen könnte.

Das Mitgefühl dieser Leute, die mich doch anfangs nicht hatten ausstehen können, rührte mich zutiefst, und ich dachte manchmal ernstlich daran, in der Fabrik zu bleiben, meine Kniehosen bis in alle Ewigkeit zu nähen und die Singerei aufzustecken. Ich nahm die Arbeit wieder auf und schwelgte absolut nicht in Selbstmitleid. Im Gegenteil: ich wollte einer der Ihren sein. Ich lernte ihre Lieder und ihre Sprachen, und Richard lud mich auch wieder in sein Bordell ein. Ich ging allerdings lieber zu Lisa, auch wenn ich nur Händchen halten und in ihre schönen Augen blicken durfte. Aber ich war nicht glücklich, und Lisa übrigens auch nicht. Der Fabrikbesitzer ließ sich jetzt öfter in unserem Stockwerk blicken, und da blieb Lisa fort.

Das war also Amerika für mich: keine Genossen, keine Versammlungen und kein Singen. Dafür lebenslänglich Kniehosen nähen und Lisas Hand halten. Instinktiv spürte ich, daß wir so nie weiterkommen würden. Meine russischen Wirtsleute sprachen kaum noch mit mir. Da ich nicht mehr sang, luden sie auch keine Gäste mehr ein, und verglichen mit früheren Sonntagen, war das Haus jetzt still wie ein Friedhof.

Eine Woche verging. Ich verdiente zweiundzwanzig Dollar; aber es gab keine Fröhlichkeit mehr an unserem Nähtisch. Als einer unserer Italiener einmal lossang: »Che bella cosa«, fragten die anderen gleich vorwurfsvoll, worüber er sich denn so freue? Ob er denn gar kein Mitgefühl habe mit Young Jesus? Als er eine Stunde später noch einmal anfangen wollte, wurde er mit Papierbällen beworfen, und es gab eine Riesenkeilerei. Lisa kam dazu und setzte den Italiener an einen anderen Tisch.

Dave wollte mir einen Job in einem anderen Betrieb besorgen. Aber ich wußte selbst nicht, was ich wollte. Andere Arbeiter kamen an unserem Tisch vorbei, blieben stehen und starrten mich an. Sogar Katja und ihre Schwester kreuzten auf und fragten, ob ich krank sei. Nein, krank war ich nicht. Die ganze Fabrik sprach von Young Jesus, und das machte mich nur noch unglücklicher.

Debüt in der Oper

Dann wurde alles anders. Ich erhielt einen Brief von Mr. Barron, der mir mitteilte, die *Aborn Opera Company* habe ihn für eine fünfmonatige Tournee als Ersten Tenor in *Troubadour*, *Butterfly* und anderen Opern verpflichtet. Er könne mich im Chor unterbringen und würde mir gratis Unterricht geben, wenn ich dafür seine Kostüme betreuen und ihm beim Kostümieren behilflich sein wolle. Ich solle mich schleunigst mit den Brüdern Milton und Sargent Aborn in Verbindung setzen.

Ich zeigte den Brief meinen Wirtsleuten – aber sie wandten sich nur schweigend ab. Sie glaubten nicht mehr an meine Sängerlaufbahn und waren fertig mit mir. Das reizte meinen Stolz. Zum erstenmal hatten meine Freunde völliges Desinteresse gezeigt an meiner sängerischen Zukunft. Ich wusch mein Hemd, bügelte meine Hosen, machte mich so proper wie möglich und suchte die Brüder Aborn auf. Die guten Wünsche von Dave und den Arbeitskollegen von meinem Nähtisch begleiteten mich.

Die beiden Brüder schauten mich an, schauten ein zweites Mal und warfen sich dann einen vielsagenden Blick zu, als ob sie ihren Augen nicht trauten. Ich glaubte schon, irgend etwas mit meinem Anzug sei nicht in Ordnung. Der ältere, Sargent, verließ verärgert das Zimmer und sagte leicht gereizt: »Also das ist deine Sache, Milton, mach was du willst. Ich hab die Nase voll von deinen Entdeckungen.« Ich blieb am Schreibtisch stehen.

Milton Aborn machte es sich bequem in seinem Sessel, zündete sich eine Zigarre an, musterte mich noch einmal und begann sehr langsam: »Können Sie den Chorpart des *Troubadour?*«

»Nein, Mr. Aborn, den kann ich nicht.«

»Aber Sie können den Chorpart der *Butterfly?*«

»Tut mir leid, Mr. Aborn, den kann ich auch nicht.« Er zog an seiner Zigarre und blies mir den Rauch ins Gesicht.

Vor zwei Wochen wäre ich jetzt aus dem Zimmer gelaufen; inzwischen dachte ich anders über solche Situationen.
»Haben Sie schon einmal in einem Opernchor gesungen?«
»Nein, Mr. Aborn, noch nie.«
Darauf legte er die Zigarre beiseite, stand auf, schaute mich scharf an und sagte: »Seien Sie doch nicht so verdammt ehrlich! Natürlich können Sie den Chorpart der *Butterfly!* Mr. Barron hat mir das geschrieben. Er weiß das bestimmt besser als Sie. Hier sind die Noten – gehen Sie nach Hause und lernen Sie. Bei uns gibt's keine Proben. Sie stehen bei den Tenören, passen Sie auf und machen Sie genau das, was die auch tun. Sie werden Ihnen schon helfen. Verstanden?!«
Das waren seit langem die ersten netten Worte, die ich hörte. Ich lächelte und sagte: »Yes, Mr. Aborn.«
»Mr. Barron sagt, er wird mit Ihnen die Partie des Ruiz im *Troubadour* studieren. Was meinen Sie? O.K.?«
»Yes, O.K., Mr. Aborn.«
»Barron sagt übrigens, Sie hätten eine bildschöne Tenorstimme?«
Etwas verschüchtert fragte ich zurück: »Hat Mr. Barron das wirklich gesagt?«
Mr. Aborn zog eine Grimasse und rief: »Sargent, du kannst wieder reinkommen. Alles O.K. – ich nehme ihn. Von jetzt soll sich Barron um ihn kümmern, das ist seine Sache. Übrigens, ich habe ja ganz vergessen: Wie heißen Sie?«
»Sergej Radamsky.«
»Ihr Englisch ist miserabel!« Dann wandte er sich zu seinem Bruder um und sagte: »Wir schreiben einfach ›Samuel Adams‹, und wenn die Zuhörer sein Englisch nicht verstehen, sollen sie meinetwegen denken, es liegt an ihren Ohren.« Er schob mir ein Stück Papier hin: »Hier unterzeichnen!«
Das tat ich – in Windeseile.
Ich war als Chorsänger engagiert und als Ruiz und Bote im *Troubadour* – für achtzehn Dollar die Woche. Daß ich zwei kleine Partien singen sollte, gab mir mächtigen Auftrieb, und ich schwor mir auf der Stelle, daß ich kein Chorist bleiben wollte. Ich zweifelte nicht im geringsten daran, daß Mr. Barron,

im Gegensatz zu meinen früheren Lehrern, das fertigbringen würde. Mit dem Vertrag ging ich schnurstracks zu Lisa, und gemeinsam zeigten wir voll Stolz das Papier den Kollegen am Nähtisch.

Mr. Barron versuchte mir die Partie des Ruiz und des Boten einzutrichtern, aber wir kamen nicht voran, weil ich wie vernagelt war. Wenn die Töne saßen, fehlte es an der Gliederung. Klappte die, lag es an meinem Englisch, das kein Mensch verstehen konnte. Mrs. Barron orakelte, daß ich damit nicht einmal eine Sonntagsvorstellung in Brooklyn bestreiten könnte; sie jedenfalls würde sich nicht ins Theater trauen aus Angst vor einem Herzanfall über meine Künste.

Ich bekam allmählich Sehnsucht nach meinen Kniehosen. In der Fabrik war ich nett behandelt und als Arbeitskollege akzeptiert worden. Erst jetzt merkte ich, wie nett Lisa eigentlich zu mir gewesen war. Die Veränderung war so plötzlich gekommen, ich begriff gar nicht recht, wie mir da geschah. Aber ich schuftete weiter und bekam die beiden kleinen Partien zu guter Letzt doch noch in den Kopf.

Bei meinem ersten Auftritt als Ruiz war ich entsetzlich aufgeregt. Ich stürmte mit erhobenem Schwert auf die Bühne, aber Beine und Arme schlotterten mir derartig, daß auch mein Schwert wie Espenlaub zitterte. Mein Lehrer, der den Manrico sang, sagte ganz laut: »Steh ruhig, du blöder Tenor.« Ich riß mich zusammen und stellte mich kerzengerade auf. Dann grüßte ich und machte meine Meldung. Sein »Geh!« fiel so laut aus, daß ich wußte, er meinte es ernst. So schnell mich meine Beine trugen, rannte ich von der Bühne.

In den Kulissen standen die Chorsänger und jubelten vor Schadenfreude. Nur die Choristinnen hatten Mitleid mit mir und meinten: »Nimm's nicht so tragisch, Sammy. Morgen wird's schon bessergehen.« Ich war wie benommen, bis ich in der Gefängnisszene des Dritten Akts mit Leonora wieder auf die Bühne mußte.

Leonora war eine reizende Frau und eine ausgezeichnete Sopranistin. Sie erfaßte meine Lage, und anstatt daß ich sie führte, führte sie mich heraus, machte Halt vor dem Gefängnis und gab mir den Einsatz zu meinen Worten: »Here stay we, yonder is the tower ...«. Sie lächelte mir zu, als ich diese beiden Sätzchen heraus hatte, und flüsterte: »Weiter, es ist gut so, aber lauter.« Mit einigem Selbstvertrauen trat ich nach meiner Darbietung gemessenen Schritts ab und fühlte mich gerettet. Die Choristen in den Kulissen hatten sich schon gefreut, daß ich auch diese Szene schmeißen würde, und waren jetzt enttäuscht und mißgelaunt, was ja zu ihrem anschließenden »Miserere«-Chor trefflich paßte.

Als ich Mr. Barron hinterher erzählte, wie nett die Sopranistin zu mir gewesen war und wie schön sie sang, riet er mir, das lieber für mich zu behalten; er konnte sie nämlich nicht ausstehen. Ich war erstaunt, wie er auf der Bühne eine Frau wie ein Verliebter umarmen konnte – was er ja oft genug tun mußte –, die er nicht leiden mochte. Und ich fragte mich, ob mein Lehrer wirklich so reizend war, wie ich bisher geglaubt hatte. Ich war verwirrt. Mr. Barron durchschaute mich und war nicht besonders erfreut.

Ich war auch hier nicht glücklich. Die Choristen mieden mich. Mr. Barron sprach kaum noch mit mir. Nur die Choristinnen hatten ein Lächeln für mich übrig. Ich sehnte mich zurück nach meinen Kniehosen, aber ich wollte alles daransetzen und mich durchbeißen.

In derselben Woche noch schloß ich Freundschaft mit Ronald Blight, einem Iren. Er war Assistent des Managers und verkaufte abends Programme. Da er gut aussah, brauchte er nur sein Lächeln aufzusetzen, und das Geschäft blühte. Dann und wann gabelte er sich Mädchen auf für die Nacht. Eines Abends hatte er sogar zwei am Hals. Die hübsche Blondine behielt er für sich; die andere, sehr viel ältere, bekam ich zugeteilt. Aus dieser Situation konnte ich nicht heraus, wenn ich unsere neue Freundschaft nicht aufs Spiel setzen wollte. Wir aßen gemeinsam zu Abend. Meine Auserwählte musterte mich kritisch und sagte: »Nein, Mr. Blight, ich brauche einen Mann und keine Jungfrau.« Damit war die Sache erledigt. Ich fühlte mich sogar etwas enttäuscht, weil ich mich im stillen schon auf dieses Desaster vorbereitet hatte.

Ein anderes Mal waren wir in Battle Creek, Michigan. Ronald hatte eine bildschöne Krankenschwester aufgetrieben, die allerdings die Bedingung stellte, auch ihre Freundin, mit der sie das Zimmer teilte, müßte versorgt werden. Nach der Vorstellung bat mich Ronald um diesen kleinen Liebesdienst. Ich versprach es in der stillen Hoffnung, auch diesmal abgeblitzt zu werden. Aber ganz im Gegenteil – ich wurde mit Begeisterung begrüßt. Kein Wunder – meine Freundin war nicht nur etwas ältlich, sondern das hausbackenste, was die Welt je gesehen hatte. Aber was tut man nicht alles für seinen Freund, und warum sollte ich Ronald nicht auch auf diesem delikaten Sektor behilflich sein? Am nächsten Morgen legte meine Freundin Rechenschaftsbericht ab. Ich sei ganz O.K. gewesen, aber leider etwas müde; denn schon nach einer einzigen Kraftentfaltung hätte ich wie ein Toter bis zum Morgen durchgeschlafen. »Er sah so süß aus, daß ich es nicht über mich brachte, ihn aufzuwecken.«
Das Herumreisen in den kleinen Städten Neu-Englands war nicht angenehm. Waren wir in einem Theater angekommen, mußten einige von uns los und billige Pensionen suchen. Die Italiener aus dem Orchester machten sich als erstes auf die Suche nach einem Bordell und erschienen im Quartier, wenn sie sich ihrer Last entledigt hatten. Einmal fuhren wir nach Lewiston, Maine. Kaum eingetroffen, ging einer der Orchestermusiker sofort ins Bordell und kam mit der sensationellen Neuigkeit zurück, dort sei eine ganz tolle französische Nutte. Die letzten Töne waren noch nicht verklungen, als das Orchester beinahe geschlossen mit fliegenden Fahnen ins Freudenhaus rannte und mit Wundermärchen über die französischen Delikatessen zurückkam. Es stellte sich dann allerdings heraus, daß die kundige Dame den ganzen Abend von unserem Manager mit Beschlag belegt worden war.
David Fine, ein Chortenor, war in dieser Hinsicht viel glücklicher daran. Unsere Chordamen waren nicht die allerjüngsten, aber unter den Altistinnen (nicht den Sopranistinnen!) gab es reizende, vor allem äußerst freigebige Künstlerinnen. Grainda sah sehr blendend aus und frönte einer Leidenschaft: dem Bier. Nach zwei Flaschen wollte sie unbedingt geküßt werden. Aber

ihre Devise war: »Ich trinke am Tisch, aber küssen will ich im Bett.«

Dave fand drei Flaschen Bier nicht zu kostspielig. Nach einem Monat täglicher Aufführungen mit anschließendem Bier und Bett brauchte er dringend eine Erholungspause. Er wollte gern das Bier bezahlen, wenn ich ihm das Küssen abnehmen könnte. Aber ich war nur bereit, beim Bier meinen Mann zu stehen; denn inzwischen schien sich für mich eine zarte Romanze anzuspinnen.

Die Sopranistin, die die kleine Partie der Inez im *Troubadour* sang, hatte eine hübsche Figur. Ich war geschmeichelt, daß sie mich zum Kartenspielen auserkor. Bald wurde schon überall getuschelt, wir wollten uns verloben. Das Mädchen selbst streute diese Gerüchte aus. Sie verfolgte damit den Plan, unseren Dirigenten, einen bildschönen jungen Italiener, eifersüchtig zu machen. Und richtig: er wurde nicht nur eifersüchtig, sondern machte ihr sogar prompt einen Heiratsantrag. Dazu war ich also gut genug gewesen . . .

Im Chor war ein Tenor, dem man früher einmal meine kleinen Partien und einen Sonderzuschlag von zwei Dollar die Woche versprochen hatte. Diese Partien hatte ich nun bekommen, allerdings ohne die Zulage. Aber der Chor nahm mir das übel und versuchte, mir böse Streiche zu spielen. Man versteckte mir einen Schuh, wenn ich auf die Bühne mußte, oder gab mir das falsche Stichwort.

Bei unserer ersten Aufführung von *Madame Butterfly* standen wir als Japaner geschminkt und kostümiert auf der Bühne, ich dicht bei den Tenören, wie mir Mr. Aborn befohlen hatte. Sorgsam hörte ich auf sie, um keinen Fehler zu machen in meinem abenteuerlichen Englisch. Als ich merkwürdige Laute hörte, die so gar nicht zu dem Englisch passen wollten, das ich gelernt hatte, hörte ich mit Singen auf. Darauf steckten mir alle demonstrativ die Zunge heraus. Später stellte sich heraus, daß die Juden unter den Chorsängern, um mich aus dem Konzept zu bringen, den Text der Sabbath-Liturgie auf Puccinis Musik gesungen hatten.

In Providence, Rhode Island, sollten wir die *Carmen* aufführen.

Der Sänger, der die Rolle des Morales sang, hatte eine Schlägerei mit einem Bühnenarbeiter gehabt und war für eine Woche im Gefängnis gelandet. Ich sollte die Rolle zur Vorstellung am nächsten Tag einstudieren. Die ganze Nacht wanderte ich in meinem Zimmer auf und ab, lernte und probte für mich. Ich war so vertieft in meine Arbeit, daß ich nicht merkte, als Zimmernachbarn ganz leise meine Tür öffneten und mich beobachteten, wie ich im Nachthemd, mit beiden Armen gestikulierend und vor mich hinmurmelnd, hin- und herlief. Sie waren überzeugt, ich sei übergeschnappt, riefen die Polizei, und um vier Uhr morgens kam ein Krankenwagen und lieferte mich in ein Krankenhaus ein. Es bedurfte langer Erklärungen seitens unseres Managers, bis man mich für die Vorstellung freiließ. Aber da man meinem Geisteszustand nicht traute, blieb ein Polizist den ganzen Abend auf der Bühne und ließ mich nicht aus den Augen.

Eines Morgens, bei einer Bahnfahrt von Detroit nach Toledo, Ohio, lud mich eine Gruppe von Chorsängern ein, am Abend eine Party mit ihnen zu feiern. Ängstlich darauf bedacht, mir Freunde zu gewinnen, sagte ich zu. Als wir bei der Party ankamen, stellte es sich heraus, daß wir in einem Bordell waren. Die hübschen nackten Mädchen machten mit, und mir wurde recht übel mitgespielt. Aber alle Anwesenden, auch die Mädchen, amüsierten sich köstlich.

Den Höhepunkt dieser Peinlichkeiten erlebte ich in Ithaca, New York. Die Galerie war von lärmenden Studenten besetzt. Wir spielten den *Troubadour*, und als ich in der Gefängnis-Szene mit Leonora auf die Bühne kam und mit meiner markanten Aussprache mein berühmtes »Herrre stay weee, yonderrr is the tovver wherrre the prisssonerrrs arrre confinedd« schmetterte, rief eine Stimme von der Galerie: »Go home, you Wop!« Glücklicherweise war die Spielzeit zu Ende, und wir fuhren alle nach Hause.

Nach zwanzig Wochen allabendlicher Gastspiele, bei denen wir oft um fünf Uhr früh bei Eiseskälte aufstehen und täglich stundenlange Eisenbahnfahrten hinter uns bringen mußten, wo wir

in billigsten Pensionen und Absteigen schliefen und nur erbärmliche Verpflegung bekamen, kehrte ich als »erfahrener« Opernsänger mit sechzig Dollar in der Tasche nach New York zurück. Ich besuchte die Fabrik und wurde von meinen Kollegen aufs herzlichste willkommen geheißen. Sie saßen alle an ihren Maschinen, nähten ihre Kniehosen und freuten sich für mich – ihren Freund und Opernsänger. Dieses Mal gab es wieder die alten Späßchen und Lieder an unserem Tisch.
Nach einem Monat ging Mr. Barron wieder auf Tournee. Da er mich diesmal bei der Truppe nicht unterbringen konnte, blieb ich in New York und nahm Stunden bei seiner Frau. Der Wechsel war nicht glücklich, aber wie mein Vater sagte: Es hätte schlimmer kommen können. Es kam allerdings schlimm genug.
Bei der ersten Stunde vertraute mir Mrs. Barron an, daß Henri, ihr Mann, die Methode ihres gemeinsamen Lehrers Lombardi nicht beherzigt habe. »Seine Stimme könnte sehr viel schöner sein, wenn er besser auf unseren Lehrer gehört hätte.« Sie gab zwar zu, daß meine Stimme bei ihrem Mann Fortschritte gemacht hätte; aber trotzdem änderte sie alle seine Übungen. Nach kurzer Zeit wurde meine Stimme kräftiger, verlor aber ihre Schönheit. Aber nicht das war es, was mir eigentlich Kummer bereitete. Mit der Zeit wurde es mir unerträglich, daß sie ihren Mann vor mir schlecht machte, und so gab ich die Stunden bei ihr auf.
Alle meine Genossen im russischen Buchladen waren hochinteressiert an meinen sängerischen Fortschritten. Als ich Schachno von den Streichen erzählte, die mir die Choristen gespielt hatten, flüsterte er mir ins Ohr: »Bei den Gewerkschaften spielen sie noch üblere Streiche.«
Wieder wußte ich nicht, was ich tun sollte. Niemanden konnte ich um Rat fragen, also beschloß ich, erneut in die Fabrik zu gehen. Die schöne Lisa freute sich, mich wiederzusehen und der ganze Nähtisch begrüßte mich mit »Welcome back, opera singer« und »Happy birthday to you«. Nur Dave freute sich nicht. Er konnte nicht begreifen, weshalb ich nach meinem Operndebüt wieder zurückkehrte, um Hosen zu nähen. Als er merkte, daß ich Geld brauchte, um studieren zu können, bot er

mir Kost und Logis in seinem Haus »auf Treu und Glauben« an, d. h. für umsonst. Er lud mich oft zu sich zum Abendessen, aber ich konnte es nicht über mich bringen, soviel von ihm anzunehmen, und so blieb ich bei meinem ratternden Ungetüm und nähte hübsche kleine Kniehosen. Aber ich war von der Singerei infiziert und hielt Ausschau nach einem Lehrer.

Bei der *Aborn Opera Company* hatte ich mich mit dem Bariton Ernesto Torti angefreundet, einem Neffen des Kardinals Torti von Neapel. Als ich ihm von meinen Erlebnissen mit Mrs. Barron erzählte, brachte er mich zu seinem Maestro, Giovanni Gravina, dessen einziger Schüler er war.

Gravina war ein bekannter Bassist gewesen. Unglücklicherweise hatte er auf dem Höhepunkt seiner Karriere aufhören müssen, weil er sich bei der Rauferei im *Barbier von Sevilla* eine Verletzung zugezogen hatte. Seitdem gab er Unterricht. Er lebte mit seiner Frau und einer erwachsenen Tochter in einer winzigen Wohnung, die ihm Enrico Caruso bezahlte, mit dem er befreundet war und der ihn bewundert hatte. Gravinas Unterricht war einfach und direkt. Wir sangen Tonleitern und er verbesserte mich. Niemals verwirrte er mich mit Fachsimpeleien; er lehrte die Methode der alten italienischen Meister. Da er Baß sang und ich Tenor, sang er nie mit bei meinen Übungen; er achtete darauf, daß ich niemals die Stimme forcierte und immer mit einem leichten Lächeln sang. Ich nahm drei Stunden die Woche, immer erst abends nach der Arbeit, und mit meinen zwei Dollar pro Stunde kaufte sich die Familie Lebensmittel für jeweils zwei Tage.

Der Maestro bestand darauf, daß ich mit seiner Familie das Essen teilte. Auf dem Tisch stand immer eine Karaffe Wasser, das er »Champagne bianco« nannte, und bei jedem Essen wurde ein Toast auf seinen Freund Caruso und auf andere berühmte Kollegen ausgebracht. Es war nett zu sehen, wie meine zwei Dollar mit dazu beitrugen, meinen Lehrer, seine Frau und seine Tochter am Leben zu erhalten. Nett, aber nicht beglückend.

Gravina war Calabreser und hielt es für unter seiner Würde, über andere Sänger oder Lehrer schlecht zu sprechen. Lieber erörterte er ihre Vorzüge und dachte mit Freuden daran, wie herrlich Bonci, Anselmi, de Lucca, Battistini und viele andere mit ihrer Stimme umgehen konnten und mit welcher Leichtigkeit sie die schwierigsten Koloraturpartien bewältigten.

»Lache, Bajazzo!«

Nach drei Monaten fruchtbaren Studiums hatte ich eine richtige Tenorstimme. Wegen meiner Fortschritte kamen andere Sänger, die meine Stimme von früher gekannt hatten, auch zu meinem Maestro, um bei ihm zu studieren. Die Familie konnte sich jetzt ein paar Kleidungsstücke kaufen und drei Mahlzeiten am Tag essen. Der Maestro war so glücklich über diese Wendung, daß er Caruso von mir erzählte und von dem Glück, das ich ihm gebracht hätte. Er bot ihm auch an, jetzt die Miete selbst zahlen zu wollen. Aber Caruso fühlte sich dadurch beleidigt und bestand darauf, wie bisher zu bezahlen. »Wenn mir das passiert wäre, hätte es dir dann nicht auch Spaß gemacht, mir zu helfen? Das ist ein Vorrecht. Ich höre erst auf, wenn du reich bist oder ich arm.« Es war bekannt, daß Caruso sehr hilfsbereit war zu seinen Freunden und auch zu Fremden; und es gab viele, die das ausnützten. Er hat auch mir geholfen – doch davon später.

Es wurde ein Konzert arrangiert, in dem Schüler des Meisters sangen, und wir hatten großen Erfolg. Gravina erntete Anerkennung für seine ausgezeichneten pädagogischen Leistungen. Ich machte guten Eindruck mit dem »Traum« aus *Manon* und mit »Und es blitzten die Sterne« aus *Tosca*.

Endlich also hatte ich gute Nachrichten für meine Eltern. Ausführlich schrieb ich ihnen über den Maestro, sein Interesse an mir und über das Konzert, legte das Programm bei, um ihnen schwarz auf weiß zu beweisen, daß ihr ältester Sohn, der ihnen mit seinem Ausreißen nach Amerika Schande gemacht hatte, nun sein erstes Konzert in New York gegeben hatte. Ich hoffte, damit eine Scharte auszuwetzen und meinen Angehörigen Freude zu bereiten. Sorgfältig verschwieg ich jedoch meine Arbeit in der Fabrik – sie hätten nie begriffen, wie es dazu hatte kommen können.

Dieser Brief ist nie angekommen. Der Grund dafür war einfach: wir schrieben das Jahr 1914, und der Erste Weltkrieg hatte begonnen. Polen sei von den Deutschen überrannt worden und Warschau und Lodz befänden sich in deutscher Hand, hieß es. Niemand wußte, welche Zerstörungen angerichtet worden waren. Die Arbeiter am Nähtisch, die wie ich Angehörige in Polen hatten, waren gleichermaßen niedergeschlagen. Lisa sah, wie nahe mir das alles ging, und lud mich zu sich ein. Sie war schöner und liebenswürdiger denn je, aber meine Verzweiflung war übermächtig. Endlich, eines Morgens, kamen neue Nachrichten, und die Welt sah gleich viel rosiger aus. Die Zeitungen meldeten, die Russen hätten die genannten polnischen Städte kampflos geräumt und die Deutschen wären ohne einen Schuß einmarschiert. Langsam konnte ich mich wieder mit meinem Singen beschäftigen.

Ich besuchte Mr. Aborn, meinen alten Chef, und er empfahl mich an das *Century Opera House* in New York. Ich durfte vorsingen und erhielt ein Engagement für kleine Partien mit einer Gage von fünfunddreißig Dollar die Woche, also fast das Doppelte meines Fabriklohns. Wieder einmal verabschiedete ich mich von Lisa. Meine Kollegen freuten sich, daß ich erneut als »Opernsänger« engagiert worden war und wünschten mir viel Glück.

Dieses Mal fiel es mir nicht so leicht, einfach wegzugehen und zu Lisa auf Wiedersehen zu sagen. Aber was sollte ich tun? Ich war auf dem Weg, ein richtiger Opernsänger zu werden; und ich wußte ja, daß sie noch immer die Freundin des Fabrikbesitzers war.

In der *Century Opera* studierte ich die Partie des Beppe im *Bajazzo* und sang sie ohne Fehler. Die nächste Partie bekam ich in Victor Herberts Oper *Natoma*. Der Text, den ich im Ersten Akt zu singen hatte, ging ziemlich gut. Aber als ich im Zweiten Akt atemlos über die Bühne laufen und mit der Peitsche in der Hand singen mußte: »Mein Herr, die Pferde sind gesattelt!«, verpaßte ich mein Stichwort. Als ich auf der Bühne erschien,

hatte unser ungarischer Dirigent Szendrey die Worte schon für mich gesungen. Ich blieb wie angewurzelt mitten auf der Bühne stehen und wußte nicht ein noch aus.
Der Dirigent rief mir zu: »Raus mit dir, sonst gehen die Pferde durch!« Ich tat wie befohlen. Von jetzt an bekam ich zur Strafe keine Partien mehr zu singen, nicht einmal den Beppe, und wurde unter Gehaltskürzung auf fünfundzwanzig Dollar die Woche zum Choristen degradiert.
Die *Century Opera* hatte ausgezeichnete Sänger. Aber keiner der Solisten konnte in den Augen der Chorsänger Gnade finden. Immer hört man nur: »Wenn ich die Chance bekäme, ich würde das viel besser machen.« Schlimmste Klatschereien grassierten über die Primadonnen – entweder schlief die eine Sopranistin mit dem Manager oder die andere Sopranistin mit dem Tenor, natürlich immer nur für eine Nacht. Die Altistin trieb es eine Woche lang mit dem Regisseur und in der nächsten Woche spielten sie dann alle Bäumchen-verwechsle-dich.
Kaum war der Chor in der Garderobe, ging schon das Hecheln los. Der eine Ton war danebengegangen, der andere nur ganz »hohl«, der oder die Betreffende hatte ihn kaum geschafft. »Die Sopranistin hurt zuviel«, hieß es gern als Entschuldigung, und ähnliche Bemerkungen fielen in Menge. Es war wie ein Wettstreit, wer den Solisten die meisten Fehler ankreiden konnte und wer den meisten Klatsch kannte. Ich mußte mich ja jetzt mit dem Chor zusammen umziehen und schminken und wohl oder übel dieses unliebsame Geschwätz mit anhören. Nach drei Monaten war die Spielzeit der *Century Opera* zu Ende. Ich hatte nicht viel Geld auf der Hand und wollte schon wieder in meine Fabrik zurückkehren. Das schien mein Schicksal zu sein: ein paar Monate singen und dann zurück zu meinen Kniehosen. Es machte mich jedoch nicht unglücklich. Im Gegenteil: irgendwie freute ich mich wieder auf meinen Freund Dave. Und außerdem war ich jetzt eine eingearbeitete Kraft und konnte fünfundzwanzig Dollar die Woche verdienen, und ich fühlte mich bei meinen Arbeitskollegen wie zu Hause. Unbehaglich fühlte ich mich nur wegen Lisa. Sie war ja die Freundin des Fabrikbesitzers. Aber was mich eigentlich störte, war, daß ich mir so

jung und unerfahren vorkam. Sie war auch größer als ich, hatte eine gehobene Stellung und verdiente sehr viel Geld. Ich spürte deutlich, daß sie mich mehr als gern mochte, aber mir fehlte der Mut. Aus diesen Gründen hatte ich etwas Angst, in die Fabrik zurückzugehen. Ein paar Tage lang lief ich unentschlossen herum und wußte nicht recht, was ich anfangen sollte, als mir etwas ganz Unerwartetes in den Schoß fiel.

Mein Lehrer Gravina hatte von einem Varieté-Manager am Broadway gehört, der einen »richtigen italienischen Tenor« suchte, der Enrico Caruso nachahmen und ein paar Worte Neapolitanisch sprechen konnte.

Auf Anraten des Maestro ging ich eines Morgens in die Pension Ecke 42. Straße/10. Avenue, wo der Manager wohnte. Ich klopfte.

»Herein!« Ich trat ein und erblickte einen Mann und eine Frau nackt im Bett. Der winzige Raum war als Küche eingerichtet, ein Tisch, ein paar Stühle, das Bett (mit Inhalt), ein altes Klavier, ein Telephon und viele leere Whisky-Flaschen. Die beiden Bettgenossen sahen mich erstaunt an und tuschelten miteinander. Ich war tödlich verlegen und eilte zur Tür, als mir der Mann mit lauter Stimme nachrief:

»Capish Italian?«

Ich antwortete: »Si Signor, io capisco bene l'italiano.«

»Gut, ziehen Sie den Mantel aus und setzen Sie sich.«

Ich tat wie geheißen. Er stieg aus dem Bett, telephonierte nach seinem Pianisten, wusch und rasierte sich, sang, erzählte Witze und tanzte herum – alles im Adamskostüm. Schließlich zog er eine Hose über und machte Kaffee. Der Pianist erschien – nicht nackt –, und ich sollte singen. Ich begann mit dem Traumlied aus *Manon*. »Kein guter Caruso! Singen Sie mal den Bajazzo.«

Ehe noch der Pianist die Noten aus seiner Mappe holen konnte, legte der Manager mit lauter Stimme los: »Lache, Bajazzo!« und forderte mich auf, mitzusingen. Die Frau im Bett, immer noch unbekleidet, stimmte mit ihrem tiefen Alt ein und zwinkerte mir zu. Plötzlich hörten die beiden auf, und ich mußte allein weitersingen. Mitten in der Arie sagte der Manager: »Guter Caruso!« und ich war engagiert für fünfunddreißig Dollar die Woche.

Ich mußte mich wie Caruso schminken und kostümieren und »Lache Bajazzo« singen.
Diese Szene sollte ein ganzes Jahr lang über die Bühne gehen. Ich rechnete mir rasch aus, daß ich, wenn ich zwanzig Dollar die Woche für meinen Lebensunterhalt ausgab, soviel zurücklegen konnte, um bei Gravina ein ganzes Jahr zu studieren, einen Lehrer für Lied und Opernrepertoire zu suchen und meine gesamte Zeit dem Gesang zu widmen, ohne in die Fabrik zu müssen. Ich wusch mein Hemd, bügelte meine Hosen und ging zur ersten Probe.
Ich kam in einen schmutzigen Raum, voll Rauch, Dutzenden leeren Bierflaschen und einer bunt zusammengewürfelten Schar von acht Männern und fünf Frauen. Meine Fabrikollegen waren bei weitem eleganter als diese »Schauspieler« und »Sänger« vom Broadway.
Ich wollte schon wieder fortgehen, weil ich fühlte, wie wenig ich hier hinpaßte als der Manager rief: »Caruso, komm her!«
Einer der Schauspieler, ein Riesentrumm von Kerl, musterte mich von Kopf bis Fuß und fragte lässig: »Sie sind also Caruso?« Er wandte sich dann zu den anderen und sagte verächtlich mit lauter Stimme: »Wie tief sind wir gesunken!« Er warf dem Manager einen Blick zu und meinte: »Ist das alles, was Sie auf die Beine bringen konnten, wo so viele Wops auf dem Broadway rumlaufen?«
Da ertönte die Altstimme der Frau des Managers: »Haltet's Maul, ihr Dreckskerle. Er kann singen und kriegt mehr Kohlen als ihr Idioten.« Das machte mich sicherer, und ich blieb da.
Unter den fünf Frauen war ein junges Ding von ungefähr sechsundzwanzig Jahren, gut gekleidet und nett aussehend. Man hatte sie dazu überredet, die berühmte Schauspielerin Lilian Russell nachzuahmen. Derselbe Kerl, der mich angerempelt hatte, sagte über sie zu seinen Leuten:
»Hoffentlich bleibt die da. Das ist doch 'n prima Mädchen.«
Und der Manager erklärte ganz laut: »Tja, ›Miss Russell‹, wenn Sie nicht mitmachen wollen, müssen wir jemand anderen nehmen. Auf Wiedersehen.« Er wandte sich dann zu mir: »Komm her, Caruso, laß mal hören.«

›Miß Russell‹ warf mir einen verächtlichen Blick zu, blieb aber an der Tür stehen, während ich losschmetterte: »Hüll dich in Tand.«

Der Kerl von vorhin drosch mir hinterher auf die Schultern: »Du bist okay, Caruso. Wie heißt du?« Da sie ja einen richtigen Italiener haben wollten, gab ich zur Antwort: »Brunacci.«

»Gut, wir werden dich Bruno nennen.« ›Miss Russell‹ verschwand.

Als ich zwei Stunden später auf die Straße trat, sprach sie mich an, stellte sich vor und sagte, ich machte einen Riesenfehler, wenn ich mich mit diesen Burschen einließe.

»Sie werfen sich fort. Die Szene nimmt kein Theater an, und bestenfalls so ein Bumms, wo Sie drei- bis viermal am Tag auftreten müssen. Sie ruinieren sich ihre schöne Stimme.«

Ich war ganz überrascht über diese Anteilnahme einer unbekannten jungen Dame, ergriff ihre Hand, schaute ihr in die Augen und fragte, ob sie das wirklich ernst meine. Sie versicherte mir, daß es ihr Ernst sei und versprach, mir zu helfen, am Broadway ein Engagement zu finden. Ich sagte, ich hätte nichts zu essen und müßte zurück in meine Hosenfabrik, wenn ich diesen Job nicht annähme, und daraufhin beschloß sie, auch mitzumachen und als Lilian Russell aufzutreten. Ich könnte ihr Singen beibringen und sie mir Englisch. Sie sähe mir an, daß ich jung und unerfahren sei und jemanden brauche, der auf mich achtgäbe.

Sie hieß Catherine. Sie sprach mit leiser Stimme und machte auf mich den Eindruck einer sehr intelligenten jungen Dame mit guten Manieren. Sie lud mich zu einem kleinen, etwas verspäteten Lunch in ihre Zweizimmer-Wohnung, die sie zusammen mit einem Ballettmädchen aus Texas bewohnte. Ich kam um drei Uhr nachmittags und fand ihre texanische Freundin noch im Bett.

Wir saßen in der Küche, als wir sie brüllen hörten: »Warum kommt denn Abe Kabible nicht und vögelt mich ordentlich? Weshalb kommt er immer erst um sechs, wenn ich schnell ins Theater muß?«

Mir verschlug es den Appetit – so hatte ich noch keine junge

Dame reden hören. Catherine rief zurück: »Hör mit dem Schreien auf, du dreckiges Luder, ich habe Besuch.«

Auf der Stelle erschien die kleine Texanerin in der Küche, splitterfasernackt. »Eßt ihr immer noch?« fragte sie, als sie uns erblickte. Dann maß sie mich mit abschätzenden Blicken und sagte ganz ernsthaft: »Catherine, du wirst doch den da nicht für George eintauschen?« Sie spuckte beinahe vor Verachtung.

»Du fängst mit der Sauferei entschieden zu früh an«, gab Catherine bissig zurück und sagte zu mir: »Beachten Sie sie weiter nicht. Sie ist ganz O.K., aber wenn sie morgens ihren Abe nicht hat, geht das Gin-Trinken los.«

Wir gingen in Catherines Zimmer, und während wir miteinander plauderten, kam die Texanerin mit einer Flasche in der Hand herein.

»Ihr sitzt ja immer noch ganz artig auf euren Stühlen? Ihr solltet schnell ein bißchen vögeln, sonst kommt George noch dazu.«

Ärgerlich erwiderte Catherine: »Jetzt hör aber mal auf! Das ist unser Caruso. Er hat eine herrliche Stimme und wird mir Gesangsunterricht geben.«

Worauf sie gelassen meinte: »Ist das alles? Nicht vögeln?« Dann zog sie ab.

Der Varieté-Manager war erfreut, daß Catherine doch mitmachen wollte. Drei Tage lang probten wir und gaben dann die erste Vorstellung an einem Sonntagnachmittag in Bronx. Die Szene hieß *Die Geburtstagsfeier*. Wir trugen Kniehosen, Bust-Brown-Schlipse und sangen: »Ich liebe die Kühe und Hühner! Das ist ein Leben.« Ich sah unbeschreiblich albern aus. Ein Sozialrevolutionär, Streik-Organisator, Verschwörer gegen den Zaren, Esperanto-Vorkämpfer und zukünftiger Opernsänger tanzte und sang: »Ich liebe die Kühe und Hühner!« Mit bloßen, haarigen Beinen in kurzen Hosen herumzutanzen – ich war tiefer gesunken, als ich mir vorgestellt hatte. Ich beruhigte mich etwas, als Catherine sagte: »Das ist Amerika. Hier schämt sich niemand, solange er Geld dafür kriegt.«

Nach dem Tanz wechselten wir die Garderobe und schlüpften in die Kostüme der Stars, die wir nachmachen sollten – Weber und Fields, Eva Tanguay, Irene Franklin, Bert Williams, Lilian Russell und Enrico Caruso. Ich trug ein weißes Clownskostüm wie im *Bajazzo*, einen weißen Hut und eine Stirnlocke, wie Caruso. Nach der Arie mußte ich noch ein paar Worte in neapolitanischem Dialekt sprechen.

Wir gaben manchmal vier Vorstellungen pro Tag, und ich mußte meine Arie immer wiederholen. Als ich nach einem Monat meine Arien um einen halben Ton tiefer transponieren mußte, erkannte ich, daß ich einen zu hohen Preis zahlte für den Erfolg im Varieté.

Meine männlichen Kollegen in diesem Unternehmen machten mir das Leben sauer. Ich hatte mehr Erfolg als sie, erhielt mehr Gage und wurde vom Manager besser behandelt. Sie merkten, daß ich schüchtern war, und schwelgten in den gemeinsten, widerlichsten Zoten, um sich an meiner Verlegenheit zu weiden. Wenn ich mich beschwerte, nannten sie mich einen »blöden Anfänger«. Das Adjektiv machte mir schwer zu schaffen, weil ich es schon zu Hause oft von meinem Onkel hatte hören müssen.

Vier dieser Leute waren Juden und sprachen über mich in Jiddisch. Ich sei ein dummer »Goi«, ein neapolitanischer »Wop« – ich machte bloß mit, weil Catherine hier sei, die für Geld alles täte. Sie wäre sicherlich eine Wucht im Bett und brauchte einen richtigen Kerl und nicht diesen mickrigen kleinen Wop. Jeder einzelne brüstete sich ausführlich in allen Einzelheiten mit dem, was er Catherine bieten könnte, wenn sie ihn bloß heranließe. Aber sie tat's ja nur für Geld.

Diese Gespräche wurden in der Garderobe jeden Tag wie ein Zeremoniell wiederholt. Ich ertrug es eine ganze Zeit, indem ich zuerst so tat, als ob ich nicht verstände. Eines Tages hörte ich, wie einer sagte: »Sei vorsichtig, der Wop sieht wütend aus. Der geht vielleicht noch mit dem Messer auf uns los.« Das brachte mich auf eine Idee. Ich kaufte mir ein großes Taschenmesser, und als einer mich am nächsten Tag wieder »Wop« nannte, warf ich mich auf ihn und hantierte so echt mit einem Messer herum, daß seine Schreie bis auf die Straße zu hören waren. Ein Polizist erschien und warnte mich, daß wir hier nicht in Neapel seien.

Es stimmte schon, daß Catherine nur meinetwegen mitmachte, und unsere Freundschaft war enger geworden. Als sie erfuhr, daß ich wegen der Gemeinheiten, die man über sie erzählte, das Messer gezogen hatte, kündigte sie auf der Stelle und ging nach New York, um dort für uns beide ein Engagement zu suchen.
Catherine wollte alles über mein sexuelles Vorleben wissen und erzählte mit erstaunlicher Freimütigkeit, daß ich mich viel zu sehr nur mit meiner Stimme beschäftigte und zuviel Zeitungen und Bücher läse. Im Alter von fünfundzwanzig Jahren müßte ich eigentlich mehr darauf bedacht sein, eine Siebenundzwanzigjährige zu befriedigen. Nur einmal die Nacht zu lieben und in der Frühe bloß ein Kuß am Morgen – das war ihr nicht genug. Diese Enthaltsamkeit machte meinen späteren Freundinnen übrigens ebenso noch viel zu schaffen. Und was noch schlimmer war: es kam nicht einmal jede Nacht dazu.
Catherine war der Meinung, wir paßten doch nicht so gut zusammen; aber sie wäre trotzdem gern mit mir zusammengeblieben. Ich teilte ihre Meinung, und so konnte ich sie nicht trösten. Ihre Offenheit erschien mir allerdings bewundernswert, ich hatte sie sehr gern und schrieb ihr häufig.
Nach einem Monat kamen wir nach New York zurück, um dort aufzutreten. Ich ging sogleich zu Catherine und fand sie im Bett. Sie freute sich über meinen Besuch, schien aber todmüde und wollte noch ein Stündchen schlafen. Sie schlief auch sofort wieder ein. Ich setzte mich hin und las, und dabei fielen mir ein Paar Männerhandschuhe auf und ein gefüllter Aschenbecher. Catherine rauchte nicht. Ich fragte sie danach, und sie erklärte ganz ruhig: »George war heute nacht bei mir. Ich glaube schon, daß ich dich liebe – und trotzdem verbringe ich meine Nächte mit George, und wenn er morgens weggeht, denke ich an dich und heule.« Dabei liefen ihr die Tränen herunter.
Catherine war bildschön, und sie war ehrlich. Ich liebte sie. Vielleicht liebte sie mich auch, aber ich lebte für sie in einer Traumwelt. Dostojewskij war für mich die Wirklichkeit, meine Lieblingsbücher waren Ibsens *Wenn die Toten erwachen*, Selma Lagerlöfs *Gösta Berling*, Hamsuns *Viktoria* und dergleichen mehr. Meine ständige Unruhe wegen des Krieges in Europa (die Ver-

einigten Staaten hatten noch nicht eingegriffen) und wegen meiner Familie, meine entsetzlichen Träume und schlaflosen Nächte waren für ein junges Mädchen aus Arizona, das auf eine Karriere am Broadway versessen war, wohl schwer zu begreifen. Ich konnte Catherine keine Vorwürfe machen, daß sie sich wieder an ihren George gehängt hatte.

Sie hatte recht: ich hatte Angst vorm Leben, vor der Liebe und besonders vor dem Broadway. Ich küßte ihre Hände und sie flüsterte: »Ich weiß, du bist jetzt fertig mit mir. Was soll ich machen? Kannst du mir helfen?« Als ich Auf Wiedersehen sagte, antwortete sie nicht, sondern verbarg ihr Gesicht in den Kissen. Ich wünschte ihr alles Gute und verließ traurig das Zimmer.

Die Schauspielerkollegen bekamen leise Zweifel an diesem »Neapolitaner«, wenn sie mich so intensiv die Zeitungsnachrichten über den Krieg in Europa verschlingen sahen. Eines Tages sagte ich ihnen die Wahrheit über meine Herkunft und meine Familie, und auf der Stelle änderten sie ihr Verhalten mir gegenüber.

Meine Caruso-Imitation ging ganz gut. Der Manager druckte Programmzettel und Sänger und Schauspieler kamen, um mich zu hören. Ich erntete allgemeine Bewunderung für die Geschicklichkeit, mit der ich Carusos Stimme und Gebärden nachahmte. Wenige nur wußten, daß ich die Arie einen Halbton tiefer transponiert hatte; aber selbst jetzt merkte ich, daß nach jeder Vorstellung meine Stimme schwieriger zu behandeln war; um sie vor dem völligen Ruin zu bewahren, versuchte ich, weniger laut, dafür mit mehr Ausdruck zu singen. Aber das half nichts. Was sollte ich tun? Mein Lehrer Gravina gab mir den Rat, dieses Engagement sofort aufzugeben. Wie konnte ich das? Davon konnte ich mir drei Mahlzeiten pro Tag leisten. Ich konnte mir Kleider kaufen und sparte zehn Dollar die Woche, um vielleicht einmal die Eltern unterstützen zu können.

Das Leben im ganzen war für mich leichter geworden, aber mir blieben doch die Sorgen um meine Eltern. Ich hatte genug zu essen, ein nettes Zimmer und bekam sogar Lobsprüche von bekannten Sängern. Aber wo waren Vater und Mutter, meine sieben Geschwister, Onkel und Tanten? Wie ging es ihnen? Hatten sie zu essen? Ein Dach über dem Kopf? Waren sie überhaupt noch am Leben? Nur wenige wußten, was mich quälte, und ich galt als ein eigenbrötlerischer Sauertopf.

Caruso gibt einen Rat

Als Caruso von meinen Nachahmungen hörte, war er amüsiert und neugierig zugleich. Er fragte seinen Freund Margolies, ob er mich schon gehört habe. Margolies erzählte ihm, daß ich ein Jahr lang bei der Caruso-Claque gewesen war und jede einzelne Caruso-Aufführung an der Met miterlebt hätte. Er erinnerte ihn auch an die Geschichte mit dem Lippenhochziehen, und versprach, mich mitzubringen, damit er mich hören könne.

Ich hielt es für abgeschmackt, Caruso meine Imitation vorzusingen. Aber Margolies versicherte mir, Caruso wünsche es unbedingt, und das bedeute für mich die Chance, den großen Tenor persönlich kennenzulernen. Ich faßte mir also ein Herz.

Caruso bewohnte eine Zehn-Zimmer-Suite im neunten Stockwerk des Knickerbocker-Hotels. Zwei Freunde und sein Begleiter waren bei ihm, als wir eintrafen. Er fragte mich auf englisch, ob ich Italienisch spreche. »Si, Signore«, antwortete ich und erzählte, daß ich in meiner Szene auch Neapolitanisch zu sprechen hätte. Er drückte mir noch einmal die Hand und redete mit breitem Lächeln in Neapolitanisch auf mich ein.

»Nur auf der Bühne!« mußte ich seinem Redefluß Einhalt gebieten. »In Wirklichkeit verstehe ich kein Wort Neapolitanisch!«

Darauf meinte Caruso zu seinen Freunden gewandt: »E furbo questo giovanotto« (Ganz schön schlau, dieser Junge). Ich vergaß, daß ich vor dem größten Tenor der Welt stand. Als er mich fragte, ob ich »vino«, Kaffee oder russischen Tee möchte, gab ich zur Antwort, ich tränke niemals vorm Singen. Alle lachten, und ich fühlte mich erleichtert.

Caruso erinnerte sich, daß Gravina ihm erzählt hatte, sein Schüler arbeite in einer Fabrik. Ob ich das sei? Auf meine bejahende Antwort meinte er: »Das ist ein guter Anfang. Ich habe in Neapel auch in einer Fabrik gearbeitet, als ich fünfzehn war. Für zehn Cent den Tag.« Dann wechselte er das Thema und erzählte von dem russischen Tenor Sobinow, den er in Italien kennengelernt hatte. Niemand habe besser gesungen, gespielt und auch ausgesehen als Sobinow. Er sei der eleganteste Alfredo gewesen, den er je gesehen habe.

Dann bat er beinahe entschuldigend: »Würden Sie mich jetzt bitte hören lassen, wie dieser Neapolitaner Caruso ›Vesti la Giubba‹ (Hüll' dich in Tand) singt?« Ich war noch nicht so ganz überzeugt, ob mein Mut reichen würde, und ging recht unsicher zum Flügel, an dem der Begleiter schon Platz genommen hatte und auf einen Wink Carusos mit der Einleitung begann. Ich legte los. Der Pianist spielte in der Originaltonart, also einen Halbton höher, als ich es gewohnt war. Glücklicherweise konnte ich durchhalten, mußte aber alle Kraft zusammennehmen. Als ich zu Ende war, stand Caruso auf, kam zu mir herüber und sagte: »Molto bene – molto bene, amico mio.« Er sagte das so aufrichtig, daß mir vor Glück beinahe schwindlig wurde. Er mußte das bemerkt haben, denn er wartete einen Augenblick, ehe er fortfuhr: »Tu sei Russo, ma tu canti come un Italiano.« Auch das »du« ging mir durch und durch. Dann fügte er leiser hinzu: »Sehr gut. Du hast einen herrlichen lyrischen Tenor und solltest nicht in meiner Manier singen. Du singst ›Vesti la Giubba‹ sehr schön, aber du treibst dabei deine Stimme zu hoch und sie büßt ihre Eigenheit ein.« Er sprach langsam und überlegte jedes Wort, um sicher zu gehen, daß ich ihn auch verstand. Er wandte sich zu Margolies und seinen Freunden und erklärte, warum er diese Befürchtungen hege. Keiner meiner Lehrer war so ernsthaft bei der Sache gewesen, wenn sie mir einen Rat gaben wie dieser wundervolle Mensch. Ich wurde immer kleiner. Er konnte sehen, daß mich dieses Erlebnis tief bewegte.

Caruso fragte auch, wieviel ich für diese Nachahmungen bekäme, und beauftragte Margolies, mir Karten für die Oper zu besorgen. Er sagte noch, ich verdiente Unterstützung und ich sollte ihn wissen lassen, wie ich vorankäme. Wir tranken Kaffee. Als er uns zur Tür begleitete, umarmte er mich mit den Worten: »Ich hoffe dich wiederzusehen« und gab mir noch Grüße mit für Gravina und dessen Familie.

Margolies versicherte mir hinterher, daß ich einen guten Eindruck auf Caruso gemacht hätte, und legte mir dringend ans Herz, Carusos Ratschläge zu befolgen. Das brachte mich in arge Verlegenheit. Was sollte ich tun? Immer wenn ich auf die Bühne ging und mehr lyrisch sang, begannen einige Zuhörer unruhig zu werden und miteinander zu flüstern. Sobald ich einen großen Ton sang, lächelten sie, und wenn ich aus Leibeskräften losschmetterte und mir fast die Lungen aus dem Halse schrie, erntete ich Beifallsstürme. Aber meiner Nachgiebigkeit schämte ich mich. Zu guter Letzt beschloß ich, einfach nur mehr lyrisch zu singen.

Das war für mich weniger anstrengend, befriedigte aber meinen Manager nicht. Mich rettete nur, daß ich meiner Stimme eine Caruso-ähnliche Klangfärbung geben und seine Gebärden imitieren konnte, ohne zu forcieren. Aber die Zuhörer waren damit nicht einverstanden und applaudierten nicht, wenn ich nicht mit voller Lautstärke sang. Der Manager brüllte dann von hinten: »Leg los, Caruso! Gib es ihnen!« Er brüllte so laut, daß die Zuhörer ihn hören konnten und ihm Beifall klatschten. Es entstand ein Streit darüber zwischen ihm und seiner Frau, die auf meiner Seite stand, aber mir doch klarmachen mußte, daß der gesamte Erfolg unserer Darbietung auf meiner Nummer beruhte. Eindringlich bat sie mich, lauter zu singen. Da das Wohl und Wehe von neunzehn Leuten in meiner Hand lag, versuchte ich das Beste, aber meine Kehle schmerzte mich immer stärker und ich wußte nicht, wie ich aus diesem Dilemma wieder herauskommen sollte.

Wie alle anderen verehrte auch ich Caruso. Ich lernte jedoch über Bel canto mehr von Giuseppe de Lucca und Hermann Jadlowker, die oftmals zusammen auf der Bühne der Met sangen. De Lucca war zwar Bariton, aber seine Stimme klang wie ein runder, voller Tenor, und er ging mit seiner Stimme pfleglicher um als die meisten anderen. Bei ihm wurde deutlich, daß Aus-

druck wichtiger ist als Stimmvolumen. Sein Rigoletto war das vollkommenste, was wir je gehört hatten. Jadlowker, ein lyrischer Tenor von großer Tonschönheit – er kam aus Berlin –, überwältigte zwar nicht wie Caruso; aber auch er forcierte oder überanstrengte niemals seine Stimme.
Die Claque an der Met war oftmals geteilter Meinung. Die Italiener ließen nur ihre Landsleute gelten. Unser Chef, Mr. Margolies, mußte sie antreiben, wenn Nichtitaliener Beifall bekommen sollten. Die Juden in unserer Clique waren für Jadlowker. Als Alma Glück in einer Samstag-Matinee ihre erste Mimi sang, durften wir in der vordersten Reihe der Galerie sitzen und auf diese Weise auch einmal Orchester und Dirigenten sehen. Wir waren ganz überrascht, als Margolies auf einmal von hinten rief: »Los, ordentlich klatschen! She is a nice Yiddish mädel!«
Damals versuchten viele Tenöre, wie Caruso zu singen. Mein Besuch bei ihm und sein freundlicher Rat retteten mich zum Glück vor dem vollständigen Stimmruin. Ich erkannte, daß man Stil und auch Stimmklang und Färbung einer Stimme nachahmen kann, wenn man es mit Verstand tut. Darin hatte ich so großen Erfolg, daß es mir gelang, sogar Stalin zu täuschen. Doch darüber später.

Vorsicht vor der *Methode*

Ich will nicht resigniert über den Verfall des Bel canto schreiben. Nach meiner Meinung kann man heute in den Opern und Konzertsälen ebensoviel herrliches Singen hören wie vor sechzig Jahren. Und was das »Goldene Zeitalter des Gesangs« angeht, so halte ich diese Vorstellung für weit übertrieben. Es gab immer mittelmäßige und schlechte Sänger, deren Namen eben nicht in die Musikgeschichte eingegangen sind. Ich will auch keine wissenschaftliche Abhandlung schreiben über die menschliche Stimme und ihre Ausbildung, über Stimmbänder, Kehlkopf, Rachenhöhle, Kopfhöhlen, Nasalieren, Vorderkopf und Hinterkopf; auch nicht über die »Geheimnisse« des richtigen Atmens. Ich möchte allerdings eines tun: vor der »einzig richtigen Methode« warnen.

Zum Beispiel die »Bel canto«-Methode, mit der manche Lehrer Reklame machen – es gibt sie gar nicht. Wenn man mit einer angenehmen Stimme piano, mezzo-forte, forte singt; wenn man Crescendo, Decrescendo, Triller und Koloraturen beherrscht – dann ist das Bel canto. Das moderne Lied und Opern wie *Wozzek* brauchen keinen Bel canto; wohl aber die italienischen, französischen und russischen romantischen und klassischen Opern und die *arie antiche*, und Bel canto ist eine große Hilfe bei Brahms, Schubert, Schumann, Wolf, Strauss, Debussy und vielen anderen. In Italien gilt Bel canto als selbstverständlich, obwohl nicht allzu viele italienische Sänger ihn tatsächlich beherrschen. Die *arie antiche* werden denen beigebracht, die keine Stimme »per la lirica« besitzen! Trotzdem aber muß eingestanden werden, daß man auch heute in einigen italienischen Opernhäusern so herrliche, großartige Aufführungen erleben kann wie nur sonst auf der Welt, mit so guten Tenor-, Bariton-, Sopran- und Mezzosopran-Stimmen wie vor fünfzig Jahren. Ich hörte neulich den *Troubadour* in der römischen Oper, und was die stimmliche Leistung angeht, stand diese Aufführung nicht im geringsten den besten Aufführungen zu Carusos Zeiten an der Metropolitan Opera in New York nach.

Ich bin oftmals nach »Formeln« und »Rezepten« für die Stimmbildung gefragt worden. Es gibt sie nicht. Die Schwierigkeiten liegen bei jeder Stimme anders und müssen individuell behandelt werden. Zum Beispiel: zu starres Atmen. Die einfachste Antwort: Entkrampfen. Aber wo und wie und wann? Unfähigkeit, piano zu singen. Das kann verschiedenste Gründe haben. Es muß alles, was zum Singen gehört, in Betracht gezogen werden, ehe man wirklich einwandfrei piano singen kann.

Um die Gesangstechnik für Oper, Oratorium und Konzert zu erlernen, die selten als natürliche Anlage in die Wiege gelegt ist, muß man lernen, wie man alle Körpermuskeln, die direkt oder indirekt mit der Tonbildung in Zusammenhang stehen, einsetzt, ohne sie falsch zu gebrauchen. Es gibt viele Teile unseres Stimmapparats, deren wir uns beim Sprechen gar nicht bewußt sind:

Stimmbänder, Stimmritze, Kehlkopf, Rachenhöhle, Zunge, Gaumensegel, Zähne und natürlich die offene Kehle selbst. Dann noch die Lungen, der Hals, die Schultern, der Unterleib, das Zwerchfell. Dazu treten Anspannung und Entspannung, Resonanz, Register, offene und gedeckte Töne und weitere Faktoren. Das alles kann man in Büchern über Stimmbildung nachlesen. Und es tut auch keinen Schaden, etwas über diesen komplizierten und dabei doch so natürlichen Mechanismus Bescheid zu wissen. Dann ist da noch die Atembeherrschung als Grundlage des Singens. Aber um all das in den Griff zu bekommen, braucht man einen guten Lehrer. Das eigentliche Problem: Wer ist dieser gute Lehrer, und was macht ihn dazu?

Angenommen, daß es gute Lehrer gibt – es gibt sie, wie wir wissen –: Wie soll ein junger Mensch wissen, nach welchen Gesichtspunkten er seinen Lehrer wählen soll? Natürlich muß ein Gesangslehrer bekanntmachen, daß er unter der und der Adresse zu finden ist, daß er der Lehrer der oder des berühmten Soundso ist und »nur eine begrenzte Zahl von fortgeschrittenen Schülern annehmen kann«. Aber sind alle Lehrer imstande, alle Schwierigkeiten aller Stimmen zu beheben? In den meisten Berufen muß sich der Lehrer durch eine Lehrbefähigung, ein Diplom, ausweisen. Nicht so beim Gesang, den jedermann lehren kann. Bekanntermaßen hat die Mehrzahl der Gesangslehrer keine erfolgreiche Sängerlaufbahn hinter sich gebracht, oder wenn doch, dann war sie nur von kurzer Dauer und nicht sehr erträglich. Manche fühlten sich den Anstrengungen des Theaterlebens nicht gewachsen, andere konnten die Impresarios, Vermittler, Dirigenten und Direktoren nicht ausstehen und zogen einen einträglicheren Beruf vor. Der Lehrberuf löst manche Probleme (wenigstens für den Lehrer) und ist finanziell gewinnbringend. Nicht alle Lehrer dieser Art sind unfähig, manchem Schüler zu helfen. Aber reicht das aus? Studiert zu haben (selbst bei guten, bekannten Lehrern), etwas gesungen zu haben, ein paar Bücher über Stimmbildung gelesen zu haben – ist das eine ausreichende Qualifikation, um junge Menschen, die Sänger werden wollen, zu lehren und zu leiten?

Es ist andererseits ebenso richtig, daß viele Sänger und ganz besonders Sängerinnen, die eine Sängerlaufbahn beginnen, nicht einmal sicher sind, ob sie Stimme und Begabung haben, sondern es einfach nur einmal probieren wollen. Manche wollen Sänger werden, weil sie meinen, es sei einfacher als College oder Universität; gewiß ist es angenehmer und wird besser bezahlt als Stenographie und Schreibmaschine. Nicht viele studieren Gesang, weil sie ein brennendes Verlangen haben zu singen und auch bereit sind, Opfer zu bringen. Andere glauben, es ist eine leichte Sache, einfach Gesangsstunden zu nehmen, und das genüge dann vollauf. Eine solche Einstellung führt unausweichlich zu Enttäuschungen. Aber hat es nicht Fälle gegeben, wo ein Schüler mit weniger Stimme, aber mehr Talent und Fleiß größeren Erfolg hatte als ein anderer mit besserer Stimme? Wem also sollte der Lehrer abraten? Können denn alle Lehrer diese verantwortliche Aufgabe, Menschen zu führen, leisten? Ich glaube, in der Mehrzahl können sie es nicht. Ich habe von 1910 bis 1925 bei verschiedenen Lehrern studiert, bei Sopranistinnen, Altistinnen, Bariton-Sängern, Bässen, Tenören und auch Nichtsängern. Einige haben mir geholfen. Andere haben mich derartig durcheinander gebracht, daß ich am liebsten alles hingeworfen hätte. Ich glaube übrigens auch, daß berühmte Sänger nicht unbedingt gute Lehrer abgeben, weil sie oftmals mit einer exzeptionellen Stimme begnadet sind und daher andere Voraussetzungen für den Erfolg mitbrachten. Natürlich brauchten auch sie Unterricht und Anleitung; aber nur wenige von ihnen hatten es mit komplizierten Stimmproblemen zu tun. Kann ein solcher Lehrer mit den unzähligen Schwierigkeiten fertig werden, die sich ihm in seinen Schülern darbieten? Pädagogen wie Lotte Lehmann sind Einzelfälle – und sie lehrt hauptsächlich Interpretation.

Der Lehrer müßte imstande sein, den Fehler zu finden oder die Ursache des Fehlers festzustellen. Wenn eine sonst sehr gute Stimme bestimmte Töne zu tief singt, wenn es irgendwo einen Bruch gibt, wenn sie zum Forcieren neigt, dann genügt es nicht, zu sagen: »Nicht so« oder »Hören Sie auf mich«. Sind ein paar Muskeln zu fest? Liegt es am Atmen oder hat es seelische Gründe? Hier Abhilfe zu schaffen ist ein individuelles Problem.

Man hat mich oft gebeten, Lehrer in Wien, Rom, Mailand und sonstwo zu empfehlen, und ich habe es nicht tun können. Ich hätte zuvor die Stimme, die Anlage und den Charakter des betreffenden Schülers kennen müssen. Wenn ein Schüler oder ein Sänger zu mir kommt, sage ich: »Wir wollen mal sehen, ob wir uns verstehen, ob ich Ihnen helfen kann, ob Sie mit mir arbeiten wollen und ich mit Ihnen.« Stimmbildung ist eine hochspezialisierte Wissenschaft und in manchen Fällen zu kompliziert, als daß man sie jedem x-beliebigen anvertrauen dürfte.

Als ich 1930 in London sang, hörte ich von einem Lehrer, der behauptete, alles hinge von der Aussprache ab. Natürlich hatte er recht, vorausgesetzt allerdings, man singt nicht zu tief, forciert nicht, hat keinen Bruch in der Stimme, kann piano singen und so weiter und so fort. Wenn man alle diese Fehler nicht hat, hilft es, Wörter, die Konsonanten und Vokale korrekt auszusprechen. Aber auch die beste Aussprache kann diese Fehler nicht beseitigen. Ganz im Gegenteil: Schlechtes Singen kann durch deutliche, klare Aussprache noch offenkundiger werden!

Dann gibt es Lehrer, die die Ansicht vertreten, richtige Zwerchfellatmung löse alle Probleme. Ich kenne Sänger, die behaupten, alles beginne und ende mit dem Zwerchfell. Bei tiefen Tönen drückt man soundsoviel, in der Mittellage etwas mehr, bei den hohen Tönen noch stärker, und für forte müsse man ganz stark einziehen oder herausdrücken. Vielleicht hilft es ihnen – aber hilft es auch anderen?

Oder die »Brust-Methode«. Als ich in Moskau war, pumpten sich die meisten meiner Kollegen die Brust bis zum Bersten auf und drückten dann. Manche produzierten schier unglaubliche Töne, konnten aber weder legato noch mezza-voce singen, und wenn ein piano gefordert wurde, kam nur ein Falsetto. Oftmals hörte ich in Rußland statt: »Was für eine große Stimme« nur: »Kakoj grudja!« (Was für eine Brust).

Es wurde einmal ein hübscher polnischer Offizier von einem russischen General aufgefordert zu tanzen. Der Offizier ging zuvor noch einmal schnell auf die Toilette. Als er zurückkam, lachten alle. Er mußte entdecken, daß er vergessen hatte, sich die Hosen wieder zuzuknöpfen. In seiner Verzweiflung zog er den Revolver und erschoß sich. Auf einer meiner Tourneen durch Sowjet-Rußland gab ich einmal ein Konzert im Opernhaus von Saratow an der Wolga. Die Solisten und Chorsänger saßen geschlossen in den ersten Reihen. Ich begann mit »Una furtiva lacrima« aus *L'Elisir d'amore*. Da bemerkte ich ein Tuscheln unter den Sängern im Zuschauerraum. Sie deuteten auf meine Hose. Ich sang schneller. Mein Begleiter wurde nervös, meine Frau schaute aus den Kulissen und war entsetzt. Als ich fertig war, rannte ich von der Bühne, ohne für den Applaus zu danken. Ich griff nicht gleich zum Revolver. Wie sich herausstellte, waren meine Beinkleider völlig in Ordnung. Die Sänger hatten sich nur über mein tiefes Atmen gewundert. Nach dem Konzert wollten sie wissen, wie man so lange Bögen singen könne, ohne die Brust so vollzupumpen, daß sie um Zentimeter an Umfang zunahm. Es war sehr schwer, ihnen klarzumachen, daß beim Tiefatmen, wenn man es richtig macht, Lungen, Zwerchfell, Brust und alle mit der Atmung befaßten Körperteile ganz natürlich funktionieren, ohne daß sich die Brust merklich hebt.

Um es zu wiederholen: Es gibt nicht *die* Methode – weder Lamberti, Broggi oder »Bel canto« –, die für alle Schüler und Sänger gleichermaßen geeignet ist. Ich möchte aber doch ein paar Ratschläge geben. Eine Sopranistin sollte nicht bei einem Bassisten studieren oder bei einem Bariton, und kein Sänger bei einer Sängerin. Wenn man sagt, es gibt Ausnahmen, dann werden sich alle als *die* Ausnahme bezeichnen. Jungen Sängern möchte ich empfehlen, keinen beliebten oder berühmten Sänger nachzuahmen. Stellen Sie fest, was die Eigenart Ihrer Stimme ist und entwickeln Sie diese Besonderheit. Und wenn Ihnen Ihre Stimme nicht gefällt, dann werden Sie besser nicht Sänger. Manche wollen dramatische Sopranistinnen werden, weil dieses Fach sehr gesucht ist. Aber von hundert Sopranstimmen sind nur zwei oder drei wirklich hochdramatisch. Eine Birgit Nilsson gibt es in hundert Jahren nur einmal. Ich lernte sie kennen, als sie ihre erste Isolde in Wien sang. Sie versuchte nicht, ihre Stimme dramatisch zu *machen;* sie sang, und was herauskam, war ihr genug – und es war ja auch tatsächlich mehr als ausreichend. Ähnlich ist ein richtiger Alt seltener als ein hoher Koloratursopran.

Denn meistens ist die Altstimme manipuliert. Wenn eine Sopranistin mit den höheren Tönen Schwierigkeiten hat, singt sie Mezzo-Sopran. Ich nenne diese Sängerinnen immer nur »faule Soprane«.
Es genügt nicht zu sagen: Die Zeit wird es lehren. Wenn eine Stimme von Natur aus Mezzo-Sopran ist, muß man die mittlere und tiefe Lage entwickeln. Ist sie Sopran, müssen die mittlere und tiefe Lage in Schach gehalten werden, weil sie sich leicht überentwickeln und so den natürlichen Umfang der Stimme beeinträchtigen. Das alles liegt in der Entscheidung des Lehrers, und die Verantwortung ist ungeheuer.

Stimme, Sprache und Verwirrung

Hier kann man nur ganz individuell vorgehen. Zu einem großen Teil hängt die Methode von Temperament, Mentalität, Intelligenz und physischer Konstitution des einzelnen Sängers ab. Pertile, Caruso, Martinelli, Gigli, Björling, Tucker, Peerce – sie hatten eine gewisse stimmliche Ähnlichkeit, und trotzdem sangen sie alle grundverschieden.
Das gilt auch für Bariton und Baß. Titto Ruffo, Titto Gobbi, Paul Schöffler, Robert Merrill und Geraint Evans singen alle dieselben Partien, aber Farbe und Stimmklang sind anders. Der eine braucht mehr Atem als der andere, um denselben Ton hervorzubringen. Es gibt überhaupt kaum zwei Sänger, die ihre Stimme gleich behandeln.
Ezio Pinza bewunderte Schaljapin, aber deshalb faßte er seine Stimme und seine Partien doch völlig anders an. Eben deshalb war er Pinza, und seine Stimme klang eben nicht wie Schaljapin. Seine Stimme war anders, weil er als Persönlichkeit eben anders war. Es gibt aber allzu viele Bariton- und Baßsänger, die Schaljapin nachahmen wollen. Man braucht weniger Studium und Vorbereitung, wenn man imitiert, als wenn man seine eigene Methode entwickelt. Diese Nachahmer gehören höchst selten zu den ganz großen Künstlern.

Ebensowenig wie es zwei völlig ähnliche Gesichter gibt, gibt es auch keine zwei völlig ähnliche Stimmen. Von zehn Sopranen sind sich vielleicht zwei in manchen Bereichen der Stimme etwas ähnlich. Von allen Sängern, die ich in sechzig Jahren gehört habe, klangen keine zwei ähnlich. Rosa Ponselle, Emmy Destinn, Claudia Muzio, Zinka Milanow, Renata Tebaldi, Antonietta Stella – alle sangen sie dieselben Partien, aber Stimmklang, Färbung, Eigenheiten, alles war verschieden. Auch Maria Barrientos, Galli-Curci, Lilly Pons sangen dieselben Partien. Man brauchte nur einen einzigen Ton zu hören, um zu wissen, wer sang. Farbe und Klang sind nicht nur Ausdruck des Seelischen, sondern auch des Geistigen und Gefühlsmäßigen der Persönlichkeit. Aus diesem Grunde können auch keine zwei Sänger dieselben Stimmprobleme haben.

Das Publikum ist immer beeindruckt von den hohen Tönen. Aber der Sänger muß sich ganz besonders um die Mittellage seiner Stimme kümmern. Denn zum ersten braucht er sie ständig und sie gerät allzu leicht zu dick und kräftig und beeinträchtigt so die untere und obere Lage der Stimme. Nur der kluge Sänger weiß die Mittellage nicht zu überanstrengen. Selbst der große Caruso überschätzte seine mittlere Lage und die höheren Töne der mittleren Lage. Wenn man sich erinnert, mit welchem erschreckenden, dramatischen, kräftigen Ton der das »Ah« (das *fis*) in »Ah, ridi, Pagliaccio« zu singen pflegte – die Wirkung war überwältigend. Aber seine hohen Töne nahmen Schaden dabei. Diese dramatische Espressivität und sein Temperament schränkten den Umfang dieser herrlichsten Stimme unserer Zeit ein. Das war ein zu hoher Preis. Bonci dagegen war bis zum Ende seiner Karriere im Vollbesitz seines gesamten Stimmumfangs. Als lyrischer Tenor sang er keine Partien mit dramatischem Einschlag. Pertile, der Zwischenfach sang, war noch vorsichtiger als andere mit seiner Mittellage, und obwohl er lyrische Partien wie den Alfredo in *La Traviata* sang, war er der Radames, den Toscanini am meisten schätzte, und er sang auch dramatische Partien wie die Titelrolle in Boitos *Nerone*. Auch er hatte seinen gesamten Stimmumfang unter Kontrolle.

Jan Peerce ist ein gutes Beispiel, und obwohl er nicht so jung mehr ist, hat er fast vollkommene Kontrolle über seine Stimme und weist dieselbe Stimmschönheit in seinem gesamten Umfang auf. Niemals forciert er eine Phrase. Ich sang in meinen Konzerten gern den »Racconto« aus Zandonais Oper *Gösta Berling*. Ich gab Peerce die Noten.

Als wir uns das nächste Mal trafen, sagte er: »Ich mag das Stück gern – aber wollen Sie meine Stimme ruinieren, Sergej? Das ist mir viel zu dramatisch.«

Als ich dagegenhielt, daß ich es selbst sänge, antwortete er mit einem freundlichen Lächeln: »Das ist schön. Aber ich möchte lange singen.« Das tat er auch, und mit Erfolg. Ich würde sagen, daß er eine Menge von Caruso gelernt hat; aber er lernte auch, was er nicht tun durfte.

Auch Geraldine Farrar gehörte zu den Sängerinnen, die ihre Stimme niemals überanstrengten. Sie sang eine herrliche, lyrische Margerita in *Faust* und eine unvergeßliche Tosca. Die sagenhafte Rosa Ponsell, deren Stimme bisher noch niemand gleichgekommen ist an Rundheit, Fülle und Tonschönheit, hatte zu Ende ihrer Karriere Schwierigkeiten mit den hohen Tönen. Das war jammerschade. Ich bin sicher, daß es viele hervorragende Sänger und Sängerinnen gibt heutzutage, die für junge Künstler, die nach Vollendung streben, ein gutes Beispiel abgeben können.

Ich habe festgestellt, daß Gesangsschüler mehr lernen können, wenn sie beim Unterricht anderer Schüler hospitieren. Sie hören dann selbst, was die anderen falsch machen, und merken manchmal, daß sie dieselben Fehler machen. In der Mehrzahl der Fälle allerdings erkennen sie ihre eigenen Fehler nicht und sind gekränkt, wenn man sie darauf aufmerksam macht. Ich habe allerdings auch feststellen müssen, daß diejenigen, die aus falschem Stolz ihre Fehler nicht erkennen wollen, nichts lernen und es auch zu nichts bringen.

Um jemanden auf die Öffentlichkeit loszulassen, muß der Lehrer davon überzeugt sein, daß der Schüler besser ist als alle anderen. Wie kann er aber, wenn er ehrlich ist, solche Lobsprüche verantworten, wenn dem Anfänger zu guter Letzt doch vom Agenten oder den Kritikern reiner Wein eingeschenkt wird? Also ist der Lehrer wiederum der Sündenbock. Sagt er aber dem Schüler, daß er nicht besser, ja nicht einmal so gut ist wie der X. oder die Y. und daß er noch mehr Unterricht braucht, gerät er in Verdacht, bloß mehr Geld ziehen zu wollen. Dann gehen die Schüler zu einem Agenten, der ihnen sagt, daß sie in drei oder sechs Monaten soweit seien. Mit einem Wort: Der junge Sänger beginnt mit der Illusion, er habe das Zeug dazu, Stimme, Verstand und Begabung, um berühmt zu werden. Wenn er nur den richtigen Lehrer finden könne! Der Lehrer wagt nicht zu sagen: »Liebes Fräulein, Sie können Sängerin werden, aber kein Star.« Denn in diesem Fall nimmt sie keine Stunden bei ihm, sondern geht zu einem Lehrer, der sie lobhudelt.

Also behalten wir das Geheimnis für uns selbst. Und am Ende des Dramas war der Lehrer schlecht, der Agent nicht gut und die Kritiker dumm. Die Welt hatte unrecht. Und?!

Meine italienischen Gesangslehrer kümmerten sich nie um den Atem. Wenn man mit den Vokalen a und e übt, zieht der Mund schon genügend Luft ein. Die italienische Sprache verlangt, daß man den Mund weit öffnet – also geht der Unterkiefer leicht auf und ab, und die Kehle ist offen. Der Atem wird auf diese Weise ohne besondere Anstrengung geschöpft. Die Italiener sprechen schon von Natur aus laut; auch das erfordert, den Mund weit zu öffnen, die Kehle bleibt offen, und die Stimme ist frei und bekommt Resonanz. Ein Italiener wird selten die Sängerlaufbahn ergreifen, wenn er nicht eine exzeptionell gute Stimme hat. Sie muß zumindest laut sein. Ganz offensichtlich ist es leichter, Italiener zu unterrichten, wenn sie musikalisch und intelligent sind, und es fällt ihnen in diesem Fall auch leichter, ihre Stimme zu bilden als einem anderen, dem seine Muttersprache nicht hilft, die Singstimme zu entwickeln.

Wie steht es da bei den Engländern, deren Sprache selten laut und kaum mit offenem Munde gesprochen wird? Ein Englischsprachiger muß diesen Nachteil überwinden oder er kommt nie zu einer freien, offenen Kehle (der Grundvoraussetzung für das Singen), und auch sein natürlicher Atem reicht für die Singstimme nicht aus.

Die Deutschen haben größere Schwierigkeiten, weil sie guttural sprechen und ihre Stimme also weit hinten liegt. Deshalb neigen ihre Stimmen zu einer gewissen gepreßten Kehligkeit. Und sie brauchen deshalb mehr Atem. Die französischen Stimmen sind nasal und auch ein bißchen kehlig. Die spanischen Stimmen sind offener, weil die Sprache weiter vorn liegt, und sie hat mehr natürliches Vibrato als die anderer Völker, die ein Vibrato durch Pressen oder Forcieren erreichen wollen. Die Russen haben große Stimmen von guter Qualität, zum Teil deshalb, weil die russische Sprache so viele Konsonanten enthält. Mit Ausnahme der lyrischen Tenöre neigen ihre Stimmen allerdings dazu, ein bißchen »brustig« zu klingen. Die Amerikaner teilen die Vorzüge und Fehler aller Nationen. Die Japaner haben oft hohe Stimmen, und da sie sehr weit vorn sprechen, entwickeln sie ihre Singstimme meist leichter als Gesangsschüler anderer Nationen. Wegen der Verschiedenheiten der Sprechstimme bietet die Singstimme bei den verschiedenen Völkern verschiedene Probleme.

Ich hatte sehr viel von Mr. Barron gelernt. Er selbst hatte mit einer recht begrenzten Stimme begonnen. Nach zwei Jahren bei Lombardi in Mailand sang er mit Erfolg den Pinkerton, den Faust und dramatische Partien wie den Manrico im *Troubadour*. Es war aufschlußreich für mich, daß er im Gegensatz zu anderen Sängern nach der Aufführung des *Troubadour* immer körperlich erschöpft war, aber nicht stimmlich. Er erklärte mir, daß das Atmen und die nervliche Anstrengung den Körper ermüdeten, nicht aber die Stimme, wenn man ganz entspannt singe. Ich verstand damals nicht genau, was er damit meinte, aber es gab mir zu denken.

Er sang auch Oratorien. Er war überhaupt ein ausgezeichneter Musiker und sprach mehrere Sprachen. Mehr als jeder andere Lehrer erkannte er meine Schwierigkeiten und wußte mit ihnen fertig zu werden. Nach einigen Monaten unter seiner Leitung gewann ich Vertrauen und begann zu singen. Seine Frau, ein Koloratursopran, hatte ganz andere, sehr komplizierte Übungen. Manchmal kann es einem Tenor helfen, wenn ihm ein anderer Tenor zeigt, wie er es anstellt, daß seine Stimme »sitzt«, und wie er bestimmte Töne hervorbringt. Aber Mrs. Barron war

nicht vertraut mit den Schwierigkeiten eines Tenors; sie sang ihre mittleren und hohen Töne immer in derselben »Position«. Wenn ich das versuchte, klang es bei mir stets wie Falsetto. Wir lernen nicht durch Nachahmung, aber die Nachahmung zeigt uns oft den richtigen Weg, und wir müssen es dann mit der eigenen Stimme und auf unsere Weise versuchen.
In den ersten Stunden, die ich bei ihr hatte, war es gut, wenn ich die Lippe herunterzog. Bald aber wurde meine Stimme in der Mittellage dick und dunkel. Jede Stimme hat ihre eigene Färbung, und man kann sie aufhellen oder abdunkeln, aber nur etwas. Mr. Barron wollte mehr Kopfresonanz, deshalb mußte ich Nasalieren üben, aber ich durfte natürlich nicht nasal singen. Seine Frau verabscheute nasale Töne, und so sang ich wieder kehlig. Als ich zu Gravina überwechselte und ihm meine bisherigen »Methoden« erklärte, sagte er: »Nicht nasal, nicht kehlig, kein Lippenziehen. Öffnen Sie den Mund und singen Sie den Vokal A« (Die Lamberti-Methode). Wir sangen auf a und e, und meine Stimme wurde klarer und größer. Um Kopfresonanz zu bekommen, sagte er ständig: »Maschera! Maschera!« und deutete auf die Kopfmaske. Also dachte ich jetzt an die Maske. Zu meiner Überraschung begann es tatsächlich in der Maske zu klingen. Ich lernte dabei, daß man der Stimme den richtigen Sitz geben kann allein durch Suggestion und Denken.

Dilettanten und Professionelle

Der berufsmäßige Sänger bringt seine Zuhörer zum Weinen – er selbst behält aber die volle Beherrschung über seine Nerven und seine Gefühle. Der Liebhaber vergießt selbst Tränen, und der Zuhörer bekommt Mitleid mit ihm und nicht mit der Rolle, die er verkörpert, oder mit dem Inhalt des Lieds beziehungsweise der Arie.
Selten hat ein großer Pianist, Geiger oder Dirigent Vergnügen während der Aufführung. Die Verantwortlichkeit dem Kunstwerk gegenüber nimmt ihn ganz in Anspruch. Nicht oft weiß er,

daß er eine wirklich gute Aufführung zustande bringt. Natürlich merkt er, ob die Darbietung läuft und mehr oder weniger dem gleichkommt, was er hineinlegen wollte und wie sie im Vergleich mit anderen Aufführungen oder der Probe vom Vortag ausfällt. Sehr oft jedoch ist er überrascht, daß er ganz ausgezeichnet war, wenn er eher einen gegenteiligen Eindruck bekommen hatte. Ich habe Geiger gekannt, die ganz entmutigt vom Podium herunterkamen und schworen, nie wieder eine Geige in die Hand zu nehmen. Gott sei Dank haben sie dann solche Gelübde nicht wahrgemacht.

Allerdings sind nicht allzu viele Sänger so selbstkritisch. Und das hat seine Gründe. Zwar kann auch der Instrumentalist sich nicht so hören, wie ihn der Zuhörer hört, und er weiß nicht, wie es hinten im Saal oder auf den Rängen geklungen hat. Aber der Sänger ist da noch in einem sehr viel größeren Nachteil. Wegen der physiologischen Gesetzmäßigkeiten in der Verbindung zwischen Stimmhervorbringungs- und Hörapparat kann er seine Stimme nicht beurteilen. Außerdem muß er lernen, mit allen Möglichkeiten, die ihm zur Verfügung stehen, die Töne zu bilden, aber er kann nicht dieselbe Aufmerksamkeit dem Zuhören widmen. Sobald er versucht, dem eigenen Singen zuzuhören, beeinträchtigt er irgendwie die freie Tonbildung.

Der Dilettant möchte natürlich singen. Der Berufssänger erweckt den Anschein, natürlich zu singen, benutzt aber das volle Repertoire seiner Kunstgriffe, die er von seinem Lehrer gelernt hat: Wie man steht, den Mund öffnet, atmet, Vokale und Konsonanten formt, die Wörter ausspricht, woran man denken muß und was man empfindet, wenn man bestimmte Phrasen singt. Das ist alles ausgerechnet und ausgetüftelt, Dutzende Male probiert und wiederholt, vor dem Spiegel überprüft und von kompetenten Fachleuten kontrolliert. Der Berufssänger wird niemals müde zu fragen, zu wiederholen, um Kritik zu bitten, bis er den gewünschten Effekt erreicht hat. Selten ist ein Berufssänger mit einem Vortrag zufrieden geschweige denn glücklich. Der Dilettant singt »natürlich«, so wie es kommt. So wie ihm der Schnabel gewachsen ist. Er vergißt, daß er nur die Stimme mitbekommen hat. Dann erst beginnt aber die Arbeit, das Verbessern, Entwikkeln und Bewahren. »Dann macht es ja keinen Spaß mehr – das ist ja Arbeit. Und Singen sollte Spaß machen.« Ja, aber nur für die Zuhörer. Ein richtiger Künstler hat keinen Spaß, wenn er vorträgt, und er freut und entspannt sich erst, wenn seine Darbietung – erfolgreich – zu Ende ist.

Der Volksgesang ist natürlich und reizend, sozusagen unschuldig. Aber ein Volkssänger singt nicht »Sempre libera« aus *Traviata* oder den Liebestod aus *Tristan* oder die letzten Lieder von Strauss. Viele junge Sänger sind seelisch gar nicht vorbereitet auf die Arbeit, die notwendig ist, um das Stadium zu erreichen, in dem Singen natürlich klingt und wirkt. Eine Frau steht morgens auf und beschäftigt sich stundenlang mit ihrem Haar, ihrem Gesicht, ihren Augen, Lippen und Kleidern, ehe sie sich in der Öffentlichkeit zeigt. Manche jungen Sänger dagegen wollen schon gleich frühmorgens so lossingen, wie sie am vorhergehenden Nachmittag gesungen haben.

Der erfahrene Sänger singt tagtäglich gewisse Übungen, es sei denn, er braucht Schonung vor oder nach einer Vorstellung. Er beginnt seine Übungen langsam und vorsichtig, singt weder laute noch hohe Töne, bis die Stimme warm geworden ist und leicht fließt. Wenn er »nicht bei Stimme« ist, hört er auf und versucht es später noch einmal. Und wenn er vorsingen muß, umschmeichelt er seine Stimme mehr als daß er sie zwingt.

Für den unerfahrenen Sänger gibt es das Problem des »Bei-Stimme-Seins« gar nicht, er fängt auch nicht langsam an und gerät deshalb bald in Schwierigkeiten. Und es ist ein großer Unterschied, ob man das »Sempre libera« am Ende des Ersten Aktes singt, wenn die Violetta sich während dieser Zeit einsingen konnte, oder ob man diese anstrengende Arie ohne alle Vorbereitung singen muß. Das heißt, der erfahrene Sänger erwartet gar nicht, gleich zu Beginn glänzend bei Stimme zu sein und geniert sich nicht, vorsichtig anzufangen.

Der Dilettant und Anfänger versucht beinahe alles zu singen. Ein lyrischer Sopran mit einem hübschen Umfang wird »Man nennt mich jetzt Mimi« singen. »Pace, pace, mio Dio« aus *Macht des Schicksals*, »Dich, teure Halle« aus *Tannhäuser*, und wenn jemand zuhören will, auch Isoldes Liebestod. Im Wohnzimmer oder auch im Studio machen sie gewaltigen Eindruck auf Eltern und Bekannte, wenn sie mit Stentorstimme losdonnern. Weil es so »gewaltig« klingt, wollen sie es auch vor Vermittlern oder gleich in der Öffentlichkeit versuchen. Viele Anfänger lernen – besonders in den Schulen und Konservatorien für die Abschlußkonzerte – Lieder und wählen das schwerste von Schumann, Schubert, Brahms, Wolf, Strauss und Debussy – Werke, denen nur ein reifer Künstler gewachsen ist. Ein Berufssänger wählt stets das richtige Programm für sich, das zu seiner Stimme und zu seinem Temperament paßt. Viele Anfänger aber glauben, daß sie alle Stile beherrschen, und sind bereit, Opern, Oratorien oder Lieder zu singen, die ganz außerhalb ihrer Möglichkeiten liegen. Das muß zum Mißerfolg führen.

Probleme und Verbote

Die ärztliche Kunst hat Fachleute für Herz, Magen, Leber, Lunge und noch viele andere. Dann gibt es noch den praktischen Arzt, der alle diese Organe behandelt, soweit sie nicht ernstlich erkrankt sind. Stellt sich die Störung als schwerwiegend heraus, schickte er seinen Patienten zum Spezialisten. Beim Gesangsunterricht ist das ganz anders. Wenn jemand eine natürliche Stimmbegabung hat mit nur wenig Unarten, ist es nicht schwer ihm zu helfen. Aber nehmen wir einen Sopran, dem die tiefen Töne fehlen. Hat sie keine hohen Töne, wird sie sogleich als Mezzo eingestuft, was auf die meisten Mezzo-Soprane in England zutrifft. Es gibt hochgetriebene Mezzos und Tenöre und runtergetriebene Tenöre, die Bariton singen, weil es weniger schwierig ist und man die Last mit den hohen Tönen los ist. Nicht oft kann ein Sänger, der sein Leben lang Baß oder Bariton gesungen hat, einem Sopran oder Tenor helfen, der Schwierigkeiten hat mit den hohen Tönen.

Wie kann eine Sängerin, die Koloratur gesungen hat, einem Bassisten Unterricht geben? Natürlich hat sie viele Bassisten gehört und mit ihnen gesungen; aber kennt sie das Gefühl im Hals, in der Nase, in der Maske und allen anderen Kopfhöhlen, das der Bassist empfindet? Und trotzdem hört man höchst selten von Lehrern, die aus solchen Gründen Schüler abgewiesen hätten.

Nicht forcieren. Nicht den großen Ton singen wollen. Nicht nachäffen. Nicht mit zuviel Atemluft aufpumpen. Nicht kritisieren. Nicht Opern oder Lieder singen, die der Stimme und den Interpretationsmöglichkeiten nicht liegen, bloß weil die Bekannten oder Zuhörer darum bitten. Nicht in fremden Sprachen singen, die man nicht studiert hat. Nicht dramatische Lieder singen, wenn man keine dramatische Stimme hat. Beim Üben nicht übertreiben. Nicht konzertieren, wenn man nicht eine gewisse Erfahrung im öffentlichen Singen besitzt, und nicht, ehe der Lehrer und andere Fachkundige sagen, daß man soweit ist. Nicht für eigene Fehler anderen die Schuld geben. Nicht den Lehrer drängen. Wenn man schon trinken oder rauchen muß, nicht im Übermaß. Nicht im Freien sprechen, vor allem nicht gegen den Wind. Nicht sprechen, wenn man aus warmen Räumen kommt. Nicht sprechen, wenn man nichts zu sagen hat. Nicht schlecht über andere Sänger sprechen. Überhaupt nicht sprechen!!!

Als ich vor dem Ersten Weltkrieg in New York studierte, machten wir uns über die italienischen Sänger an der Metropolitan Opera lustig, auch über den großen Enrico Caruso, weil sie sich in Pelzmäntel wickelten und das Gesicht bis zu den Augen mit Wollschals verhüllten, selbst wenn sie vom Bühnenausgang bis zum Taxi nur wenige Schritte hatten. Sie pflegten nicht einmal dem Chauffeur die Adresse zu sagen – das mußte ein Angestellter des Theaters besorgen. Zuerst dachten wir, das hinge vielleicht mit dem warmen Klima in Italien zusammen, an das sie gewöhnt wären. Groß war daher unser Erstaunen, als wir erleben mußten, daß der polnische Bassist Adamo Didur und Fjodor Schaljapin die Italiener hinsichtlich der Größenordnung der Pelzmäntel und Wollschals noch übertrafen. Und die Primadonnen waren derartig verpackt, daß man sie nicht erkennen konnte.
Die deutschen Sänger und die wenigen amerikanischen Künstler, die damals an der Oper wirkten, kamen dagegen schwatzend

und lachend aus dem Bühneneingang und blieben auf der Straße stehen, um mit Freunden und Bekannten zu sprechen. Später stellten wir fest, daß ein italienischer Sänger so leicht keine Vorstellung abzusagen brauchte wegen Erkältung, während die übrigen Sänger recht oft unpäßlich waren. Caruso ging die kurze Strecke vom Knickerbocker-Hotel zur Oper bis zu den Augen vermummt und hatte links und rechts neben sich einen Begleiter, die zu verhindern hatten, daß er auf der Straße angesprochen wurde. Geschah das trotzdem, lächelte er nur und ging schneller und lief beinahe, bis er den Bühneneingang erreicht hatte. Galli-Curci, Barrientos und Lucrezia Bori betraten niemals einen Raum, in dem jemand rauchte.
Ich weiß aus persönlicher Erfahrung, daß Caruso an Tagen, an denen er Vorstellung hatte, keine Besucher empfing und nicht einmal ans Telephon ging. Später mußte er viele Vorstellungen absagen. Riccardo Martin, der ihn vertrat, erzählte mir, daß Caruso an solchen Tagen Shakespeare und die Klassiker las und gänzlich isoliert in seinem Arbeitszimmer blieb und weder Besucher empfing noch telephonierte. Ich besuchte einmal Didur, weil ich ihn etwas fragen wollte wegen einer Partie in Moniuszkos Oper *Das Gespensterschloß*. Es war der Tag, an dem er die Titelrolle in *Boris Godunow* zu singen hatte. Die ganze Angelegenheit dauerte fast eine Stunde und ging wie folgt vor sich. Ich fragte ihn und Didur antwortete schriftlich. Er sprach kein einziges Sterbenswörtchen, nicht einmal auf Wiedersehen sagte er. Anfang der zwanziger Jahre wartete ich in Mailand vor der Scala auf den Tenor Aureliano Pertile, der zur Probe mußte. Ohne ein Wort zu sagen, umarmte er mich, führte mich durch den Bühneneingang in eine Ecke, in der er sicher vor Zug sein konnte und sagte erst dann: »Buon giorno, caro.« Als der spanische Tenor Miguel Fleta ihn eines Tages auf der Straße begrüßte: »Come stai?« antwortete er nur: »Sei pazzo?!« (Bist du verrückt?!) und ging weiter. Alle berühmten Sänger, die ich kenne oder kannte, haben auf der Straße niemals den Mund geöffnet, im Winter auf gar keinen Fall und manche nicht einmal im Sommer. Überhaupt sprachen die meisten recht wenig oder nur mit leiser Stimme.

Die deutlichste Lektion in dieser Beziehung erhielt ich von dem großen Regisseur Konstantin Stanislawskij. Als ich 1927 in Moskau mehrere Konzerte gab, lud er mich ein, auch in seinem Theater vor Sängern, Schauspielern und Orchestermusikern zu konzertieren, die mich ja sonst nicht hören konnten, weil sie am Abend selbst immer Aufführung hatten. Nach dem Konzert sammelten sie sich zu Hunderten im Foyer und debattierten über mich und mein Können. Als Stanislawskij mit mir dazutrat, war auf einmal alles mucksmäuschenstill. Er ließ mich stehen, ging zu ihnen und ich hörte, wie sie ihn fragten: »Was meinen Sie? Ist er wirklich so ...?« Er sagte kein Wort und zeigte nur seine Hände, die ganz rot vom vielen Klatschen waren. Das beruhigte mich allerdings nicht. Er hatte mich zum Abendessen eingeladen, was eine große Ehre war. Sobald wir auf die Straße traten, fing ich ungeduldig an: »Wie haben Sie ...« Mit den Zeichen größten Erstaunens legte er mir sofort eine Hand auf den Mund, die andere um die Schultern und führte mich wie einen Gefangenen zurück ins Foyer. Dort sagte er mit lauter Stimme, wie es sonst nicht seine Art war: »Sie sprechen auf der Straße, ausgerechnet Sie?!« Er schien fast ärgerlich. Beim Essen in seinem Haus bat ich um die Erlaubnis, einer Probe zu Tolstojs *Auferstehung* beiwohnen zu dürfen, aber er ging gar nicht darauf ein. Später kamen wir auf das Sprechen bei kaltem Wetter. Er sagte mir, er sei überzeugt, daß neunzig Prozent aller Erkältungen daherrührten, daß die Leute auf der Straße redeten, besonders gegen den Wind. Er erklärte mir das auch anatomisch ganz einleuchtend mit der Struktur des Kehlkopfes, der besonders bei kaltem Wind in Mitleidenschaft gezogen wird. Als ich für die Erklärung dankte und ihm versprach, nie wieder den Mund im Freien aufzumachen, sagte er: »Ich will Ihnen nicht erlauben, zu *einer* Probe zu kommen. Sondern ich lade Sie ein, zu allen Proben zu kommen, wann immer Sie wollen.« Nichts hätte mich natürlich mehr freuen können. Es war bekannt, daß Stanislawskij niemals über das Telephon sprach, ausgenommen mit Stalin, wenn er ihn um einen Gefallen bitten mußte. Als sein Sekretär melden konnte, daß Stanislawskij mit Radamsky telephoniert hatte, stieg mein Kurswert in Moskau sprunghaft.

Bücher, Platten und Agenten

Bücher über Stimmbildung sagen nichts darüber, was ein Sänger kann und nicht kann. Es genügt nicht zu wissen, wie man atmet, den Mund öffnet und so weiter. Man muß auch wissen, was man nicht tun darf. Ein Maler, ein Pianist, ein Schriftsteller muß sich ganz seiner Kunst widmen, wie ein Handwerker oder ein Mechaniker seiner Arbeit. Aber das ist für einen Sänger noch nicht genug. Er muß ein Sklave seines Berufes sein. Das soll heißen, es gibt viele Dinge oder Angewohnheiten, die man sich leisten kann; aber ein Sänger muß viel schlafen und sehr vorsichtig essen – wenn der Magen verstimmt ist, legt sich das sofort auf die Stimme. Eine harmlose Erkältung, ein bißchen Heiserkeit, ein schlimmes Auge, Zahnweh – alles das kann einen gewöhnlichen Sterblichen nicht so aus der Bahn werfen wie einen Sänger. Wenn ein Pianist schlecht gegessen hat, kann er trotzdem auftreten. Ein Sänger nicht.

Nur ganz kluge Schüler lernen allein von den Angaben des Komponisten oder vom Thema, wie es der Dichter darbietet. Nur in diesem Falle darf man auf andere Sänger hören, um noch feinere Nuancierungen zu erlernen. Dasselbe gilt auch für Schallplatten. Bei jungen Künstlern kann man oft deutlich spüren, welche Schallplatten zum Vorbild genommen wurden. Platten können eine große Hilfe sein, aber erst nach dem Studium der betreffenden Musik. Es ist wahr, daß viele junge Dirigenten heutzutage eine Opern- oder Symphonie-Partitur nicht mehr wie in früheren Zeiten studieren. Sie hören sich Platten an, stellen sich vor den Spiegel und dirigieren. Klemperer und andere seiner Zeitgenossen taten das nicht.

In Beverly Hills, Kalifornien, besuchte ich eines Morgens um neun Uhr Otto Klemperer und wurde in sein Arbeitszimmer geführt. Ich trat ein und setzte mich, ohne daß er mich bemerkte. Er stand vor einem Pult mit einer Partitur darauf, dirigierte und blätterte die Seiten um. Er war so vertieft in seiner Arbeit, daß ich keinen Mucks zu machen wagte. Als er endlich um halb zwölf Uhr aufhörte, war er wie in Trance, und es

dauerte einige Zeit, ehe er mich begrüßte und wir überhaupt eine Unterhaltung beginnen konnten.
Lotte Lehmann oder Elisabeth Schwarzkopf lernten ihre Lieder auch nicht nach Schallplatten. Es ist natürlich für einen Lehrer einfacher, eine Platte aufzulegen und zu zeigen, wie eine Phrase gesungen werden muß; er darf aber den Schüler nicht die Stimme von der Platte einfach imitieren lassen. Mit einem Wort: Man muß mit der eigenen Stimme singen, mit dem eigenen Stimmklang, mit der eigenen Stimmfärbung und dem eigenen Ausdruck.

Wenn man ein Rennpferd besitzt, füttert man es, trainiert es, pflegt es, und wenn der Tag des Rennens kommt, gewinnt man entweder oder man verliert. Die Beziehung zwischen Besitzer, Trainer und Pferd bleibt dadurch unverändert. Manchmal bekommt der Jockey die Schuld, aber niemals das Pferd. Das ist beim Pianisten, Geiger oder Sänger anders. Der Unterschied besteht darin, daß sich das Pferd niemals beklagt, ganz gleich, ob es auf der Strecke mit schlechteren oder besser genährten und gepflegten Konkurrenten zu tun hatte oder nicht.
Es beschwert sich auch nicht, wenn der Jockey zu schwer war oder wenn sein Bild nicht auf der Sportseite der Zeitung erschien.
Die Situation zwischen Künstler und hier besonders Sänger und Konzertagent ist im besten Falle prekär und steht häufig kurz vor dem Siedepunkt. Beschwerden: Soundso hatte zehn Konzerte im letzten Monat, ich nur vier. Mein Photo war nicht im Feuilleton der Sonntagsausgabe. Warum kriegt der andere mehr Geld und größere Konzerte? Ist er besser? Natürlich nicht. Zahlt er mehr Prozente? Gut, kann ich auch. Das kriegt der Agent mündlich zu hören oder schriftlich zu lesen. Vielleicht beklagen sich große Stars weniger; für sie wird das Mögliche und Unmögliche getan, und selbstverständlich kann man Spitzenkräfte leichter vermitteln. Der Agent ist auch bereit, von ihnen eine berechtigte oder unberechtigte Beschwerde entgegenzunehmen; aber natürlich nicht von jemandem, der noch nicht oben ist, und außerdem sind ja auch viele auf der Suche nach einem guten Agenten. Und dann gibt es noch diejenigen, die mit ihrem bishe-

rigen Agenten unzufrieden sind und wechseln möchten. Der Agent findet leichter Sänger als der Sänger einen Agenten.
Die Anfänger, die konzertieren wollen, wissen oftmals nicht, daß selbst ein erfolgreiches Konzert erst einmal finanziert werden muß. Wenn die Kritiker unfreundlich sind, hat entweder der Lehrer die Schuld und seine schlechte Methode, oder die Kritiker verstehen nichts. Aber nur selten gibt sich der Sänger selbst die Schuld. Meistens hört man nur: »Wenn ich doch bloß die Möglichkeit hätte zu zeigen, was ich mit dieser oder jener Partie auf der Bühne anfangen könnte. Aber wie bekommt man diese Chance?« Oder: »Wenn ich doch bloß den Reklame-Fritzen geheiratet hätte, oder den Impresario oder den Agenten.« Ja, das stimmt, das hätte geholfen. Aber die Agenten kennen sich genügend aus, um keine Sängerinnen zu heiraten, besonders keine mittelmäßigen.

Gibt es überhaupt gute Gesangslehrer? Manche Lehrer werden antworten: Nein, in Europa außer mir höchstens einen oder zwei. Ein Sänger wird sagen: Ja, der, bei dem ich eben studiere. Aber vier Wochen später hat er den nächsten »einzig wahren« Lehrer entdeckt und wird alle Fehler des letzten aufzählen. Nur wenige werden einräumen, daß sie vom letzten etwas gelernt haben, daß ihnen aber der jetzige gerade das gibt, was sie brauchen – und so geht es mit jedem neuen Lehrer. Selten wird einer zugeben, daß er vielleicht den letzten Lehrer nicht verstanden oder dessen Ratschläge nicht befolgt hat. Oder daß er zuviel gesungen hat und seine Stimme überanstrengte.
Hier sprechen wir von Stimmen, die mehr mit Fehlern geschlagen als mit guten Eigenschaften gesegnet sind. Es gibt Sänger, die ihre Stimme für exzeptionell halten und keinen Fehler zugeben wollen; ferner diejenigen, die von Freunden und Bekannten zuviel Lob geerntet haben, sich die harten Lehrjahre ersparen wollen und jetzt den Lehrer für zu langsamen Fortschritt haftbar machen.
Andere erzählen, daß sie das ewige Hin und Her des Theaterlebens nicht aushalten konnten; die nächsten behaupten, es lag an einem schwachen Herzen oder schlechten Augen – aus diesen

Gründen haben sie sich dann schließlich der Stimmpädagogik zugewandt. Aber es ist eben gerade die Erfahrung der Bühnenjahre, des Singens unter allen Umständen, in denen man etwas über die Stimme lernt. Beim Singen mit anderen, mit guten und nicht so guten Kollegen, lernt der Sänger, wenn er zu beobachten weiß, alles über die Stimme, ihre Schwierigkeiten und Heimtücken. Auf einen Gesangslehrer, der jahrelange Opern- oder Konzerterfahrung hat, kommen fünf Pädagogen, die niemals öffentlich aufgetreten sind. Dann gibt es noch den Pianisten, der einen prominenten Sänger begleitet hat und von diesem die einzig richtige Methode übernimmt. Und den Chorleiter und den Organisten mit Erfahrung und dem Studium vieler einschlägiger Bücher über die »Gesangskunst«. Manche haben Glück und erwischen einen Schüler mit einer natürlichen Stimmbegabung und können dann mit ihm, wenn es gutgeht, die Reklametrommel rühren. Aber sie wissen nichts anzufangen mit Schülern, deren Stimmausbildung Schwierigkeiten bereitet.

»Also, Professor Radamsky, da ein Lehrer imstande sein muß, so viele komplizierte, wissenschaftliche und psychologische Probleme zu lösen, können Sie uns bitte sagen – Sie haben Hunderte von Schülern gehabt in den mehr als fünfzig Jahren, die Sie lehren: Sind oder waren Sie der ideale Pädagoge? Und wenn ja, wie haben Sie das angefangen?«
Ich war alles andere als ideal. Ich habe Fehler begangen und viele meiner Schüler unglücklich gemacht, guten Glaubens natürlich. Ich fürchte, ich habe nicht allen geholfen, und wenn ich noch einmal auf die Welt kommen sollte, weiß ich nicht, ob ich noch einmal Sänger oder Gesangslehrer werden möchte. Man erntet wenig Dank. Wenn der Schüler Erfolg hat, ist er es, der erfolgreich ist. Versagt er, trägt der Lehrer die Schuld, und wenn man dem Lehrer nicht die Schuld in die Schuhe schieben kann, hat der Impresario die Engagements versaut oder es war der Dirigent, der mit einer anderen Sängerin eine Liaison hatte. »Wenn ich mit ihm ins Bett gegangen wäre, wäre ich jetzt an der Met.« Sänger sind da meist realistischer.
Nicht immer. Da war ein holländischer Bariton, der an der

Wiener Volksoper mit hübschem Erfolg sang. Dann bekam er Schwierigkeiten mit der Stimme. Ich stellte fest, daß er ein Tenor war. Wir arbeiteten, und nach einigen Monaten sang er mit Leichtigkeit die Tenor-Arien aus *Carmen*, *Bohème* und anderen Opern. Ich lud den Direktor der Wiener Oper und den Leiter der Opernabteilung der Wiener Musikakademie zu mir. Sie waren entzückt. Ich bestand aber darauf, daß der junge Mann noch nicht fertig war für Tenorpartien. Er müsse noch täglich einige Nasalübungen machen (nicht nasal singen, natürlich!), bis er mehr Sicherheit habe. Seine Familie war dagegen. »Mein Mann war ein erfolgreicher Sänger, und jetzt soll er auf einmal wieder ein Schüler sein!« Es klappte nicht. Er sang wieder Bariton, und obwohl er jetzt eine bessere Stimme hatte als vorher, wurde ich beschuldigt, seine Laufbahn unterbrochen und ihm Geld abgeknöpft zu haben. Sie hatten recht – ich hätte erkennen sollen, daß dieser nette Mensch nicht jung genug war und nicht die Mentalität besaß für diese Umstellung und daß man seine Frau und seine Familie mit in Betracht hätte ziehen müssen.
An der Volksoper sang auch ein Mezzo-Sopran kleine Partien. Die Stimme war nicht besonders hübsch. Sie studierte bei mir ein paar Monate und sang dann mit Erfolg die Azucena in *Troubadour* und die Eboli in *Don Carlos*, und da ich verlangte, daß sie nicht forciere, entwickelte sich die Stimme zu einer herrlichen Leonore im *Fidelio*. Später wurde sie an ein bedeutendes Opernhaus in Deutschland verpflichtet und sang Sopranpartien, darunter auch die Leonore, mit großem Erfolg. Da ich in Wien blieb, hatte sie keinen Lehrer mehr, der auf sie achtgab, und bald wackelte das hohe h. In solchen Fällen bedarf der Sänger besonderer Leitung, die sie nicht hatte. Der Lehrer bekam die Schuld, und sie sang wieder Mezzo. Mein Fehler. Ich hätte ihren Charakter und ihre Psychologie durchschauen müssen. Es genügt nicht, eine intelligente Frau zu sein. Offensichtlich war meine Begeisterung stärker gewesen als mein analytisches Urteil.
Das sind Fehlschläge, an die ich mich aufs Geratewohl erinnere. Es waren natürlich viel mehr. Manche habe ich vergessen, an andere mag ich mich nicht mehr erinnern. Ich habe auch mein Temperament nicht immer im Zaum gehalten. Ich schrieb das

meiner Liebe zur Kunst zu, meiner Hochachtung vor dem Komponisten, meiner Ehrlichkeit und meinem Bemühen, arme Eltern vor unsinniger Geldverschwendung zu bewahren und so weiter. Oft hat es mir an Geduld gefehlt. Ich verlangte dieselbe ernsthafte, hingebungsvolle Aufmerksamkeit dem Werk gegenüber, wie ich sie empfand – obwohl es doch um die Zukunft meiner Schüler ging und nicht um meine. Wenn ich das nicht erreichte, wurde ich laut und geriet oft in Gegensatz zu Schülern, die sich für die Bühne fertig glaubten und die nach meiner Meinung noch nicht reif dafür waren.

Wenn sich ein Schüler für bühnenreif hält, weil ihm Freunde und Verwandte das einreden und ihn schmeichelhaft mit großen Sängern vergleichen, gerät der Lehrer in eine arge Zwickmühle. Versucht er ihn zurückzuhalten, heißt es, er will nur noch mehr Geld für weitere Stunden. Ist er mit Konzerten oder Vorsingen einverstanden und sie fallen durch, trifft ihn alle Schuld.

Ich möchte sagen, die nordamerikanischen Gesangsschüler sind zugleich die besten und die schlechtesten. Sie haben gute Stimmen, arbeiten hart und können viel erreichen. Aber zu viele von ihnen sind der Meinung, sie könnten mit Geld alles erreichen, und verglichen mit europäischen Schülern fehlt es ihnen oftmals an Respekt. Es ist bei ihnen mehr ein Geschäft. Sie zahlen mit hart verdientem Geld und wollen Erfolge sehen. Es gibt natürlich auch welche, die Blumen mitbringen. Andere Völker haben da ganz allgemein eine herzlichere Einstellung und sind stolz auf ihre Lehrer. Aber ich bin schon wieder am Nörgeln. Man muß es nehmen, wie es kommt. Ich habe Beispiele und »Fälle« aufgezählt, um falsche und fehlgeleitete Vorstellungen sonst ernsthafter und begabter Gesangsstudenten zu demonstrieren. Die Sorge, den Eltern Erfolge zeigen zu können, die den Unterricht bezahlen und keine Ahnung haben, was zu einer Sängerlaufbahn gehört, spielt auch noch keine geringe Rolle. Man kann nur Mitgefühl aufbringen.

Alles dieses könnte vielleicht den Eindruck erwecken, daß ich enttäuscht sei und mir selbst leid tue. Das stimmt nicht. Es war unerhört spannend, in der ganzen Welt umherzureisen und zu singen, Komponisten, Dirigenten und berühmte Sänger kennen zu lernen; Mozart, Puccini und andere Opernkomponisten aufzuführen und ihre Werke zu inszenieren. Manchmal war es sogar recht einträglich. Aber ich lernte schon beizeiten – und darauf kommt es mir an –, daß eine Sängerlaufbahn und auch die Stimmpädagogik eine ernsthaftere, schwierigere und verantwortungsvollere Aufgabe ist, als sich mancher Anfänger träumen läßt.

Stalin verliert eine Wette

Als ich 1927 zu meiner zweiten Konzerttournee nach Moskau reiste, hatte ich mich auch verpflichtet, Schallplatten mit italienischen Opernarien, russischen und spanischen Volksliedern und Negro Spirituals zu besingen. Freunde hatten mich gewarnt und mir erzählt, daß die Aufnahmegeräte noch aus der Zeit vor dem Ersten Weltkrieg stammten, daß die Toningenieure nichts taugten und vieles andere mehr, was höchst entmutigend klang. Aber ich hatte in den Staaten schlimme Erfahrungen mit *His Master's Voice* und der *Edison Recording Company* hinter mir und war nicht so pessimistisch.

Ich kam ins »Studio« und erblickte das »Orchester«: eine Geige, ein Cello, ein Kontrabaß und eine Gitarre. Das würde genügen für meine spanischen Volkslieder und die Spirituals, hieß es. Alle waren überzeugt, daß der »berühmte Gast, unser russisch-amerikanischer Tenor – der erste ausländische Sänger, der in Sowjet-Rußland Schallplatten besingt«, damit einen Riesenerfolg haben würde.

Die drei Toningenieure waren nicht unter einen Hut zu bringen. Jeder war anderer Meinung darüber, wie dicht ich an dem altmodischen Aufnahmetrichter zu stehen hätte und wie laut ich singen müßte. Jeder schob mich woanders hin. Es gab einen Riesendisput, der nach gut russischer Art Stunden dauerte. Ich war so enttäuscht, daß mir diese ganze Aufnehmerei zum Hals heraus hing. Drei Tage später ließ ich mich aber doch zu einem zweiten Versuch überreden.

Diesmal sollte ich Arien aus *Tosca*, *L'Elisire d'Amore*, *Turandot* und anderen Opern aufnehmen, und vor mir stand das nämliche Vier-Mann-»Orchester«. Nach vielem Hin und Her konnte ich durchsetzen, daß wenigstens noch zwei Geigen, ein Cello und eine Flöte dazugenommen wurden. Wie üblich nach langen, unerquicklichen Verhandlungen wurde Tee und Marmelade serviert. Mit diesem achtköpfigen »Symphonie-Orchester« fummelten wir dann einen halben Tag herum. Nach zwei Wochen unerträglicher Spannung kamen dann die gepreßten Platten – sie waren zu aller Erleichterung gar nicht so schlimm, wie wir erwartet hatten. Die Ingenieure und der ganze Aufnahmestab jubilierten und waren zuversichtlich, daß diese Leistung ihnen die fünfzigtausend Dollar einbringen würden, die sie brauchten, um neue Apparate in Deutschland einkaufen zu können. Damals wurden Dollars nicht so leichtherzig lockergemacht, und Stalin hatte die Bewilligung bislang hartnäckig verweigert. Auch Abel Jekudnidse, ein Georgier, hoher Regierungsfunktionär und intimer Vertrauter Stalins, der die Devisen verwaltete, die für Kunstbelange auszugeben waren, war machtlos. Stalin sagte immer nur: »Das kann warten.« Mit seinen engsten Vertrauten: Jekudnidse, Woroschilow, Ljubischew, Ordshonikidse und noch ein paar anderen, traf sich Stalin zuweilen zu einem Frühstück, bei dem nur über Literatur, Musik, Theater und Kunst diskutiert wurde. Stalin hatte auf seinem Priesterseminar in Tiflis selbst Musikunterricht genossen und brüstete sich mit seinen musikalischen Kenntnissen; für ihn gab es nur eine einzige maßgebliche Meinung: seine eigene.

Bei einem solchen musikalischen Frühstück wurden einmal Schallplatten vorgeführt, und die Teilnehmer mußten raten, aus welchen Opern die Arien stammten. Jekudnidse schlug Stalin eine Wette vor: »Wenn du den Sänger dieser Tenor-Arie aus *Tosca* nicht rätst, muß du die fünfzigtausend Dollar für die neue Aufnahmeeinrichtung zahlen.« Stalin ging darauf ein. Nach den ersten zehn Takten strahlte er siegessicher: »Natürlich habe ich die Wette gewonnen. Das ist eine frühe und schlechte Aufnahme vom jungen Caruso, der damals noch lyrisch sang.« Er lachte über Jekudnidse, der verloren hatte, und wollte das Platten-Etikett sehen. Jekudnidse bestand aber darauf, daß die Platte

zu Ende gespielt wurde. Stalin blieb bei seiner Meinung: »Jeder ›Durak‹ (Dummkopf) kann hören, daß das Caruso ist!« Als die Platte zu Ende war, las Jekudnidse das Etikett laut vor: »Cavaradossis Arie aus dem Dritten Akt der Oper *Tosca* von Puccini, aufgenommen in Moskau, UdSSR, 1927. Es singt Sergej Matwejewitsch Radamsk.« Das Frühstück endete in Moll. Die Toningenieure bekamen ihre fünfzigtausend Dollar, und von meiner Aufnahme wurden innerhalb der ersten zwei Jahre mehr als eine Million Platten verkauft.
Marschall Budjonnij hat diese Geschichte erzählt, als bei einem Empfang des amerikanischen Botschafters in Moskau, William Bullitt, diese Schallplatte gespielt wurde. Es wurde Jekudnidse übrigens nie verziehen, daß er den »unfehlbaren großen Führer« so hereingelegt hatte.

Diese Erfahrungen lagen im Jahre 1916 noch lange vor mir, als wir mit meiner Varieté-Nummer wieder auf Tournee gingen. Ich sang lyrisch, mein Erfolg wurde geringer, und der Manager machte mir Vorwürfe. Aber wie schon so oft, kam mir das Glück zu Hilfe.
In Boston waren Ramon Blanchard, der Leiter der Opernschule am New England Conservatory, und der Direktor des Instituts, Mr. Flanders, unter meinen Zuhörern. Blanchard hatte bei Caruso gesungen und glaubte einfach nicht, daß man ihn so imitieren könne. Als er mich gehört hatte, bot er mir ein Stipendium am Konservatorium an. Er sagte zu mir: »Sie haben eine schöne Stimme, aber Sie sind nicht Caruso. Je eher Sie mit dieser Nachahmerei aufhören, um so besser für Sie.«
Ich wagte den Absprung, kündigte innerhalb von vierzehn Tagen und verließ das Unternehmen. Jetzt brauchte ich nicht mehr drei- bis viermal am Tage Caruso zu sein. Ich wußte, daß ich als ausgebildeter Tenor größere Chancen hätte; aber zugleich tat mir natürlich das Geld leid, das ich hätte sparen können, um eventuell meine Eltern zu unterstützen.
Ich erhielt am Konservatorium nur drei Wochenstunden und schloß deshalb mit Mr. Blanchard einen Privatkontrakt: Er gab mir in seinem Hause noch drei Privatstunden zu je sechs Dollar,

die ich erst von der Gage meines ersten Opern-Engagements abzuzahlen brauchte. Da mein Maestro jedoch nicht so ganz sicher war, daß ich je auf die Bühne kommen würde, ließ er mich vorsichtshalber schon jetzt einiges abarbeiten, und ich durfte das Einkaufen, Saubermachen und Geschirrspülen besorgen. Täglich spielte ich das Dienstmädchen, ausgenommen sonntags. Dafür fand ich dann am Montagmorgen regelmäßig die gesamte Arbeit vor, die am Sonntag liegengeblieben war.

Als echter Katalane, der noch dazu zwei erwachsene Töchter zu versorgen hatte, lud mich der Maestro nie zum Essen ein, und oft ertappte ich mich dabei, daß ich beim Abwaschen an den Speiseresten knabberte. Orangen, Äpfel und bestimmte Delikatessen mußte ich in einem sehr exklusiven Feinkostgeschäft kaufen. Vom Konservatorium zu seinem Hause hatte ich zu Fuß zu gehen; für die Rückfahrt in mein Zimmer erhielt ich zehn Cent Fahrgeld. Wenn es mir gelang, schwarzzufahren, hatte ich genug Geld, um mir einen Kaffee leisten zu können.

Nach einem Winter harten Studiums und karger Rationen sang ich im Konservatorium den Faust. Das hatte eine Vorgeschichte. Maestro Blanchards Töchter, die eine Sopran, die andere Mezzosopran, wollten sich auf der Bühne mit Ausschnitten aus Gounods *Faust* präsentieren. Also sang der Maestro den Mephisto, die Töchter die Margerita und den Siebel, und ein junger italienischer Friseur, Vater einer fünfköpfigen Kinderschar, sollte den Faust übernehmen. Er hatte eine ganz außerordentliche Tenorstimme – er sang das hohe C und noch darüber hinaus. Aber wir konnten uns vor Lachen nicht halten: er mußte beim Singen nämlich immer die rechte Hand in der linken reiben, so wie er es vom ständigen Wetzen des Rasiermessers gewöhnt war. Er war felsenfest überzeugt davon, an der Metropolitan Opera engagiert zu werden. Als Gegenleistung dafür, daß ich ihm beibrachte, wie er sich vor dem New Yorker Publikum zu verbeugen hatte, rasierte und frisierte er mich kostenlos. Die elegante Verbeugung als Dank für tosenden Beifall war das einzige, das ihm Sorge bereitete.

Als die Proben begannen, hatte er nicht eine einzige Zeile gelernt außer der Stelle, in der das hohe C vorkommt: er konnte es genau dreißig Sekunden nach der Uhr halten – eine außerordentliche Leistung. Blanchard begriff, daß es Jahre dauern würde, um ihm diese Partie einzupauken, und so wurde ich gebeten, einzuspringen. Aber wie kann ein Tenor das Wagnis dieser Rolle auf sich nehmen, der kein schönes hohes C beherrscht – und wenn es wenigstens im Falsett käme! Ich hatte das hohe C nicht.

Falsettieren mochte ich nicht. Wenn ich ein Mordskerl gewesen wäre, hätte ich es vielleicht versucht. Aber ich galt ohnehin als ein bißchen merkwürdig und weichlich und hatte keine Lust, jetzt auch noch den schwulen Kastraten zu mimen. Der Maestro beteuerte, daß in Frankreich alle Tenöre das hohe C falsettieren; aber das konnte ich mir nicht leisten.

Mr. Somma, der italienische Tenor, und auch alle übrigen Tenöre und Baritonsänger warten schon ungeduldig auf die Aufführung und das mörderische hohe C. Der Direktor, Mr. Ralph Flanders, war über die ganze Angelegenheit höchst unglücklich. Man legte mir nahe, lieber krank zu spielen als mich zu blamieren. Ich dagegen war ganz sicher, daß ich alles übrige schaffen würde.

Ich hatte in New York im Chor und in kleinen Partien gesungen und hatte dreizehn Wochen bei dem Varieté hinter mir und spielte und sang daher ganz nett. Als ich die Arie begann und zu der berühmten Stelle mit dem hohen C kam, gab es Bewegung und Getuschel unter den Zuhörern – jedermann war auf das Allerschlimmste gefaßt. Ich war der einzige im ganzen Theater, der die Ruhe behielt. Mit unerschüttertem Selbstvertrauen sang ich einfach *as* statt *c*. Ich verbeugte mich, und je öfter ich mich verbeugte, um so rauschender wurde der Beifall. Das war vermutlich das einzige Mal in der Geschichte der Gesangskunst, daß ein Tenor Beifall bekam, weil er das hohe C nicht gesungen hatte.

Diese Aufführung wurde eifrig diskutiert und von manchen sogar bewundert; Mr. Flanders sagte: »Der kriegt bestimmt Engagements.« Andere meinten: »Er kriegt ganz bestimmt kein Engagement. Das kann man im Konservatorium machen, aber nicht auf der Opernbühne.« Ich hatte gelernt, daß Mut auf der

Bühne mehr zählt als die schönsten hohen Töne. Ich lernte eine ausgezeichnete Pianistin kennen, Edna Scheppard, und zusammen gaben wir Konzerte in Frauenklubs, von denen es in Neu-England Hunderte gab. Sie waren die Hauptstütze des dortigen Kulturlebens.

So erinnere ich mich gern und dankbar an meine Bostoner Jahre. Diese Konzerte in den Frauenklubs waren der Anfang meiner sängerischen Laufbahn. In Aburndale sang ich einmal vor mehreren hundert Damen, und beim hohen C in der Arie »Wie eiskalt ist dies Händchen« aus *La Bohème* versagte mir die Stimme. Mit einem Ruck verschwanden alle Augen, die mich bis dahin so liebevoll betrachtet hatten, die Köpfe neigten sich nach unten, und ich hatte nur mehr die Federn der Damenhüte vor mir. Als ich die Arie im pianissimo zu Ende gesungen hatte, richteten sich die Federn wieder auf, ich sah wieder Gesichter, aber keine Augen mehr – es gab keinen Beifall. Ich schaute linkisch zu meiner Begleiterin hinüber und lächelte dann zwei Damen zu, die gerade vor mir saßen. Die eine klatschte etwas zögernd. Ich verbeugte mich vor ihr; jetzt klatschte auch die andere. Ich lächelte und verbeugte mich weiter und schließlich klatschte der ganze Saal und ich wurde mehrere Male herausgerufen.

Das hätte in Italien nicht passieren können. Dort hätte man mich von der Bühne gepfiffen und aus der Stadt gejagt. Beim anschließenden Empfang fragte mich die Klubpräsidentin: »Mr. Radamsky, nehmen Sie mir bitte meine Frage nicht übel: Aber ist Ihnen da nicht etwas passiert bei dem hohen Ton am Ende der Arie aus *La Bohème?*« Natürlich konnte ich mich an rein gar nichts erinnern und fragte höflich zurück: »War da etwas?« Die Dame neben der Präsidentin war sich ihrer Sache nun auch nicht mehr so sicher, und etwas verlegen meinte die Präsidentin: »Verzeihen Sie, Mr. Radamsky, aber ich hatte mir eingebildet, der eine Ton sei etwas danebengegangen. Bitte verzeihen Sie tausendmal – es war ein ganz wunderschönes Konzert, wir haben es alle genossen. Und besonders schön waren die *Wolgaschiffer*. Phantastisch! Man glaubte richtig den herrlichen Strom zu sehen mit den Booten, wie sie von den Schiffern an Seilen gezogen werden. Hoffentlich werden Sie in der nächsten Saison wieder bei uns singen.« Diese Damen in Boston waren wirklich reizend – ich hoffe, sie sind es noch immer.

Ich galt jetzt als berufsmäßiger Sänger. Ich sang Bel canto-Arien, russische und andere Volkslieder, hatte aber immer noch Schwierigkeiten mit den hohen Tönen.

Der Maestro schlug vor: »Vielleicht sind Sie gar kein Tenor, sondern ein lyrischer Bariton.«

Etwas verärgert erwiderte ich: »Verehrter Maestro, es ist mir ganz egal, was für eine Stimme ich habe – Tenor, Bariton oder Sopran. Ich möchte nur einzig und allein wissen, welche Lieder und Opernpartien für mich in Frage kommen.«

»Warten Sie es ab. Entweder es kommt von ganz allein, oder es kommt überhaupt nicht«, war seine philosophische Antwort.

»Aber nach sechs Jahren Studium und Singen müßte ich doch wenigstens wissen, was für eine Stimme ich habe. Warum machen die Lehrer denn ein solches Geheimnis daraus? Wenn sie es selbst nicht wissen, warum sagen sie es dann nicht?«

Darauf schwieg der Maestro. Natürlich verlor ich jedes Vertrauen. Von dieser Unsicherheit hatte ich ja schon in New York die Nase voll gehabt. Jetzt saß ich im großen New England Conservatory bei einem berühmten Lehrer und erlebte dieselbe Pleite.

Ich hörte mir John McCormack ganz genau an. Es hieß, er habe ebenfalls Schwierigkeiten in der hohen Lage. Das war kein Trost. Er war ein gottbegnadeter Künstler mit einer wunderschönen lyrischen Tenorstimme und er besaß Weltruhm. Und wer war ich? Für Blanchard doch nur einer von mehr als zwanzig Gesangsschülern. Wenn mein zukünftiges Lebensglück von meiner Tenorstimme abhing – war es dann nicht mein Lehrer und Mentor, den ich um Rat und Hilfe angehen mußte?

In diesem Frühjahr ging der Maestro nach Spanien und ließ mich mit seinen Schülern arbeiten. Ich hatte darunter Tenöre mit sehr guten hohen Tönen, die aber nicht singen konnten, und ich lernte sehr viel dabei. Ich sang mit ihnen Maestro Gravinas Übungen, es machte ihnen Spaß und sie waren bei mir mehr bei der Sache als bei Blanchard. Plötzlich wurden die Gesangsschü-

ler des Konservatoriums brennend neugierig. Daß alle, die mit mir arbeiteten, innerhalb von zwei Monaten solche Fortschritte machten, verursachte einige Aufregung. Damals wurde mir zum erstenmal klar, daß es keine allgemeinverbindliche, sondern immer nur eine individuelle Methode der Gesangspädagogik geben kann.
Mein Unterricht machte auch Wirbel bei den Lehrern. Aber sie taten mich rasch ab: »Er soll erst mal selbst singen lernen, ehe er anderen Unterricht erteilt.« Darauf konnte ich schlecht antworten.
Als der Maestro im Herbst zurückkam, war er sehr zufrieden mit der Arbeit, die ich geleistet hatte. Aber ich war deprimiert. Warum konnte er nicht erkennen, ob ich nun Tenor oder Bariton war? Es machte mir keinen Spaß mehr, einzukaufen, Geschirr zu spülen und die Küche des Maestros sauberzuhalten. Wenn ich darüber keinen Minderwertigkeitskomplex bekam, dann war das nicht seine Schuld. Leute wie Maestro Gravina waren sehr selten, das war klar.
Damals wurde unter den Schülern und Lehrern des Konservatoriums viel über mich gesprochen, und nur wenig Gutes. Ich hatte sie aus ihrer Ruhe aufgescheucht. Es wurde geklatscht über meine Aktivität im ukrainischen und russischen Arbeiterverein; es hieß, ich unterstützte das bolschewistische Regime durch Propaganda, Englisch-Unterricht und Verbreitung von Literatur. Daß ich schon kleine Partien bei Operntruppen gesungen hatte, Caruso imitiert und jetzt in Frauenklubs konzertierte und dabei doch noch Schüler des Konservatoriums war, blieb für manch einen rätselhaft.
Eines Tages teilte mir Mr. Flanders, unser Direktor mit, daß Beschwerden über mich laut geworden seien. Ich hätte Mr. Blanchards Schülern Unterricht gegeben – das wäre verboten, solange ich nicht offiziell Blanchards Assistent war und vom Konservatorium dafür bezahlt würde. Dann wäre ich durch die Prüfung in Harmonielehre gefallen, weil ich statt zu studieren nur Zeitungen läse. Und drittens nähme ich an den Schulveranstaltungen nicht teil und hätte obendrein den Portier der Symphony Hall bestochen, um die Proben des Boston Symphony Orche-

stras unter Karl Muck hören zu können. Es gab genügend Anklagepunkte, die ausreichten, mich vom Konservatorium zu verweisen. Mr. Flanders war es nicht wohl in seiner Haut.
Zu seiner Überraschung gestand ich alles ein. »Das Konservatorium ist interessiert an Ihrer Zukunft und glaubt an Sie. Nehmen Sie es mir nicht übel, Mr. Radamsky, wenn ich Sie etwas sehr Persönliches frage: Stimmt etwas nicht mit Ihnen? Sind Sie krank? Ihre Wirtin hat unserem Sekretär erzählt, daß Sie in den letzten Wochen öfters im Schlaf so laut geschrien haben, daß die Bewohner des Hauses davon aufgewacht sind. Wir machen uns wirklich Sorgen um Sie.«
Ich konnte zuerst gar nicht sprechen. Dann antwortete ich mit leiser Stimme: »Ich habe die Zeitungen gelesen, weil ich wissen möchte, was mit dem Krieg in Rußland und Polen ist. Meine Angehörigen leben alle im Kriegsgebiet.« Ich erzählte, daß General Hindenburg bei Minsk sechzigtausend russische Soldaten in die Sümpfe getrieben habe. Ich träumte davon. Mr. Flanders war sehr freundlich, legte mir die Hand auf die Schulter und sagte: »Mr. Radamsky, wenn Sie irgendwelche Hilfe brauchen, kommen Sie bitte ohne alles Zögern zu mir.«

Rebea

Nach unserer *Faust*-Aufführung im Konservatorium wurde ich des öfteren zu Empfängen gebeten. Boston war bekannt als die Stadt, in der »die Lowells mit den Cabots sprechen und die Cabots nur noch mit dem lieben Gott«. Man brauchte mehr als eine Tenorstimme, um in die Gesellschaft aufgenommen zu werden. In meinem Fall war es das Interesse an Rußland und der bolschewistischen Revolution, das meine Gegenwart auf Beacon Hill und in Brookline wünschenswert erscheinen ließ.
Rufus und Gwendolyn Moor, fanatische Musikliebhaber der Upper Ten, gaben sonntags Abendempfänge mit kaltem Büfett. Rufus spielte Bridge in der Bibliothek, deren Wände die Bilder der Ahnen zierten, die auf der *Mayflower* nach Neu-England

Als Zwanzigjähriger nach der Ankunft in New York (links o.) – Imitation des großen Enrico Caruso im Voudeville 1916 (rechts o.) – »The Radamsky Recitals« in Boston 1917

Der junge Tenor in New York 1923

Opernrollen der Zwanziger Jahre: Edgardo in »Lucia di Lammermoor« in Italien 1924 (links o.) – Pinkerton in »Madame Butterfly« mit der Manhattan Travelling Opera Co. 1927 (r. o.) – Als falscher Dimitri in »Boris Godunow« in Montreal, 1926

Mit dem Stummfilm-Star Paul Mooney in der Broadway-Operette »The Student Prince«, 1926 – Der erste Neger-Konzertchor der Vereinigten Staaten unter Hall Johnson, New York 1927

Die Radamskys mit Sol Hurok (M.) und dem »N.Y.Times«-Korrespondenten W.Duranty, Moskau 1927; mit A. Segovia (l.) und seiner Frau, Tiflis 1932; mit D.Mitropoulos (l.), E.Zimbalist (M.) und der russischen Volkssängerin Irma Taunzen, Moskau 1932

Das Georgische Theater unter Achmatelli 1932: A. (rechts u.) und Radamsky (links u.) mit Dichtern und Schriftstellern nach dem Zusammenstoß mit Berija in Tiflis; Privatvorstellung für Stalin (links); neben ihm Ordjonikidze und Achmatelli

Radamsky bei seiner Ankunft in Moskau im Jahre 1927

Begegnungen mit Moskauer Musikern der Dreißiger Jahre: Tairov, Ippolitow-Ivanow und seiner Frau, Radamsky, Dmitri Schostakowitsch, 1935. – Olin Downes, Musikkritiker der »N.Y. Times«, Ippolitow-I., R., und Reinhold Glière (von r. n. l.)

Konzerttourneen durch Sibirien: mit dem bezechten Droschkenkutscher in Wladiwostok; mit Marie Radamsky und der Begleiterin Virginia Conningham bei der Roten Armee 1934

Zurück in den Vereinigten Staaten: Konzertabende als Truppenbetreuung bei der US-Army. – »La Traviata«-Inszenierung in modernem Gewand, Kalifornien 1938

Der Regisseur: mit Richard Hale, dem ersten amerikanischen »Orpheus«, Los Angeles 1947; mit Darius Milhaud, Paris 1952; Probe von Dostojewskis »Ivan Karamasow«, Esslingen 1966

Opernschule in Santo Stefano auf Elba: Probe mit Debria Brown (Mezzo) und Susan Godine (Sopran). – Sergei und Mary Radamsky mit Maxim Schostakowitsch, dem Sohn des Komponisten, in der Londoner Royal Festival Hall 1968

gekommen waren, und Gwendolyn spielte Klavier in dem riesigen Salon, wo die Damen darauf warteten, daß ich mit »I hear you calling me« oder dem *Lied der Wolgaschiffer* loslegte, worauf Rehea, ein bildschönes Mulattenmädchen von ungefähr zwanzig Jahren, servierte.

Ich war der einzige unter den Gästen, der Rehea die Hand gab, wenn er kam oder ging. Das wurde mir verübelt. Gwendolyn erzählte mir davon, fügte jedoch an: »Ich bewundere Sie dafür. Sie wissen, wir behandeln Rehea wie eine Freundin unseres Hauses.«

Nach ein paar Sonntagen wurde deutlich, daß Rehea mehr Interesse an meinem Gesang als an ihren Servierdiensten bekundete. Von Gwendolyn erfuhr ich, daß sie Fragen über mich stellte, etwa derart, ob Russen immer netter seien als Amerikaner. Am nächsten Sonntag sagte mir Gwendolyn, Rehea habe sich in mich verliebt und hielte mich für den reizendsten Mann, der ihr je begegnet sei. Ich spielte nicht Bridge und sang immer nur zwei Lieder, so daß ich reichlich Gelegenheit hatte, auf Reheas diskretes Flirten einzugehen.

In diesem Winter zog ich aus meiner Einzimmerwohnung nach Fenway in ein Zweizimmer-Appartement. Jeden Morgen machte ich meine Wohnung sauber, ehe ich ins Konservatorium ging. Bald merkte ich, daß noch jemand anderes meine Zimmer in Ordnung hielt und mir manchmal sogar frische Rosen auf den Tisch stellte.

Eines Sonntags war Rehea »indisponiert«. Sie ging früher als gewöhnlich nach Haus und ich vermißte ihr Lächeln. Wen treffe ich auf dem Nachhauseweg: die kleine Rehea! Sie beichtete, daß sie krank gespielt habe, um auf mich warten zu können.

Nach Mitternacht ist Beacon Hill einsam und verlassen, und so konnten wir spazierengehen und miteinander sprechen. Ich erfuhr, daß Rehea ein zweijähriges Töchterchen hatte und daß ihr Mann vor einem Jahr gestorben war. Ich lud sie in meine Wohnung ein. Sie lehnte ab, versprach aber, am nächsten Vormittag mit ihrem Baby zu kommen. Ich war überrascht, daß sie meine Adresse kannte. Es stellte sich heraus, daß sie in den letzten vier Wochen ihre Freizeit dazu benutzt hatte, heimlich mein kleines Zuhause zu säubern, und sie hatte von ihren paar Pfennigen Rosen für mich gekauft.

Am nächsten Morgen kam Rehea mit ihrem kleinen braunen Baby; am übernächsten Tag aber kam sie allein, sah entzückender aus als je, und ich merkte, daß auch ich mich verliebt hatte. Es wurde die schönste Liebesgeschichte, die ich mir vorstellen konnte.

Im Gegensatz zu Catherine war Rehea mit einem Morgenküßchen zufrieden, machte Frühstück, räumte auf, holte Rosen und paßte auf, daß ich nicht zu spät ins Konservatorium kam. Ich nahm sie mit in Konzerte und zu langen Spaziergängen in die Fenway Gardens. Natürlich schauten die Leute uns nach, aber das kümmerte mich nicht – daran war ich gewöhnt.

Reheas Mutter war mit unserer Freundschaft nicht einverstanden. Das wunderte mich nicht mehr, als ich ihre Lebensgeschichte gehört hatte. Sie war erst fünfzehn Jahre alt gewesen, als Rehea auf die Welt kam. Schuld daran trug ein weißer Mann – seitdem haßte sie alle Weißen. Reheas Ehemann war ein Schwarzer gewesen, und dagegen hatte sie nichts einzuwenden gehabt. Jetzt war Rehea in mich verliebt. Und ich in sie. Würde ich sie heiraten? Warum nicht? Würde ich das Kind adoptieren? Weshalb denn nicht?

Gwendolyn und Rufus gerieten in Panik. Wir hatten einen Skandal verursacht, und sie hielten sich für diese »Affäre« für verantwortlich. Sie beschlossen, Rehea nicht mehr servieren zu lassen und mich nicht mehr einzuladen. Darauf hielt Reheas Mutter ihre Tochter und das Baby zu Hause hinter Schloß und Riegel, und ich durfte sie nicht mehr besuchen. Reheas Mutter tat alles, was in ihrer Macht stand, um unsere Beziehung zu beenden.

Zwei Wochen später fand man Rehea tot. Sie hatte Gift genommen und hinterließ einen Brief, in dem sie ihrer Mutter die Schuld gab. Mrs. Allen Chamberlain wußte als einzige von dieser Sache und hatte Verständnis für mich. So hatte ich wenigstens eine Menschenseele, die um uns und unsere Liebe trauerte.

Auf den Kriegsschauplätzen sah es böse aus, und die bolschewistische Revolution war in vollem Gange. Es war absolut keine

Zeit, sich zu verlieben. Meine Konzerte mit Miss Scheppard, Solo- und Quartettabende, das Singen sonntags in der Kirche und samstags in der Synagoge, gaben mir vollauf zu tun. Ich ließ auch keine Orchesterkonzerte und Solo-Abende aus, und Bosten hatte ein reges Musikleben.

George N. Whipple, der Chef des *Players Bureau* in Boston, nahm mich unter seine Fittiche und versprach mir Konzerte. Aber er riet mir, die Oper aufzugeben. Aus der imponierenden Höhe von fast zwei Metern Körpergröße schaute er auf mich hinunter und sagte: »Für das Konzertpodium sind Sie prächtig. Aber für die Opernbühne sind Sie vielleicht doch ein wenig zu klein.« Die reizende Bostoner Art, etwas durch die Blume zu sagen! Ein anderes Mal meinte er: »Hören Sie zu, Kleiner. Ihre Stimme ist herrlich; aber für die Oper brauchen Sie Kraft und auch tolle hohe Töne.« Als ich Mr. Whipple 1917 kennenlernte, waren meine hohen Töne noch nicht sicher und sein Ratschlag war nicht falsch. Er half mir mit der Vermittlung von Liederabenden in den Klubs und arrangierte ein Konzert in der Jordan Hall. »Jetzt wird's Zeit«, meinte er. »Sink or swim.«

Alles oder nichts

Am 3. April 1918 debütierte ich in Boston vor den angesehensten Kritikern, darunter dem berühmten Rezensenten des *Boston Herald*, Philip Hale. Er urteilte: »Mr. Radamsky bezaubert durch absolute Tonschönheit – aber er hat noch mehr als nur Stimme.« Er lobte mein ganzes Programm. Da er als sehr streng galt, konnte ich kaum glauben, daß er das wirklich geschrieben haben sollte. Ich las seine Kritik immer wieder. Auch die Kritiken im *Boston Globe* und *Evening Transcript* waren des Lobes voll.

Nach diesem Erfolg verlor ich meinen Angstkomplex vor den hohen Tönen. Mein Honorar schnellte von fünfzig auf hundert Dollar pro Abend, und ich war plötzlich begehrt. Es machte auch den besten Eindruck, daß Miss Scheppard mich auswendig begleitete, und wenn das Klavier eines Klubs einen halben Ton zu tief war, transponierte sie das gesamte Programm – das ist etwas, das die wenigsten Pianisten fertigbringen. Es waren keine Liederabende mit Begleitung, sondern regelrechte Doppelkonzerte. Ich war glücklich. Wenn Mr. Hale mich verrissen hätte, hätte ich keinerlei Konzertmöglichkeiten bekommen, Mr. Whipple hatte alles auf Mr. Hales Urteil gesetzt. Das hatte er mit »Sink or swim« gemeint. Ob es nun zu Recht so ist oder nicht – das Glück des Künstlers hängt von der Kritik ab. Daran läßt sich nichts ändern. So war es in der Vergangenheit und so ist es auch jetzt.

Ich bekam nun Einladungen in die großen Städte Neu-Englands und fand überall gute Aufnahme. Aber kaum begann mein Stern aufzugehen, als auch schon dunkle Wolken am Himmel erschienen. Ich war begeistert von Kerenskijs Revolution und später vom bolschewistischen Umsturz. Doch ich sprach außerhalb unseres russischen Klubs niemals über russische Politik. Weil ich aber unter anderen Volksliedern auch mit Inbrunst die berühmte *Dubinuschka* sang, das Lied von der Rache der Arbeiter und Bauern an ihren Unterdrückern, galt ich als gefährlicher Bolschewik. Bei einem Konzert verließ der Pope Smirnow von der Russisch-Orthodoxen Kirche in Boston demonstrativ den Saal, als ich die *Dubinuschka* anstimmte. Der Umstand, daß ich mich in den acht Jahren meines Aufenthalts in den USA noch nicht um die amerikanische Staatsangehörigkeit beworben hatte, machte mich jetzt doppelt verdächtig, und ich sollte mit anderen, nicht-naturalisierten, unerwünschten Ausländern nach Rußland abgeschoben werden. Meine Hoffnungen und Träume, eines Tages meine Eltern vorm Hunger retten zu können und ihnen ihre Leiden wiedergutzumachen, wären damit zerstoben. Als die Vereinigten Staaten 1917 in den Krieg eintraten, hatte ich mich patriotischerweise freiwillig zum Kriegsdienst gemeldet, und die Ironie wollte es, daß ich wegen meines beschädigten Fingers dienstuntauglich geschrieben wurde und statt dessen zur Landarbeit nach Maine mußte. Dort mistete ich Schweineställe aus und trug so meinen Teil zum Sieg der Alliierten mit bei. Während der Zeit meiner kriegswichtigen Beschäftigung sang ich auch einmal das »Star-Spangled Banner« vor über zweitausend amerikanischen Soldaten. Hinterher kam General Edwards, ein martialischer Ire, zu mir aufs Podium und rief mit großer Begeisterung: »Soldaten, Offiziere und alle Anwesenden! Ich möchte euch nur sagen: So muß man die Nationalhymne singen! Daran laßt uns immer denken. Danken wir unserem herrlichen jungen Sänger dafür!« Die Hochrufe, die aufbrausten, tönen mir noch heute in den Ohren.

In den acht Jahren, die ich nun in den USA lebte, hatte ich gedarbt und Elend erlebt; aber ich hatte auch die Menschen schätzen gelernt, ihre Einrichtungen, die amerikanische Zivilisation, und ich war dankbar für die Ausbildungsmöglichkeiten, die ich hier gefunden hatte. Und ich liebte meine Freunde hier. Ich war ein Amerikaner, auch ohne Papiere. Ich war überzeugter Sozialist, hatte aber keinen Finger gerührt, um die russische Revolution zu unterstützen; mit keinem Ton hatte ich ihr das Wort geredet. Aber ich liebte Rußland noch immer. Als ich mich 1923 um die Naturalisierung bewarb, fragte mich der Richter: »Warum haben Sie sich nicht schon früher darum bemüht? Sie sind jetzt schon seit dreizehn Jahren in den Vereinigten Staaten.« Ich gab zur Antwort: »Wer die russische Mutter nicht geliebt hat, wird kaum die amerikanische Schwiegermutter lieben können.«

Die Aussicht, abgeschoben zu werden, dazu die Tatsache, daß man mir keine Möglichkeit einräumte, mich zu verteidigen, verstörten mich sehr. Ich begann die amerikanische Regierung zu hassen. Glücklicherweise versicherten meine Bostoner Freunde die Regierungsstellen, daß ich nicht an eine Revolution in Amerika glaubte, weil es der großen Mehrheit der Bevölkerung gutginge. Wogegen die überwiegende Zahl der Russen vordem in Not und Elend dahinvegetiert habe. Nachdem ich meinen Freunden mein Ehrenwort gegeben hatte, nicht Mitglied einer Geheimorganisation zu sein und keine Geldmittel aus irgendwelchen unterirdischen Quellen bezogen zu haben, durfte ich »vorläufig« weiter in den Staaten bleiben.

Zu dieser Zeit verließ Mr. Blanchard Amerika, und ich lernte Arthur Wilson kennen, der Kritiken für das Bostoner Abendblatt *The Globe* schrieb und zugleich Gesangsstunden gab. In seiner Zeitung lobte er mich, privat hatte er einiges an mir auszusetzen. Meiner Stimme fehle eine Nasenresonanz, im Theater würde ich nicht über das Orchester hinauskommen. Ich beriet mich zuerst mit Mr. Whipple und nahm dann Unterricht bei Mr. Wilson.

Kaum hatte ich meine Stunden begonnen, als Gerüchte auftauchten: »Radamsky hat die Stimme verloren.« Das schien sich zu bestätigen, als ich wegen einer Erkältung eine *Messias*-Aufführung mit dem Boston Symphony Orchestra absagen mußte. Hätte ich singen können, wäre das ein enormer Prestige-Gewinn für mich gewesen. Jetzt fand der Klatsch über mich neue Nahrung.

Das liegt jetzt schon mehr als fünfzig Jahre zurück, aber der Sängerberuf hat sich nicht geändert. Zeigt ein Sänger oder eine Sängerin die kleinste Ermüdungserscheinung, ergeben sich die geringsten Schwierigkeiten mit einigen Tönen, besonders in der hohen Lage, schon heißt es, der oder die Betreffende hat die Stimme verloren. Solche Parolen können eine katastrophale Wirkung ausüben. Es gab übrigens dieselben Gerüchte über Caruso. »Der arme Caruso ist am Ende«, hieß es bereits, als er noch unvergleichlich sang. Die große Rosa Ponselle wurde schon zehn Jahre vor ihrem Abgang »abgeschrieben«. Maria Callas – ohne Zweifel eine große Sängerin und Schauspielerin – wurde schon mehrmals »erledigt« – und was hört man von Sängern nicht alles an gemeinen Bemerkungen über Birgit Nilsson, eine der ganz großen Stimmen unserer Zeit. Solche Bosheiten gibt es nach meiner Meinung besonders viel in England. »Unsere Sänger sind viel besser. Warum holen wir uns Ausländer herein und zahlen ihnen diese Riesengagen?« Zweifellos hat England ausgezeichnete Sänger, aber nicht annähernd soviel wie zum Beispiel Deutschland, das mehr als fünfzig Opernbühnen aufweist, die zum großen Teil von hohem Niveau sind. In der Sängerzunft gibt es einfach zu wenig Großzügigkeit und zuviel Eifersucht. Manch einer erwartet den eigenen Erfolg nur durch den Ruin des Kollegen.

Erstes Konzert in New York

Im Jahre 1919 erhielt ich endlich einen Brief von zu Hause: die Eltern und meine Geschwister waren am Leben und den Umständen entsprechend ziemlich wohlauf. Ich durfte ihnen Geld schicken, damit sie sich Lebensmittel kaufen konnten. Ermutigt durch meine stimmlichen Fortschritte und mein ständig wachsendes Repertoire beherzigte ich jetzt wohlmeinende Ratschläge, mein Glück in New York zu versuchen. Dort bestand beträchtliche Sympathie für das neue Rußland, und russische Volkslieder stießen auf Interesse. Ich zog also nach New York, und im Februar 1920 wagte ich ein Konzert in der Aeolian Hall. Die lobenden Kritiken aus Boston hatten in New York nicht viel zu bedeuten. Wenn ich hier keine günstigen Besprechungen erhielt, war meine Sängerlaufbahn zu Ende, noch ehe sie richtig begonnen hatte. Mein Vermittler in New York war nicht unbeeindruckt von meinen Bostoner Besprechungen, aber wichtiger war ihm das Urteil der New Yorker Fachwelt. »Ohne eine gute New Yorker Presse kann ich Sie nicht verkaufen.«

Meine Kollegen aus der Hosenfabrik hatten mir damals versprochen, sie würden unter allen Umständen mein erstes Konzert besuchen und ganz laut »Knee-pants! Knee-pants! Young Jesus!« rufen. Und tatsächlich machten sie mich in der Aeolian Hall ausfindig. Zehn Minuten vor Beginn kam ein Saaldiener zu mir und sagte, draußen seien ungefähr dreißig Mann, die sich als meine Freunde aus der Bronx bezeichneten. Ich hätte sie eingeladen. »Was sollen wir machen? Wir haben keine Karten mehr!« Ich sah die Fabrik vor mir, den großen Nähtisch, die herzliche Verbundenheit mit diesen Leuten und ich fühlte mich bestärkt. Ich wußte, ich würde gut singen und bat den Saaldiener, sie auf jeden Fall irgendwo unterzubringen. Er schaute etwas verdutzt, versprach aber, sein Möglichstes zu tun.

Als ich auf die Bühne kam, hörte ich keine Rufe »Knee-pants! Young Jesus!«, aber ich bemerkte eine gewisse Unruhe auf den Stehplätzen hinten im Saal. Ich erkannte auch einige Gesichter. Nach den ersten Liedern stimmten meine Freunde in den allgemeinen Applaus ein und klatschten aus Leibeskräften. Aber ich

war doch etwas enttäuscht. Ich hatte gehofft, ihr Feldgeschrei zu hören. Denn ich war stolz auf meine Fabrikjahre und auf die Solidarität meiner Kollegen, in der es keine Eifersüchteleien gab wie unter den Opernsängern. Ich sang besser als je zuvor – ich sang eigentlich nur für diese dreißig Fabrikkollegen.
Nach dem Konzert begrüßten sie mich am Bühneneingang.
»Das ist tatsächlich Young Jesus – du hast's also geschafft – wie schön für dich!«
Richard sagte stolzgeschwellt: »Weißt du noch, Sammy, wie ich dich damals zu Caruso mitgenommen habe?«
»Das hast du getan und ich werde dir das nie vergessen!«
Die meisten von ihnen nähten noch immer ihre Kniehosen. Aber Dave fehlte. Ich fragte nach ihm und erfuhr, daß er gestorben war. Das war ein harter Schlag. Ich hatte Dave sehr gern gemocht. Es war kein fröhlicher Abschied, als sie dann abzogen. Ich war nicht mehr ihr »Young Jesus«, ihr »Sammy« – und Dave war nicht mehr. Jahrelang am selben Tisch neun Stunden täglich zusammen zu arbeiten, Sorgen und Freuden zu teilen, verbindet miteinander. Was dem einen zustößt, betrifft auch den anderen. Man arbeitet, lacht und leidet zusammen. In künstlerischen Berufen dagegen lebt man oft vom Unglück des anderen.
Das Konzert wurde ein Erfolg. Die Kritiker waren freundlich. Es gab nicht gerade Lobeshymnen, aber doch genug Anerkennung, um in mir die Überzeugung zu festigen, daß die jahrelangen Studien nicht umsonst gewesen waren. Die Volkslieder wurden ganz besonders hervorgehoben. Mein Agent war zufrieden und ich erhielt ein Engagement, in Philadelphia die Hauptrollen in *Faust* und *Cavalleria Rusticana* zu singen.
Während der Jahre des Ersten Weltkriegs hatte ich meinen Eltern nicht beistehen können, die, wie alle damals in den betroffenen Gebieten, Hunger litten. Die deutsche Armee hatte Polen und Teile Rußlands besetzt und requirierte alle Lebensmittel für den eigenen Bedarf. Meine Mutter mußte jeden Morgen meilenweit zu Fuß zu einem freundlichen Bauern laufen, um für die Familie etwas Brot zu erstehen. Meine Geschwister waren noch zu klein für diese Anstrengung, und selbst wenn sie Brot bekom-

men hätten, wäre es ihnen unterwegs von der hungernden Bevölkerung fortgenommen worden. Wenn meine Mutter Glück hatte und ein paar Kartoffeln erwischte, bereitete sie aus der Schale noch Suppe. Sieben heranwachsende Kinder, Vater, Mutter, Großvater und Großmutter mußten ernährt werden. Nach ihrem langen Marsch machte Mutter den Ihren dann vor, sie habe bereits bei ihren Bekannten gegessen. Das kam zwar vor, aber nicht sehr oft. Durch diese Hungerei zog sie sich ein Magenleiden zu, und bis zu ihrem Ende litt sie immer wieder unter entsetzlichen Schmerzen. In diesen Jahren verdiente ich bereits und konnte Geld zurücklegen, aber nichts nach Polen schicken. Ich fühlte mich schuldbewußt, weil ich studierte und nach Ruhm strebte, während meine Angehörigen hungerten. Später, in den frühen zwanziger Jahren, bin ich sehr »idealistisch« gewesen und habe möglichen Wohltätern ihr Geld vor die Füße geworfen, das meine Familie gut hätte gebrauchen können in ihrem Lebenskampf. Ist das richtig gewesen? Oder habe ich selbstsüchtig gehandelt?

Als ich 1914 mit der *Aborn Opera Company* als Chorist und Solist für kleine Rollen mit achtzehn Dollar die Woche umherreiste, hatte sich in Toledo, Ohio, ein Bankier in den Kopf gesetzt, uns freizuhalten. Seine beiden Töchter hatten sich verliebt: die siebzehnjährige in den sehr gutaussehenden italo-amerikanischen Bariton Ernesto Torti, und die Neunzehnjährige in mich. Ich war damals fünfundzwanzig, Torti war dreißig Jahre alt. Am Ostersonntag gab der Bankier einen Empfang. Die ältere Tochter spielte Klavier, Torti und ich sangen Duette aus *La Bohème* und *Macht des Schicksals*. Unter den Gästen waren der Bürgermeister und andere wichtige Persönlichkeiten der Stadt.

Alles war in bester Stimmung. Da bat mich die Tante unserer jungen Verehrerinnen in einen Nebenraum und fragte: »Wie gefällt Ihnen meine Nichte?«

»Ich mag sie sehr gern.«

»Sie wissen, daß sie in Sie verliebt ist?«

Ich wußte nichts zu antworten – es kam ein bißchen plötzlich.

»Mein Bruder und meine Schwägerin sind einer Meinung, daß Sie einen ausgezeichneten Ehemann abgeben werden.«

Ich sagte, ich sei hocherfreut über ihre gute Meinung.
»Sie wissen vielleicht auch«, fuhr sie fort, »daß mein Bruder eine Million Dollar für jede seiner Töchter für die Hochzeit auf die Seite gelegt hat. Er möchte jetzt gern die Verlobung seiner Töchter mit so gebildeten, wohlerzogenen jungen Männern bekanntgeben.«
Ich war sprachlos. Zum ersten war mir bekannt, daß Torti bereits verheiratet war und zwei Kinder hatte. Und dann hätte ich mich zwar schon für das sehr reizvolle Mädchen begeistern können, das ja zudem auch Klavier spielte. Aber diese geschäftsmäßige Abwicklung stieß mich zurück: Hier eine Million Dollar, wenn Sie das Kind heiraten! Ich brachte nur heraus, ich müßte zuvor meinen Eltern schreiben. Das gefiel der Tante zwar gar nicht, aber sie anerkannte meine Korrektheit und meinen Respekt vor meiner Familie. Wir vereinbarten, daß die Verlobung verkündet werden sollte, sobald ich Antwort von zu Hause hätte. Der Bankier wollte, daß ich weitersänge, er wollte mir sogar eine eigene Operntruppe finanzieren. Was konnte sich ein junger, armer Tenor mit achtzehn Dollar die Woche mehr erhoffen und erträumen? Und ich mochte das Mädchen ja gern. Aber ich habe meinen Eltern nie davon geschrieben und mir die ganze Sache aus dem Kopf geschlagen.

Nach meinem erfolgreichen Konzert in New York verschaffte mir mein Agent Meyer eine Reihe von Konzerten und Oratorienabenden im Mittleren Westen. Als ich den *Messias* vor der Kansas University sang, sagte mir der Dekan, er habe Mr. Meyer schriftlich gebeten, daß ich einen Abend mit russischen und anderen Volksliedern und Opernarien geben möchte. Zu seinem Erstaunen habe Mr. Meyer anstatt meiner einen griechischen Tenor, Ulysses Lapass, vorgeschlagen, der eben in die USA gekommen war. Mr. Meyer hatte das damit begründet, daß Lapass phänomenale hohe Töne habe, wogegen Mr. Radamskys hohe Lage noch nicht so ganz sicher sei. Der Dekan hielt ein solches Verhalten für unmoralisch. Aber ich wußte, daß so etwas in der Managerbranche nicht ganz unüblich war. Ich kehrte nach New York zurück und suchte mir einen anderen Agenten, der

mir für November 1921 ein weiteres Konzert in der Aeolian Hall verschaffte. Der Saal war ausverkauft und die Presse sehr gut. Ich war auf dem Weg nach oben.
Es war nur ein kleiner Haken dabei: Der neue Vermittler verlangte dreitausend Dollar von mir, um in *Musical America* und *Musical Courier* für mich zu werben. Ich schlug ihm vor, er sollte alle Honorare künftiger Verpflichtungen einbehalten und sie zu Reklamezwecken benutzen. Er war damit einverstanden und arrangierte Konzerte in der Provinz. Meine Zukunft sah rosig aus.
Ich hatte reiche Freunde, die mir unbedingt helfen wollten, unter anderen einen sehr bekannten japanischen Chemiker, Dr. Jokichi Takamine, dem die Isolierung des Adrenalin gelang. Als er hörte, daß ich Geld für Werbezwecke benötigte, setzte er sich, ohne mich zu fragen, mit meinem Agenten in Verbindung. Der clevere Manager merkte sofort, daß dieser wohlhabende, berühmte Mann Interesse an mir hatte, und forderte von ihm fünfundzwanzigtausend Dollar, um mich in ganz großem Stile zu lancieren. Dr. Takamine hatte von ungefähr dreitausend Dollar gehört und mußte bei der Höhe dieser Forderung ablehnen. Jetzt drängte mich der Agent, Dr. Takamine einzureden, daß ich mit fünfundzwanzigtausend Dollar auf jeden Fall berühmt werden würde. Ich gab zur Antwort, wenn Dr. Takamine soviel Geld flüssig hätte, würde er es gewiß aus eigenem Antrieb gegeben haben. Als der Agent sah, daß ich mich weigerte, Dr. Takamine zu drängen, zerriß er unseren Vertrag und warf mir die Fetzen ins Gesicht. Damit war mein früher »Ruhm« zum Teufel.
Ich wurde unsicher. Besaß ich die Voraussetzungen für eine Sängerlaufbahn oder nicht? Sie zu erkaufen, fehlten mir jedenfalls die Mittel. Ich ahnte nicht, daß man, wenn man keine Sensation war, in Konzerte, Reklame und Vermittler Geld investieren mußte, und daß man selbst dann nicht hundertprozentig seines Erfolgs sicher sein durfte. Ich wollte schon alles hinwerfen, als meine Freunde mir gut zuredeten und versprachen, mir finanziell unter die Arme zu greifen. Mrs. Thomas Gilroy hatte eine herrliche Wohnung in der East 37. Street. Sie war eine große Musikliebhaberin, und um mir zu helfen, nahm sie bei mir Gesangs-

unterricht und lud mich des öfteren zu Abendgesellschaften ein, wo ich »Mother McCrea« sang und »I hear you calling me«, »Ach, wie so trügerisch« und russische Volkslieder. Eines Abends riet sie mir, auf einen reichen Bekannten besonders achtzuhaben. Ich sang sehr gut, und der reiche Mann meinte: »Wir wollen mal sehen, was wir für unseren Sergej tun können.« Die Gastgeberin gratulierte mir und sich selbst auf taktvolle Weise zu diesem erfolgreichen Abend, und es gab noch viele Trinksprüche.

Als der Abend fortschritt, kam das Gespräch auf den Streik der Bediensteten der Brooklyn Rapid Transit, der gerade ausgebrochen war. Der Direktor der B.R.T. war zufällig unter den Anwesenden und wurde gefragt, ob man denn mit den Arbeitern nicht zu einer Verständigung kommen könnte.

Er sagte ganz ruhig: »Nein. Wir wollen auch gar keine Verständigung mit diesen Lumpen.«

Ein anderer Gast schlug vor, doch den Streikenden ein kleines Zugeständnis zu machen.

Darauf antwortete er: »Wenn man dem Hund den kleinen Finger gibt, schnappt er die ganze Hand.«

Mir wurde recht unbehaglich zumute.

Ein dritter Gast fragte: »Stimmt es, daß sie von ihrem Lohn nicht einmal ihre Familie unterhalten können?«

»Wir haben nicht die ganze Familie eingestellt«, gab er zurück, »sondern nur jeweils einen Mann.«

Mein Blut geriet in Wallung, aber noch hielt ich an mich.

Dann sagte er mit einem Grinsen: »Wir können's abwarten. Aber in der nächsten Woche oder so sind sie am Verhungern und kommen auf den Knien angekrochen. Und dann werden wir mit ihnen sprechen.«

»Haben Sie keine Angst«, warf da jemand ein, »daß die Arbeiter alle kommunistisch werden, wenn Sie diesen Streik brechen?«

»Dann knallen wir sie ab wie die Hunde. Wir sind hier nicht in Rußland!« Und er schaute mich beifallheischend an.

Ich sagte sehr ruhig: »Ja, Sie haben recht, wir sind nicht in Rußland.«

Er lächelte befriedigt und ich fuhr fort: »Ich wollte, Sie wären in Rußland und würden abgeschossen wie ein krankes Schwein. Ich hasse Sie und Ihresgleichen!«
»Sind Sie verrückt geworden?« brüllte er.
»Ja, ich bin verrückt! Behalten Sie Ihr dreckiges Geld.«
Rasend vor Wut versuchte er handgreiflich zu werden, wurde aber von den Gästen zurückgehalten. Da ergriff er eine Flasche, die auf dem Tisch stand, und schleuderte sie nach mir. Ich konnte mich ducken und sie zerbarst krachend an der Wand.
Die Gastgeberin kam völlig außer sich zu uns. »Um Gottes willen, was ist denn los?«
»Madame Gilroy, Ihr Bekannter ist abscheulich. Ich will von ihm keine Unterstützung – ich will überhaupt von niemandem Unterstützung – ich will nicht Karriere machen. Vielen Dank für alles. Ich habe genug!«
Damit verließ ich ihr Haus. Die Geschichte von meinem Auftritt bei Mrs. Gilroy machte rasch die Runde in den besseren Kreisen, und ich wurde nie wieder zu privaten Musikabenden eingeladen.

Eine glückliche Wendung schien sich anzudeuten, als der Musikkritiker Aaron Baron mich Hugo Riesenfeld empfahl, der im Rialto Film Theater am Broadway ein Symphonieorchester dirigierte. Nach einem Vorsingen wurde ich für zweihundert Dollar die Woche engagiert. In den frühen zwanziger Jahren unterhielten die großen Filmtheater in New York Orchester mit mehr als fünfzig Mann Besetzung und mit Solisten wie Fred Jagel, Emmanuel List und Jan Peerce, die später Stars an der Metropolitan Opera wurden. Wieder schien ich auf dem Weg nach oben zu sein, und wieder erkannte ich sehr bald, daß auch dieser Weg nirgendwohin führte. Es war dasselbe Problem: Entweder hundertfünfzig Dollar die Woche sparen und ein Nichts bleiben oder es noch einmal mit der Oper versuchen.
Hier mit einem großen Orchester Opernarien zu singen, war ja schon ein großer Schritt vorwärts von meiner albernen Caruso-Imitation mit einer achtköpfigen Band, und hier trat ich wenigstens unter meinem eigenen Namen auf. Ich war nicht immer

in bester Form, aber in fünf Monaten habe ich nicht einmal absagen müssen.
Ich sang bei Maestro Tulio Serafin von der Metropolitan Opera vor, und er riet mir, nach Mailand zu gehen und bei Arturo Vita Oper zu studieren. Ich entschloß mich, den Sprung zu wagen, und mit einem Vermögen von dreitausend Dollar in Schecks der American Express Company in der Tasche reiste ich zu meinen Eltern nach Lodz. Es waren jetzt dreizehn Jahre her, daß ich sie verlassen hatte.
Die Rückkehr wurde eine bittere Enttäuschung. Ich war zwar froh, meine Familie bei passabler Gesundheit zu finden. Aber die politische Lage war entmutigend. Die meisten meiner alten Freunde waren nach Sibirien deportiert, und einige waren kurz nach meinem Verschwinden von der zaristischen Polizei erschossen worden. Die Polen hatten die Russen nie leiden können und zeigten jetzt ihren Haß ganz offen. Angesichts der Tatsache, daß zwischen beiden Ländern Krieg gewesen war, konnte ich es ihnen nicht verdenken; aber es stimmte mich doch traurig.
Ich blieb lange genug, um erfolgreiche Konzerte in Lodz und Warschau zu geben, und meine Eltern freuten sich mächtig. Aber das änderte nichts an der sozialen Situation. Glücklicherweise entschloß sich meine älteste Schwester, die einen Holländer geheiratet hatte, die gesamte Familie mit nach Amsterdam zu nehmen. Ich kürzte meinen Besuch ab, und im Februar 1923 machte ich mich auf und reiste nach Italien, um mit 34 Jahren mein Opernstudium fortzusetzen.

Italien unter Mussolini

Italien mit seinem Sonnenschein und den strahlenden Gesichtern war das reinste Paradies. Mailand war übervölkert von Sängern und Gesangsstudenten aller Nationen, besonders von Amerikanern. Keine Politik und kein Haß (abgesehen zwischen Tenören oder Sopranistinnen) – es war traumhaft, hier zu leben und sich auf die Sängerlaufbahn vorzubereiten. So schien es jedenfalls.

Mein Maestro Vita lebte für sich allein, stammte aus Kalabrien und mochte weder die Mailänder noch die Norditaliener überhaupt. Er war verheiratet mit einer georgischen Prinzessin aus Tiflis, die Sängerin gewesen war. Ich fühlte mich bei ihnen wie zu Hause und half dem Maestro im Umgang mit seinen englischsprachigen Schülern.

Vita leugnete zwar, Faschist zu sein; aber er war mit Haut und Haaren für Mussolini. Das führte zu Reibereien zwischen uns. Er erklärte seine Verehrung für Mussolini ganz bündig: »Die Italiener sind von Natur aus faul und tun aus eigenem Antrieb überhaupt nichts. Mussolini weiß die Peitsche zu gebrauchen.« Und zum Beweis führte er aus: »Wir sagen ja unseren Kindern auch nicht, tu dies oder laß jenes, ohne ihnen jedesmal einen Klaps dazu zu geben. Wenn sie schreien, schlagen wir fester. Mussolini ist der beste Führer, den sich Italien wünschen kann.«

Mit der Zeit begannen die Faschisten, die Intellektuellen auf offener Straße zu verprügeln. Ich fühlte mich nicht mehr wohl. Einmal war ich Zeuge, wie eine Rotte von Faschisten einen vermeintlichen Sozialisten mit Gewalt Rizinusöl eintrichtern wollte. Ich versuchte dem Unglücklichen zu helfen, und sofort gingen die Burschen mit derselben Flasche auf mich los. Nur dadurch, daß ich meine Proteste auf englisch von mir gab, konnte ich mich vor dieser Roßkur retten. Als ich acht Tage später in der Straßenbahn die sozialistische Zeitung *Avanti* las, wurde ich sofort von einer Schlägerbande umringt. Diesmal bewahrte mich nur mein amerikanischer Paß vor einer tüchtigen Tracht Prügel. Man legte mir nahe, mich ausschließlich um meine eigenen Angelegenheiten zu kümmern, das heißt also um mein Gesangsstudium. Aber das fiel mir schwer, weil ich nach meinem Dafürhalten in erster Linie ein soziales Wesen und erst dann Sänger bin.

Nachdem der Sozialist Mateotti ermordet worden war, wollte ich nach New York zurückkehren. Aber ich machte so gute Fortschritte bei meinem Maestro und bei meiner Freundin, einer jungen Dame aus Boston, die auch bei Vita studierte, daß ich mich überreden ließ zu bleiben. »Sie sind nach Italien gekommen, um hier Gesang zu studieren und Opernsänger zu werden«, hieß es. »Kümmern Sie sich nicht um die Faschisten.« Ich kümmerte mich aber, und das taten Millionen anderer Leute ebenfalls. Schließlich wurde ich auf die amerikanische Botschaft bestellt. Mir wurde mitgeteilt, man habe erfahren, daß ich in den USA für umstürzlerische Elemente gearbeitet hätte, und man wolle mir deshalb meinen amerikanischen Paß entziehen. Diese Drohung konnte mich noch nicht einschüchtern.

Italien war nicht mehr das Paradies, wie es mir zuerst vorgekommen war. Ich haßte die Faschisten. Zum Glück lernte ich Aureliano Pertile kennen, Toscaninis Lieblingstenor. Von ihm erfuhr ich, daß Toscanini und die ganze Belegschaft der *Scala* Antifaschisten wären. Er riet mir jedoch, mich nur auf meine Arbeit zu konzentrieren. »Musso dauert nicht ewig.«

Mein Maestro mochte Pertile nicht, weil er ihm zu nasal sang. Daß Pertile so gegensätzliche Rollen wie Radames, Manrico, Alfredo, Almaviva und Nerone (in Boitos neuer, gleichnamiger Oper) singen konnte und daß Toscanini ihn besonders schätzte, machte keinen Eindruck auf ihn. Ich bewunderte Pertile und ging in die Oper, so oft ich ihn nur hören konnte. Ich war dankbar für diese Freundschaft.

Pertile kritisierte niemals andere Sänger. Einmal trafen wir den spanischen Tenor Hipolito Lazaro in einem Café. Pertile sagte: »Erzählen Sie meinem russischen Freund hier, wie Sie ihr herrliches hohes C singen in ›Di quella Pira‹.«

Lazaro war sehr geschmeichelt. »Also ich stelle mir vor, ich sitze auf dem Klo und drücke so richtig und schon springt mir das hohe C einfach aus dem Hals. Wenn ich es lauter haben will, drücke ich stärker. Das ist alles – es geht ganz einfach.«

Pertile warnte mich: »Versuchen Sie das ja nicht. Ich hab's einmal versucht – Gott sei Dank war ich zu Hause. Ich mußte sofort die Hosen wechseln. Und meine Frau hat zu mir gesagt: ›Wenn du das nächste Mal deinen Freund nachahmst, zieh bitte die Hosen vorher aus.‹«

Maestro Vita unterrichtete am liebsten Amerikaner. »Sie sind intelligent, arbeiten hart und zahlen mehr für die Stunden.« Seit seiner Studentenzeit am Konservatorium hatte er Sänger begleitet und kannte sich sehr gut aus in den Opern von Rossini,

Bellini und Donizetti. Aber Beethoven, Wagner, Strauss und die französischen und russischen Komponisten waren ihm völlig unbekannt. Bei meinen täglichen Unterrichtsstunden sangen wir ein Dutzend Übungen und arbeiteten dann an Rossinis *Barbier von Sevilla.* Diese Oper half mir mit ihren Koloraturen mehr als alles andere, meine Stimme geschmeidig zu machen, und nach einer Stunde war meine Stimme leicht und glatt. Ich hätte ohne Ermüdung immer weiter singen können.

Die Differenzen mit Vita kamen erst, als ich versuchte, wie Pertile in der Mittellage bis zum Fis leicht nasal zu singen. Ich war überzeugt, der Stimme dadurch Brillanz zu geben und sie zugleich von jeder Kehligkeit zu befreien. Vita gab zum Schluß zu, daß in meinem speziellen Fall, da die Stimme etwas düster war, ein leichtes Nasalieren ausgleichend wirkte.

Im Laufe meiner eigenen Lehrtätigkeit mit über zweihundert Sängern aller Altersklassen und Stimmlagen bestätigte es sich, daß Nasenresonanz, mit Verstand gebraucht, das beste Mittel zur Stimmstabilisierung darstellt. Ich hatte das bei meinem Lehrer in Boston, Arthur Wilson, gelernt, der mich als erster von kehligen Anklängen befreite. Er war mit Recht der Meinung, daß kehliges Singen wie die meisten anderen Unarten durch das Imitieren berühmter Sänger verursacht wird, deren stimmliche Voraussetzungen einem fehlen.

»Lucia« und der fromme Schuster

Nach einem Jahr Unterricht bei Vita wurde ich für die Partien des Edgardo in *Lucia di Lammermoor* und des Almaviva im *Barbier von Sevilla* in die kleine Stadt Magenta bei Mailand für vierhundert Lire je Vorstellung verpflichtet. Das waren damals sechzehn Dollar. Und ich bekam den Vertrag nur, weil ich »Russe« war. Hätte der Impresario geahnt, daß ich aus den Vereinigten Staaten kam, hätte ich hundert Dollar für mein Debüt und mindestens fünfzig Dollar für jede weitere Vorstellung zahlen müssen.

Der große Tenor Tamagno hatte die Oper in Magenta in der Rolle des Edgardo eingeweiht, und so war es Tradition geworden, die Spielzeit immer mit der *Lucia* zu beginnen. Es waren drei Vorstellungen angesetzt, Freitag, Samstag und Sonntag abend. Als ich am Donnerstagmorgen eintraf, erhielt ich die Mitteilung, daß die einzige Probe am Freitagnachmittag stattfinden sollte. Es war Januar und recht kalt. Die Besitzerin der Trattoria tröstete mich mit dem Hinweis, mir würde bald warm werden, da der »prete« schon in meinem Bett sei. Ich hatte kein großes Verlangen, mit einem Priester ins Bett zu gehen und bat um ein anderes Zimmer. Nach einigem Hin und Her wurde ich aufgeklärt: »prete« ist auch der Name für eine Wärmpfanne, die mit glühenden Kohlen gefüllt wird.

Zur Probe war das achtzehnköpfige Orchester versammelt. Es bestand aus dem Schuster, Schneider, Schlachter und anderen ehrenwerten Bürgern der Stadt. Der Dirigent war halbblind, und die Musiker spielten ohne Noten. Da die *Lucia* ja seit einiger Zeit jährliche Tradition war, kannten alle die Musik auswendig und sangen die Partien mit den Sängern mit.

Wir Sänger standen vorn an der Rampe und sangen, während der Bürgermeister und andere Honoratioren hinten im Zuschauerraum miteinander schwatzten und uns keinerlei Beachtung schenkten. Als wir zu dem Duett zwischen Sopran und Tenor am Ende des Ersten Aktes kamen, drehten sie sich plötzlich um und waren ganz Ohr. Es war ein spannender Augenblick. Die Sopranistin, die bisher nur mit halber Stimme gesungen hatte, brüllte schlagartig forte fortissimo. Ich tat es ihr nach und hielt mein hohes B ebenfalls forte fortissimo, bis meine Partnerin wütend mit dem Fuß aufstampfte und mir »Cane!« (= Hund) zurief. Ich hielt das B weiter, und der Bürgermeister und sein Anhang begannen zu applaudieren: »Bravo Tenore! Bravo Tenore!« Alle waren begeistert, bis auf meine Sopranistin. Ich merkte, man hatte nur hören wollen, ob ich ein gutes hohes B singen konnte. Als sie feststellten, daß meine hohen Töne in Ordnung waren, gingen sie befriedigt nach Hause. Die Probe war zu Ende.

Beim Verlassen des Theaters packte mich ein kleiner buckliger Junge am Arm. Es war dunkel, und ich bekam es mit der Angst zu tun. Sein Vater warte auf mich, flüsterte er mir zu, und als ich fragte, wer denn sein Vater sei und was er von mir wollte, ließ er meinen Arm nicht los und wiederholte immerfort nur: »Pappa Communista. Lei Russo.« Ich mußte also mit ihm gehen.
Wir gingen durch düstere Gassen, Höfe und schmutzige Passagen und standen schließlich in einer ärmlichen Behausung. Der Vater saß an einer Bank und flickte Schuhe, und die Mutter lag auf den Knien vor Bildern der Heiligen Jungfrau, des Menschensohnes und des Ersten Parteisekretärs Lenin. Sie bekreuzigte sich und mich und zu dritt versuchte die Familie mich dazu zu bereden, die Stadt auf der Stelle zu verlassen.
An den beiden letzten Wochenenden, als ebenfalls *Lucia* gegeben wurde, hatte man die Tenöre von der Bühne gepfiffen, weil sie am Ende des Ersten Aktes das hohe B nicht geschafft hatten. Als der spanische Tenor sich weigerte und ins Publikum zurückschrie, wurde er mit Prügeln aus der Stadt gejagt. »Wir möchten nicht, daß so etwas einem Russen passiert, der von Lenin kommt, und als Kommunisten ist es unsere heilige Pflicht, Sie vor Schande zu bewahren.« Die Mutter sank gleich wieder auf die Knie und bekreuzigte sich.
Der kleine Krüppel führte mich durch die dunklen Hintergassen zurück; das Bild der armseligen Bleibe mit den Öldrucken der seltsamen Dreieinigkeit ging mir im Kopf herum. Die Frau hatte sich mit einem Handkuß von mir verabschiedet. Aber ich mußte daran denken, daß ich in meinem Leben nur allzu oft schon davongelaufen war. Wenn ich es heute nicht schaffte, schaffte ich es nie. Das war hier nicht das Debüt in einem Operntheater, sondern der Anfang eines neuen Lebens. Nie zuvor hatte ich in mir eine solche Entschlossenheit und Courage gespürt wie jetzt dank dieser braven Schusterfamilie.
Eine Stunde vor der Vorstellung fand ich in meiner Trattoria meine Sopranistin vor, die mich vorhin noch so ausdrucksvoll mit »Hund« tituliert hatte. Sie wollte jetzt die Dinge proben, die wir im Theater nicht geprobt hatten, und schlug vor, das

doch am besten in ihrem Zimmer zu tun, wo eine hübsche Flasche »vino« auf uns warte. Aber ihr verführerisches Lächeln und ihr Augenzwinkern machten mich etwas argwöhnisch und ich antwortete, ich wollte nur schnell noch etwas essen und käme dann zu ihr. Statt dessen ging ich ins Theater und begann mich zu schminken und zu kostümieren. Es war keine Sterbensseele im ganzen Hause – eine geradezu gespenstische Atmosphäre.
Eine Viertelstunde vor Beginn erschienen die Sänger. Die Vorstellung sollte um neun Uhr anfangen und begann erst nach zehn Uhr. Meine Sopranistin, die mich eine Stunde zuvor noch in ihr Schlafzimmer gebeten hatte, tobte jetzt vor Wut. Als ich vorschlug, wir könnten jetzt noch schnell auf der Bühne etwas proben, wandte sie sich glücklicherweise um, ehe sie aus Leibeskräften ausspuckte.
Ich war bester Stimmung und herrlich bei Stimme. Mein Spiel war ganz neu für Magenta. Anfänger sind meistens froh, wenn sie beim Singen ganz still stehen können. Ich bewegte mich. Und als ich bei meinem ersten Auftritt auf Lucia zueilte, um sie zu begrüßen, drehte sie sich so brüsk um, daß ich glaubte, ich wäre in der falschen Szene. Während der ganzen Aufführung wich sie jedesmal aus, wenn ich mich ihr näherte. Die »Verfluchung« im Dritten Akt wurde mit »Bravo« applaudiert. Mit einem Wort – ich hatte es geschafft. Mein Debüt in Italien war ein Erfolg – nicht zuletzt dank meiner Schusterfamilie.
Als die Sopranistin hinterher gefragt wurde, warum sie mich im Liebesduett nicht einmal angeschaut, geschweige denn umarmt oder mir die Hand gereicht hätte, zischte sie: »Er ist Russe und wäscht sich nicht.« Die Wirtin der Trattoria erzählte mir später, daß sie die Freundin des Bürgermeisters war. Und wenn eine Vorstellung danebenging, weil der Tenor bei den hohen Tönen versagte, bekam sie ihr Honorar, und die Aufführung mußte am nächsten Wochenende wiederholt werden.
Ehe ich Magenta verließ, besuchte ich noch meinen Schuster. Die Guten hatten sich nicht ins Theater getraut aus Angst vor meiner Blamage. Der bucklige Sohn aber hatte in der Kälte vor dem Bühneneingang gewartet, und, als er den Applaus und die Bravo-Rufe nach dem gefürchteten Duett vernahm, den Eltern

schleunigst gemeldet, daß ich gerettet wäre. Wir tranken ein Glas auf Lenin, und die Mutter kniete sich vor die Jungfrau Maria. Wir dankten gemeinsam Jesus, und dann verabschiedete ich mich.

In Mailand fragte mich der spanische Tenor Gonzales, wie es gegangen wäre. Als ich ihm von meinem Erfolg berichtete, gestand er mir, daß er an einem solchen Freitag einmal mit seinen höchsten Tönen eine sehr kurzweilige Probe im Schlafzimmer der Sopranistin habe bezahlen müssen. Mir war mein hohes B lieber. Ich hatte lange genug daran arbeiten müssen.

Ich mußte daran denken, was der berühmte Operndirigent Franz Schalk einmal zu Richard Strauss gesagt haben soll: »Jedes Theater ist ein Irrenhaus. Aber die Oper ist für die Unheilbaren.«

Nach diesem Debüt sah Mailand auf einmal wieder heiter und fröhlich aus. Ich ging auf die Galerie, um Vermittler und Impresarios zu treffen. Eines Morgens sah ich im Café *Biffi* Dr. Alfred Herz mit seiner Frau, die gerade aus San Francisco angekommen waren. Als ich ihm von meinem Debüt in Magenta erzählte, berichtete er mir strahlend von seinem großen Glück mit Maestro Toscanini.

Zwischen 1910 und 1920 waren Arturo Toscanini und Alfred Herz die Chefdirigenten an der Metropolitan Opera in New York. Dr. Herz dirigierte das deutsche Repertoire – den *Ring*, *Tannhäuser*, *Lohengrin* und so weiter – und Toscanini dirigierte die italienischen Opern, aber auch die *Meistersinger* und *Tristan*. Übrigens alles auswendig. Die beiden waren miteinander befreundet und schätzten sich sehr. Später ging A. Herz als Dirigent zum San Francisco Symphony Orchestra.

Als Herz im Frühjahr 1924 erfuhr, daß Toscanini mit dem Orchester der *Scala* eine Konzerttournee vorbereitete, um Gelder für den Neubau des *Teatro della Scala* in Mailand einzuspielen, und daß auf dem Programm auch die Beethoven-Symphonien standen, schrieb er dem Maestro und bat ihn um die Erlaubnis, mit seiner Frau einer Probe beiwohnen zu dürfen. Voll Stolz zeigte er mir Toscaninis Telegramm: »Bitte kommen. Es wird mir eine Ehre sein, wenn Sie und Ihre Frau bei meiner Probe

sind.« Ich sagte, ich würde alles dafür geben, wenn ich eine Probe unter Toscanini erleben könnte. Am nächsten Tag erzählte Dr. Herz dem Maestro, daß ein junger Tenor so sehr gern einer Probe beiwohnen würde, worauf Toscanini antwortete: »Sind Sie sicher, daß er Tenor ist?«
»Aber ja, ich habe ihn doch singen hören.«
»Ist er wirklich Tenor?«
»Ganz bestimmt!«
»Dann bringen Sie ihn morgen mit. Das muß ich sehen, um es zu glauben.«
Toscanini hatte da offensichtlich seine eigene Meinung von den sprichwörtlichen Tenören. Ich wurde also dem Maestro vorgestellt. Da er sehr kurzsichtig war, kam er ganz dicht an mich heran und schaute mir direkt in die Augen. Dann begrüßte er mich und sagte mit einem Lächeln: »Sie sind Tenor?«
»Ja, Maestro, ich bin Tenor.«
»Operntenor?«
»Ja, Maestro, ich habe erst neulich den Edgardo in *Lucia di Lammermoor* gesungen.«
»Und Sie wollen allen Ernstes meine Probe mit Beethovens Fünfter hören?«
»Ich würde mich herzlich freuen, wenn Sie mir das erlauben würden.«
Da nahm er mich bei der Hand, führte mich auf die Bühne und sagte zu den Orchestermusikern: »E un tenore e vuol sentire la nostra prova – immagini!« (Er ist Tenor und will trotzdem unsere Probe hören – stellen Sie sich das vor!) Die Musiker standen auf, um mich besser sehen zu können und schüttelten den Kopf, als ob sie so etwas nicht glauben könnten. Ich wurde zur Probe zugelassen und eingeladen, wiederzukommen.
Max Smith, Toscaninis Sekretär, erzählte mir später, der Maestro habe eine gute Meinung von mir, und zwar aus zwei Gründen: Weil ich mich als Tenor für symphonische Musik interessiere und weil ich ihn nicht gebeten hatte, ihm vorsingen zu dürfen. Übrigens habe der Maestro noch immer seine Zweifel, ob ich wirklich Tenor sei.
Damals war ich kaum fertig für große Opernhäuser. Ich sang

anderen Maestri und Agenten vor und merkte, daß es für einen Ausländer nicht leicht war, in Italien zu singen, wenn man nicht eine große Stimme hatte oder kleinen Impresarios große Summen zahlten konnte. Und auch dann noch bekam man nur Engagements wie das in Magenta.

Marie aus Schottland

Bald darauf lernte ich eine junge Schottin von ungefähr vierundzwanzig Jahren kennen, Marie Williams aus Helensborough bei Glasgow. Sie bereitete sich für ihr Debüt in Montecatini vor, wo sie die großen Sopran-Partien in *La Bohème* und *Manon* singen sollte. Als Sir Thomas Beecham sie gehört hatte, hatte er ihr geraten, sich in Italien für eine Sängerlaufbahn ausbilden zu lassen. Mit Empfehlungsschreiben von seiner Hand war sie nach Mailand gekommen.

Wegen ihrer ausgezeichneten hohen Lage schenkte ihr Lehrer ihrer Mittellage weiter keine Beachtung. Aber Marie war Engländerin und machte sich ihre Gedanken. Wie üblich in Italien, sagte der Lehrer: »Mit ihrer hohen Lage haben Sie ganz sicher Erfolg.«

Das stimmte zwar, aber nur für Italien, und Marie wollte auch in England singen, wo die Leute eine mindestens ebenso gute wenn nicht bessere Mittellage verlangen.

Ich wurde um meine Meinung gefragt. »Ja«, sagte ich, »beide haben sie recht, sie und ihr Lehrer.«

»Können Sie ihr helfen?«

»Ich glaube schon.«

Sie nahm Stunden bei mir und ihre Mittellage besserte sich zusehends.

Nach einer Weile meinte ihr Lehrer: »Sehen Sie, wie ich Ihnen gesagt habe: Ihre Mittellage hat sich von allein korrigiert.«

Sie absolvierte ihr Engagement in Montecatini mit Erfolg. Der Dirigent der *Manhattan Travelling Opera Company*, Aldo Franchetti, engagierte uns beide für eine Tournee in den USA.

Marie und ich wurden Freunde. Erst viele Jahre später erfuhr ich, daß ihrem Vater die berühmten Eisenwerke in Wishow bei Glasgow gehörten und daß sie die Großnichte des Duke of Norfolk war. Marie sprach nie darüber. Ich ging zurück in die Staaten und Marie reiste nach Schottland, um sich die Erlaubnis zu holen, mit der Operntruppe reisen zu dürfen. Zwei Monate später kam sie nach New York und trat unserer Truppe bei. Es war sehr schwer, Marie jeden Tag zu sehen und sich nicht in sie zu verlieben. Ich verliebte mich, und zum Schluß heirateten wir.

Marie hatte großen Erfolg, und ich sang jetzt den Pinkerton in *Madame Butterfly*, den Herzog in *Rigoletto* und den jungen japanischen Priester in der Oper *Namico*, die Franchetti geschrieben hatte. Er war mit Tamaki Jura verheiratet, einer japanischen Sopranistin, dem Star unseres Unternehmens.

Orville Harold, vormals Erster Tenor an der Metropolitan Opera, ein erstklassiger Sänger und Schauspieler, gab mir viele Gelegenheiten, für ihn einzuspringen. Einmal wurde mir um acht Uhr morgens mitgeteilt, daß Mr. Harold indisponiert sei und ich den Canio in der Nachmittags-Matinee desselben Tages singen müßte. Ich hatte die Arie »Hüll dich in Tand« hundert- und aberhundertmal gesungen in meiner Varieté-Zeit – aber mehr konnte ich aus der Oper nicht, da alles andere nicht zu meiner Stimmlage paßte.

Die vier Stunden Bahnfahrt von Denver, Colorado, nach Cheyenne war alles, was mir zur Verfügung stand, um meine Rolle zu lernen, und ich schaffte nur den Ersten Akt. Den Zweiten Akt lernte ich beim Schminken und Kostümieren. Marie, die die Nedda sang, versprach, mir zu soufflieren, und so ergriff ich die Chance. In der Arie ahmte ich Caruso nach, und das brachte mir Beifall. Im großen Monolog des Zweiten Aktes »Nein, ich bin kein Clown«, wo ich auf den Stufen der Treppe stehe mit Nedda vor mir und sie verdonnere, weil sie untreu war, drehte sich Marie zu mir und flüsterte mir den Text zu. Ich war gerettet. Die Zuschauer aber meinten, sie ließe sich von meinem Schimpfen nicht einschüchtern und waren begeistert. So erhielt sie den Beifall und nicht ich. Aber sie war ja meine Frau, und so hatte ich nichts dagegen. Doch dachte ich an Carusos Warnung und sang die Partie nie wieder.

Als ich nach New York zurückgekehrt war, stellte sich heraus, daß Eugene Carver, mit dem ich von Boston her befreundet war, mit Otto Kahn, dem berühmten Mäzen der Metropolitan Opera, gesprochen hatte, und so wurde ich zu einem Vorsingen gebeten. Kaum hatte ich zu Ende gesungen, als mir ein Vertrag als »Comprimario« angeboten wurde, das heißt als Sänger für die verschiedensten kleinen Partien, bei einer Gage von einhundertfünfzig Dollar die Woche. Es bedeutete aber auch, daß ich stets bereit sein mußte, bei irgendwelchen Ausfällen jederzeit auf Abruf jede Vertretung zu singen. Mein Freund Frederick Jaegel, ein erfolgreicher Tenor an der Met, riet mir dringend von einem solchen Vertrag ab. »Da hängst du nur herum und kriegst höchst selten eine Chance.« Also lehnte ich ab. Das war ein Fehler. Es wäre nämlich für mich von großem Vorteil gewesen, wenn ich auf meine Konzertprogramme hätte setzen können: »Tenor of the Metropolitan Opera«. Fred hatte es gut gemeint – und ich wußte es damals nicht besser.

Eigene Operntruppe?

Es war merkwürdig: Ich war als radikal verschrien, ein Anhänger der Sowjetunion und Sänger in Arbeitervereinen. Und trotzdem hatte ich reiche Freunde, die sich meiner annehmen wollten.
Damals lernte ich den kanadischen Millionär Richard Benedict van Horn kennen, den Sohn von Sir William van Horn, der die Canadian Pacific Railway gebaut hatte. Benny, wie er genannt wurde, war ein großer Musikliebhaber und »adoptierte« mich als seine »Protestant Nightingale«. Als ein Gast einmal fragte, warum seine »Nachtigall« nicht auch für die Anwesenden singen könne, antwortete er: »Sergej ist mein Gast. Deshalb kann ich ihn nicht auffordern.«

Und als ich selbst gefragt wurde, erwiderte ich: »Wie kann ich singen, wenn kein Klavier da ist?«
Sofort fragte Benny: »Welches würdest du denn am liebsten haben?«
Und ich meinte aus Spaß: »Einen Steinway-Konzertflügel.«
Auf der Stelle rief Benny seinen Sekretär und ließ für den Nachmittag einen Konzertflügel bestellen. Die Flasche Scotch war noch nicht leer und der Lunch noch nicht verdaut, da stand schon der Flügel vor uns. Ich konnte es kaum glauben.
Benny hörte, daß ich das Angebot der Met abgelehnt hatte und erkundigte sich, wieviel Geld ich wohl brauchte, um eine eigene Operntruppe auf die Beine zu bringen. Ob eine Million Dollar ausreichten? Ich mußte ihm sagen, daß ich die genaue Höhe der benötigten Mittel nicht wüßte, weil es dazu eines Mannes bedürfte, der mehr Verstand und Geschäftssinn besäße als ich. Darauf schlug er vor, doch seinen Sekretär zum geschäftsführenden Direktor zu machen. Das wollte ich auch nicht. Ich wußte genug von den Schwierigkeiten eines Opernunternehmens in den USA und lieber wollte ich ein armer Sänger bleiben als ein bankrotter Impresario werden. Zu beiden Möglichkeiten hatte ich die besten Voraussetzungen.
Bennys Vater Sir William gab Millionen aus für alte Gemälde, und Benny wollte es ihm auf dem Gebiet der Musik gleichtun. Warum wollte ich ihm da nicht behilflich sein? War ich denn wirklich der Meinung, auf dem Weg zu einer Opernkarriere zu sein und auf eigenen Füßen stehen zu können? Oder lag es vielleicht daran, daß ich damals gerade ein Angebot von einer russischen Operntruppe in Montreal erhielt, die der Bariton Iwan Pantilejew und der Leningrader Dirigent Alexander Fewejskij leiteten? Ich sollte die großen Tenorpartien in *Boris Godunow* und im *Dämon* von Anton Rubinstein singen.
In diesem Monat durfte ich in der sagenhaften Villa von Sir William van Horn in der Van Horn Avenue in Montreal wohnen. Mit meinen Opernauftritten war es allerdings nicht so glanzvoll. Die polnische Prinzessin im *Boris* wurde von der Frau eines Choristen gesungen. Unsere beiden Partien haben im Dritten Akt die einzige Liebesszene der ganzen Oper, und ich mußte

dabei einiges über mich ergehen lassen. Der Ehemann meiner Prinzessin hatte insgeheim den Plan gefaßt, nach Rußland zurückzukehren. Sie dagegen hoffte in den Staaten auf der Opernbühne Karriere zu machen und glaubte sich jetzt durch mich auf dem Weg zu ihrem Ziel. Ich erklärte ihr, daß ich bereits verlobt war, aber das hielt sie nicht im geringsten ab. Sie verlangte von mir, ich müßte ihr unter allen Umständen helfen, in die USA zu kommen. Dort würde sie schon selbst für sich sorgen. Bei ihrem Aussehen und ihrem einer Carmen würdigen Busen würde das wohl auch nicht schwer werden. Ich wurde aber immer weiter in die Affäre verwickelt und fragte mich allmählich allen Ernstes, wohin das führen sollte, ohne in einem Carmen-Finale zu enden.

Gleich in der ersten Vorstellung, als ich Dimitrij, den falschen Zaren sang, wir uns leidenschaftlich in den Armen liegen und ich bei den Worten »Moja Zarowniza« mein hohes B schmettern muß, brach meine obere Zahnprothese. Anstatt jubilierend mein B zu singen, mußte ich mir den Mund zuhalten, damit die falschen Zähne nicht in hohem Bogen auf die Bühne sausten. Der Dirigent verharrte wie erstarrt mit hoch erhobenem Taktstock in der Luft – er war stolz darauf, daß ich das B auf die Silbe »–ni–« singen konnte und wartete. Die Orchestermusiker standen auf, um zu schauen, was da oben los war. Meine Prinzessin betrachtete mich mit allen Anzeichen des Abscheus, und ich wankte mit einer Handvoll Zahnersatztrümmern im mühsam zugehaltenen Mund von der Bühne, gebrochen – zum Ärger des Publikums, zur Enttäuschung meiner Prinzessin und zu meinem eigenen Ruin. Immerhin entging ich so dem Dolch des eifersüchtigen Ehemannes.

In meinen ersten New Yorker Jahren, als ich in der Hosenfabrik arbeitete und keine hundert Dollar für Zahnärzte ausgeben konnte, war ich einer Dentistin in East Side in die Hände gefallen, die gerade erst ihre Abschlußprüfung bestanden hatte und nach Praxis lechzte. Sie hatte meine Reparaturen für vierzig Dollar übernommen, dreimal die Woche ging ich zu ihr. Sie bohrte und plombierte, und bohrte noch etwas tiefer und plombierte weiter und schwitzte. Und dann kam sie zu der Meinung, daß der Zahn doch nicht mehr so gut war und zog das arme Ding heraus. Als sie mit mir fertig war, hatte sie gelernt, wie man plombiert und extrahiert und ich hatte nicht mehr viel Zähne übrig. Dafür fertigte sie mir mehr schlecht als recht zwei wacklige Brücken. Aber ich hatte ja auch nur vierzig Dollar bezahlt.

Nach meinem Desaster bei der russischen Operntruppe wurde mir ein Zahnarzt in Montreal empfohlen. Die Spuren des New Yorker Kunsthandwerks in meinem Munde erzürnten ihn derartig, daß er mir nur die reinen Materialkosten berechnen wollte. Aber er mußte mir die letzten paar Zähne, die geblieben waren, auch noch reißen und zwei völlig neue Prothesen anfertigen.

Ich konnte nicht mehr singen. Ich konnte nicht einmal mehr sprechen. Was hatte ich denn verbrochen, um so grausam bestraft zu werden? Der Zahnarzt in Montreal – Gott segne ihn – machte keine Versprechungen, gab aber die Hoffnung nicht auf. Er arbeitete wochenlang und maß und berechnete. Ich vertraute ihm völlig – es blieb mir ja auch gar nichts anderes übrig. Aber auch er hatte seine Zweifel, ob ich je wieder würde singen können. Ich singe in der italienischen Manier, das heißt der Mund ist manchmal zehn oder sogar zwanzig Sekunden lang weit geöffnet. Fallen da die Prothesen nicht heraus? Wer kann das wissen?

Vier Wochen waren vergangen. Ich konnte wieder sprechen, wenn auch nur ganz leise. Ich versuchte zu singen, ganz vorsichtig, fast mit gänzlich geschlossenem Mund. Ich konnte nicht einmal mehr Unterricht geben. Stunden, Tage, Wochen gingen ins Land, und dann kam eines Tages meine Stimme wieder. Ich betrachtete meine neuen strahlenden Zähne und lauschte verzagt auf meine Stimme und versuchte zu singen. Ich brauchte ja unbedingt die hohen Töne. Es klappte! Ich dankte dem Zahnarzt und seinem Geschick. Vielleicht sind Arbeit und Mühe doch nicht ganz vergeblich gewesen!

Ich ging zurück nach New York mit meinen neuen Zähnen und einer neuen Stimme und war zu einem neuen Anfang bereit. Ich

sang bei einer Operntruppe vor, die der große Schaljapin leitete. Sie wollten mit dem *Barbier von Sevilla* durch die Staaten reisen.
Ich sei gut, hieß es, aber ich sänge mit zuviel Stimme. Diese Rolle müsse pianissimo gesungen werden. Der Dirigent vertraute mir später an, daß Schaljapin zwar immer noch der große Boris sei, daß aber seine Stimme nicht mehr das wäre, was sie gewesen war; deshalb mußte in seinen Aufführungen alles piano oder mezza voce singen. Niemals forte. Das paßte mir nur zu gut ins Konzept, und ich wollte alles tun, wie es der Boß verlangte. Nach ein paar Proben erhielt ich die Mitteilung, daß ich pro Woche einhundertfünfzig Dollar Gage erhalten sollte. Jedermann wußte, daß Schaljapin pro Vorstellung dreitausend Dollar kassierte. Als ich vorzubringen wagte, daß einhundertfünfzig Dollar vielleicht doch etwas zu wenig wären, legte Schaljapin vor der versammelten Truppe los, daß wir eigentlich bezahlen müßten für die Gnade, mit ihm auf derselben Bühne stehen zu dürfen. Und daß es genügend andere gäbe, die mit ihm für jede Gage singen würden und sogar auch ohne jeden Pfennig Entgelt. Im ganzen gesehen zeigte er in seinem Gesang und Spiel wenig Achtung vor Rossini und vor seinen Mitsängern, und ich und einige andere verließen das Ensemble. Das alles überraschte mich übrigens nicht. Es war bekannt, daß Schaljapin äußerst selbstherrlich war und alle schlecht behandelte, die nicht bereit waren, ihm die Füße zu küssen. Vielleicht wäre es das wert gewesen; aber wir waren da nicht alle einer Meinung.

Der erste Neger-Konzertchor

Ich wohnte jetzt in einer Dreizehn-Zimmer-Villa aus braunem Sandstein in der East 80. Straße 125 ganz in der Nähe der Park Avenue, dem aristokratischen Viertel New Yorks. Ich bezahlte nur eine nominelle Miete, weil die Eigentümer zur Zeit in Paris lebten und mich gebeten hatten, auf ihre wertvollen Gemälde aufzupassen. Hier hatte ich die Möglichkeit, dem schwarzen Komponisten Hall Johnson beim Aufbau des ersten Neger-Konzertchors behilflich zu sein. Die dreißig jungen Schwarzen besaßen herrliche Stimmen, waren sehr musikalisch und so voll Begeisterung bei der Sache, daß sie am liebsten Tag und Nacht geprobt hätten. Es fehlte nur eine Kleinigkeit: das Geld, um die Miete für einen Probensaal zu zahlen; denn alle waren sie arm und hungrig, und wir mußten sie während der Proben wenigstens mit ein paar belegten Broten füttern. Die Leute wären bereit gewesen, ein Jazz-Ensemble zu unterstützen, aber keinen Negerchor mit Konzertambitionen.

Helen Brown, die damals zwei kleine Zimmer in Harlem in der 138. Straße bewohnte – sie lebt noch heute dort –, stellte sich als Sekretärin zur Verfügung und servierte Tee und Kaffee. Aber nach vier bis fünf Stunden Probe wollen Sänger etwas zu essen haben, besonders, wenn die Probe weitergeht. Also mußte ich einspringen.

Dann lud ich Hall und seinen Chor in mein Arbeitszimmer. Ich ahnte ja nicht, in was ich mich da einließ. Das war das erste Mal für sie alle, einschließlich Hall, daß sie ein Haus in diesem Stadtteil von innen sahen. Oder besser gesagt: daß sie durch die Vordertür kommen durften und es nicht als Dienstpersonal nur durch die Hintertür betreten durften. Ich wußte damals nicht, daß ich damit das erste Haus führte, in dem Weiße und Farbige als Gäste sich versammelten. So etwas gab es bis dahin höchstens in Keller-Studios in Greenwich Village. Mr. Johnson und die Seinen glaubten fest daran, daß sich in diesen glücklichen Umständen schon der von Gott gewollte Erfolg ankündigte. Dafür gab es noch einen anderen vortrefflichen Grund.

Das Ganze spielte sich während der Jahre der Prohibition ab. Nach der ersten Probe strömte plötzlich Wasser in den Keller, und die Feuerwehr vermutete einen Wasserrohrbruch. Sie suchte nach der Bruchstelle, und wir mußten einen kleinen verschlossenen Raum aufbrechen. Zu unserem Erstaunen entdeckten wir in dem Gemach den Weinkeller des Hauses und erblickten vor uns ein Faß mit fünfzig Litern Whisky und noch über hundert Flaschen Madeira, die dort seit 1890 unberührt lagerten, als die wohlhabenden Eltern des jetzigen Besitzers dort vorsorglich diesen Mundvorrat angelegt hatten. Auf meine Benachrichtigung kam aus Paris die lakonische Antwort: »Das gehört alles Ihnen.« Mit großer Wahrscheinlichkeit waren wir die einzigen privaten Besitzer eines so reichhaltigen Lagers von Qualitätswhisky und Spitzenweinen im ganzen trockenen New York. Die Entdeckung des Weinkellers war eine weitere Wohltat für unsere Proben, und die Sänger waren mehr denn je überzeugt davon, daß Gott es gut meinte mit »his chillen«.

Der Multimillionär Winston Astor hatte sein berühmtes Haus an der 79. Straße, und die Fenster seiner Hausrückseite gingen auf unsere Vorderfront. Jeden Sonntagnachmittag standen die Familie Astor und ihre Gäste an diesen Fenstern und beobachteten, wie fünfundzwanzig bis dreißig Negerpaare in ihrem besten Staat elegant die Freitreppe zu Haus Nr. 125 hochstolzierten, stehen blieben und sich umblickten, um zu genießen, wie Weiße ihnen zuschauten, wenn sie stolzgeschwellt das Haus des »berühmten Sängers Sergej Radamsky« betraten. Andere Besucher folgten, darunter Walter Damrosch, der Dirigent des New York Symphony Orchestra, Schriftsteller wie Conrad Berkevici, Theodore Dreiser und Carl van Wechten und noch andere Musiker, die den Chor proben hören wollten. Nach zwei Stunden Gesang wurden Spaghetti und Madeira serviert.

Eines Sonntags rief mich der damalige Bürgermeister Fiorello La Guardia an und sagte mit seiner hohen Stimme: »Sergej, was tun Sie mir da an? Ich kriege schon den ganzen Nachmittag Telephonanrufe, daß Hunderte von Negern und Weißen in Ihrem Hause brüllen und toben – was ist denn bei Ihnen los?« Als ich ihm erklärte, daß hier ein Negerchor für seine Konzerte probte, sagte er: »Sie wissen, Sergej, ich habe nichts dagegen. Aber Sie können das nicht in der East 80. Straße machen – die Astors leben gerade gegenüber. Warum mieten Sie sich keinen Saal in Harlem?«

»Wir haben das Geld nicht, und es macht auch viel mehr Spaß, den Chor hier in meinem Arbeitszimmer zu haben.«

Er sagte nur noch: »Ich kann Sie natürlich nicht hindern. Aber es ist schlecht für uns alle. Denken Sie daran.«

Am nächsten Sonntag telephonierte der Polizeikommissar Louis

Valentine in derselben Angelegenheit. Ich erklärte auch ihm, was los war, und er meinte: »Das klingt alles sehr eigenartig. Als Polizeioffizier muß ich etwas unternehmen. Sie werden nichts dagegen haben, wenn ich einen Beamten zur Berichterstattung schicke.«

Eine halbe Stunde später kam ein Polizei-Leutnant an. Er war verdutzt, als ich ihn unter anderen Carlo Tresco vorstellte, einem Gewerkschaftler und Führer der amerikanischen Antifaschisten. (Tresco wurde einige Monate später von gedungenen Mussolini-Faschisten vor seiner Haustür ermordet.) Am größten war seine Überraschung, als er die Witwe des ersten amerikanischen Gouverneurs auf den Philippinen sah. Später mußte ich entdecken, sehr zu meinem Mißvergnügen, daß auch der F.B.I. unter meinen Gästen vertreten gewesen war.

Diese Proben wurden Stadtgespräch. Da so viele Farbige und Weiße so animiert und in so ungezwungen gemischter Gesellschaft aus meinem Hause kamen, suchten die vornehmen Nachbarn Schutz beim Polizeirevier, und jeden Sonntagnachmittag und Donnerstagabend wurde ein Dutzend Polizisten in die 80. Straße abkommandiert.

Gäste und Chorsänger blieben bis nach Mitternacht. Die Stufen vorm Haus vibrierten von Schwatzen, Gelächter und »Gute-Nacht«-Rufen. Die gesittete, aristokratische 80. Straße war in »wüstem Aufruhr«, und mein Name war ein Schreckensruf geworden.

Aber der Hall-Johnson-Chor wurde ein großer Erfolg und hatte in New York und anderen großen Städten stets ausverkaufte Häuser. Ich hatte kein Geld, keine einträglichen Konzerte vor mir und gab den Chorsängern überdies noch gratis Unterricht. Ich konnte mir kaum zu essen kaufen. Mit dem Film *Green Pastures* wurde Hall Johnson berühmt; und ich war als »nigger lover« und Kommunist abgestemptelt.

Ab und zu hatte ich ein Konzert in einem Arbeiterverein. Aber dort durfte ich mit Bel canto und Opernarien immer nur sparsam umgehen, weil die Vereine russische Lieder bevorzugten – besonders die Lieder sowjetrussischer Komponisten, deren einziger Interpret ich war.

Großer Erfolg und kleiner Skandal in Moskau

Ein paar Freunde waren der Ansicht, daß ich in Moskau Erfolg haben müßte mit meinen Opernarien, mit Tschaikowskij, Borodin, Rachmaninow, mit Negro Spirituals und russischen Volksliedern. Der amerikanische Schriftsteller Theodore Dreiser, Verfasser der sozialkritischen *Amerikanischen Tragödie*, war vom sowjetischen Erziehungsminister Anatol Lunacharskij zu einem zehntägigen Besuch in die Sowjetunion eingeladen worden. Ehe er abreiste, fragte er mich, ob er für mich eine Konzerttournee in Vorschlag bringen solle. Kaum angekommen, telegraphierte er mir, man habe dort schon von meinen Konzerten gehört und würde mich gern für eine Tournee einladen. Mir wurden acht Konzerte für den ersten Monat versprochen zu zweihundert Dollar pro Abend. Meine wohlhabenden Freunde in New York versuchten mich von diesem Angebot abzubringen. Sie glaubten nie und nimmer, daß ich in US-Dollars bezahlt werden würde. Aber sie konnten mir nichts Besseres bieten und gaben meiner Neger-Vorliebe die Schuld an meinem augenblicklichen Dilemma. In Paris sagte man mir, das Essen in Moskau sei unmöglich, die Klaviere uralt und verstimmt und die Hotels schmutzig. In der Russischen Botschaft in Paris wurde ich belehrt, daß man meine Programme mit Liedern von Rachmaninow nicht billigen würde, da Rachmaninow als Feind der Sowjetunion gelte. Mein Vorhaben sah also von keiner Seite ermutigend aus. Ich hielt aber doch meine Abmachung ein und ging frohgemut nach Moskau. Bis dahin war noch kein Musiker aus den USA nach Sowjetrußland eingeladen worden – ich war der allererste. Ich wußte jedoch, daß Dirigenten und Pianisten aus Deutschland besonders in Leningrad große Erfolge gehabt hatten.

Ich traf in Moskau ein und wurde auf russische Art mit Tee, Wodka, Süßigkeiten und viel begeisterten Umarmungen begrüßt. In einem Wort, man hieß mich richtig willkommen. Kein Agent verlangte Tausende von Dollars für Reklamezwecke und weitere Tausende, um die Konzerte zu finanzieren. Ich sollte nur singen. Sie meinten, zweihundert Dollar pro Abend sei ein Angebot.

Weil ich immer Erfolg mit Rachmaninow-Liedern gehabt hatte, weigerte ich mich, mein Programm zu ändern. Wir suchten den Direktor des Moskauer Konservatoriums auf, Michail Michailowitsch Ippolitow-Iwanow, der darüber entscheiden sollte. Dort fand ich ein Komitee des Erziehungsministeriums vor, das mich anhören sollte. Das gefiel mir nicht. Ich mußte also vorsingen. Aber die freundliche russische Atmosphäre entwaffnete mich, und ich erhielt einen ausgezeichneten Begleiter, Abram Dawidowitsch Makarow.

Ich begann mit dem »Improvviso« aus *Andrea Chenier*. Schon wurde ich umarmt und von allen Anwesenden geküßt. Ich war wieder zu Hause. Dann ging ich stracks zu meinen russischen Liedern über und begann mit meinem Lieblingsstück *Das Sternchen* von Mussorgskij und zwei Liedern von Rachmaninow, den *Liedern aus Grusien* und *Angst*. Ganz gerührt sagte Ippolitow-Iwanow: »Nennt ihn nicht einen amerikanischen Tenor – das ist unser russisches Fleisch und Blut.« Wieder Umarmungen und Küsse. Wodka und Tee mit Zitrone wurden gereicht, und ich durfte alle Rachmaninow-Lieder in meinem Repertoire behalten. Und nach mir nahmen alle Sänger in Rußland wieder Rachmaninow-Lieder in ihr Programm auf. Das erste Konzert fand in einem Saal des Moskauer Konservatoriums statt. Nach den ersten Bel canto- und Opernarien stand ein junger Sänger auf und protestierte: »Wir haben auch Meister des Bel canto – wir brauchen keine aus Amerika zu importieren.« Es folgte erst ein Höllenlärm, und dann brach ein wahrer Beifallssturm für mich los. Ippolitow-Iwanow strahlte und ich auch.

Nach dem Konzert gab es im Foyer eine Diskussion über meine Interpretation. Mussorgskijs *Lieder und Tänze vom Tode* waren bislang nie von einem Tenor sondern immer nur von tiefen Stimmen gesungen worden. Das verursachte wiederum einige Aufregung.

Ich saß währenddessen bei Ippolitow-Iwanow, der als Direktor des Konservatoriums seine Dienstwohnung direkt am Foyer des Konzertsaales hatte. Es wurde so laut, daß er hinausging, um nachzusehen, was los sei. Nach ein paar Minuten kam er zurück und nahm mich mit hinaus. Er stellte sich auf einen Stuhl und rief den »Opponenten« zu: »Mussorgskij war ein enger Freund von mir. Ich kann Ihnen versichern, wenn er lebte und hier bei uns wäre, hätte er sich gefreut, seine Lieder so interpretiert zu hören, wie sie heute abend unser Sergej Matwejewitsch gesungen hat.« Damit beruhigten sich die Studenten.

Als wir in seine Wohnung zurückkamen, entschuldigte er sich wortreich und erklärte mir, daß dies das neue Rußland sei, das »der Jugend die Freiheit gibt, sich zu äußern und zu kritisieren«. Das war 1927, ehe die Stalin-Ära richtig begann.

Das Konzert, die Aufregungen, die Diskussionen, Ippolitow-Iwanows Lob und die gute Presse am andern Morgen – alles das gab mir neuen Lebensmut, den ich bitter nötig hatte. Es war auch der Beginn eines neunjährigen Konzertierens in der gesamten Sowjetunion mit viel künstlerischer Befriedigung – Jahre, an die ich mit Freuden und auch mit Kummer zurückdenke.

Es war mehr als erhebend, daß Ippolitow-Iwanow, Komponist und intimer Freund von Tschaikowskij, Mussorgskij und Skrjabin, mich in sein Herz schloß und wie einen Sohn behandelte. Er dirigierte damals im Bolschoj-Theater die *Madame Butterfly*, und als er hörte, daß ich die Oper mehrmals in den USA gesungen hatte mit der berühmten japanischen Sopranistin Tamaki Miura, engagierte er mich, den Pinkerton auf italienisch zu singen. Aber bei der Probe bekam er Zweifel, ob das gehen würde. »Sie singen die Partie wie ein Italiener. Ich fürchte, wir werden mehr als eine Probe brauchen mit dem Orchester, wenn Sie nicht ohne allzuviele Nuancen singen können.« Ich sah, wie nervös mein guter Michail Michailowitsch wurde, und beschloß, ihn lieber von dieser Last zu befreien. Er sagte es nicht, aber ich glaubte zu fühlen, wie erleichtert er war. Übrigens war ich auch gar nicht so brennend interessiert daran, diese Oper mit dem zwar sehr schönen, aber viel zu lauten Orchester zu singen.

Nach den Opernvorstellungen waren wir des öfteren zu Gast in seinem Hause. An dem riesigen Tisch waren stets Gäste, die mich kennenlernen wollten. Das Essen war nicht üppig, aber es schmeckte. Es begann mit dem üblichen Seljodka (Hering), dann gab es Borschtsch, Fleisch und viel Wodka und Wein. Warwara Michailowna, die Dame des Hauses, saß bei Tisch und las ungerührt in ihrer englischen Lektüre weiter. Brot gab es in Menge. In großen Stücken lag es auf einer riesigen Silberplatte, und der Gastgeber pflegte mit einer langen Gabel seinen Gästen selbst vorzulegen. Die Unterhaltung drehte sich um persönliche Erinnerungen an seine Freunde – Tschaikowskij, Borodin, Skrjabin und mehr noch um Mussorgskij, zu dessen unvollendet gebliebener Oper *Der Jahrmarkt von Sorotschinsk* er den letzten Akt komponiert hatte. Diese herrlichen Abende dauerten bis drei Uhr früh.

Einmal führte ich den Musikkritiker der *New York Times*, Olin Downes, bei ihm ein. Anwesend waren auch die Komponisten Glière und Alexandrow. Die Unterhaltung war sehr lebendig, bis ich von meinem Amerikaner gefragt wurde: »Was weiß Michail Michailowitsch über Pjotr Iljitsch (Tschaikowskijs) Privatleben? Stimmt es, daß er homosexuell war?« Michail Michailowitsch wurde rot und wandte sich ab. Etwas später erfuhr ich den Grund dieser Peinlichkeit. Es gab Gerüchte, nach denen Michail Michailowitsch selbst zeitweise der Liebling des großen Pjotr Iljitsch gewesen sein soll. Er beschrieb Tschaikowskij als zurückhaltend, vornehm und sehr liebenswürdig. Von Mussorgskij sagte er, er sei kräftig gewesen, gesund, voll überschäumender Begeisterung, fast wie ein »Burlak«, ein Wolgaschiffer. »Er war ein richtiger, erdhafter Russe.«

Bei Tisch gab es viele Gespräche über Musik, während zwei hochgewachsene, gutaussehende ehemalige Zarengeneräle uns bedienten, wenn sie nicht kerzengerade an der Zimmerwand standen, wie nur zaristische Generäle stehen konnten. Beide waren Vettern des Hausherren, und er hatte ihnen das Leben gerettet, indem er sie als Dienstboten zu sich ins Haus nahm.

Als wir bald darauf wieder in New York waren, schrieb uns Warwara Michailowna, daß Michail Michailowitsch nach einer fröhlichen Abendtafel mit Freunden sich bester Stimmung zurückgezogen hatte. Friedlich war er eingeschlafen, um nicht wieder aufzuwachen.

Die Lebensbedingungen waren damals zwar nicht ganz so, wie sie in der amerikanischen Presse geschildert wurden; aber sie waren schlimm genug und machten mir deutlich, daß ich bei meinem finanziellen Unglück in den USA dort noch immer tausendmal besser gelebt hatte als meine Kollegen in Moskau. Man hatte mich ja schon vorher gewarnt. Aber es ist doch etwas anderes, die Dinge Tag für Tag selbst zu sehen und zu erleben. Die Paläste und Luxuswohnungen, in denen früher nur jeweils eine Familie gewohnt hatte, waren jetzt mit Dutzenden von Familien belegt. Die großen Tanzsäle waren je nach Anzahl der Fenster in entsprechend viele »Zimmer« aufgeteilt. Und da es kein Baumaterial gab, bestanden diese Abtrennungen aus Möbelstücken, Pappe und Zeitungspapier.

Was mich beeindruckte, war die Friedlichkeit, mit der diese Unglücklichen zusammen hausten. Sie mußten sich oft gegenseitig Mäntel und Pelzmützen ausleihen, wenn sie Besuche machen oder ins Theater gehen wollten. Man sah deshalb auf der Straße manchmal kleine Leute mit riesigen Pelzen und Riesenkerle mit winzigen Pelzmäntelchen. Es schien in jenen Tagen für den außenstehenden Betrachter eine allgemeine Solidarität zu herrschen.

Als ich Moskau nach meinen ersten Konzerten wieder verließ, brachte mich eine Gruppe von Musikern und Schriftstellern zur Bahn. Sie standen auf den Stufen zu meinem Abteil und winkten mir zum Abschied zu, und Alexej Tolstoj, der Neffe des Leo Tolstoj, rief verwundert: »Schaut einmal, er nimmt seinen schönen neuen Hut wieder mit nach Amerika!« Unter lautem Jubel nahm ich meinen Hut und warf ihn ihm zu. Es war ein großer schwarzer Borselino, und Alexej war jetzt der stolzeste Mann von ganz Moskau. Er wurde oftmals von der Polizei gegrüßt, die ihn für einen vornehmen Ausländer hielt.

Kaum in New York zurück, erhielt ich ein Telegramm aus Moskau, das mich und meine Frau für weitere zwanzig Konzerte nach Rußland einlud. Wir sollten Opernduette und Volkslieder von den Britischen Inseln singen, die Marie besonders gut vortrug. Ich dachte an den Mangel an Kleidungsstücken und den Jubel, den mein verschenkter Hut ausgelöst hatte, und deshalb stopften Marie und ich alle Koffer voll, als wir auf die Reise gingen. Dem Komponisten Dmitrij Schostakowitsch brachten wir weißes Schreibpapier mit, das in Moskau nicht zu bekommen war. Die Leute dort schrieben auf entsetzlichem braunen Papier. Schostakowitsch freute sich kindlich, er schrieb nur zum Vergnügen Briefe, um das schöne Papier zu benutzen. Wir hatten auch Pullover mitgebracht, Schlipse, weiße Hemden und Frauenkleidung. Bei jeder Ankunft in Moskau waren unsere Koffer prall voll, und wenn wir wieder abreisten, beinahe leer. Einmal wurden wir bei der Abfahrt von einem Grenzbeamten kontrolliert. Er konnte sich erinnern, daß wir vier Koffer voll neuer Kleider und Wäsche mitgebracht hatten und daß wir jetzt nur mit Noten im Gepäck zurückreisten. Glücklicherweise kam der oberste Zollbeamte dazu. Er fragte nach unserem Namen und rief dann: »Wir haben Sie vor mehreren Tagen im Rundfunk gehört! Es war ganz herrlich!« Damit ließ er uns laufen.

Nach meinem ersten Konzert in Leningrad im Jahre 1928 fragte mich ein junger Geiger, ob ich mit dem Tenor Radamsky in Kanada verwandt sei. »Warum fragen Sie?« Er wandte sich zu seiner Frau. »Marussja, erinnerst du dich an die Geschichte von dem Tenor in *Boris Godunow*, die ich dir erzählt habe? Aber seine Stimme war nicht annähernd so schön wie Ihre.« Und er erzählte mir, wie der arme Teufel auf der Bühne seine Zähne verloren hatte und von der Operntruppe entlassen worden war. »Wie schade, daß er nie mehr singen kann.« Es stellte sich heraus, daß er Erster Geiger bei diesem Unternehmen in Montreal gewesen war, aber nach Rußland zurückgekehrt war und jetzt bei der Oper in Leningrad spielte. Als ich ihn fragte, ob ich dem Radamsky in Kanada nicht ähnlich sehe, wollte er nicht glauben, daß ich der Tenor gewesen war, dem das Mißgeschick zugestoßen war. Als wir später unter uns waren, nahm ich mein Gebiß heraus und legte es auf den Tisch. Darauf sagte er: »Ich habe nie an Gott geglaubt. Aber von jetzt an glaube ich an Wunder.« Beim nächsten Konzert saßen er und Marussja in der ersten Reihe, und als ich auf die Bühne kam, bekreuzigten sie sich.

Hinterher luden sie mich in ihre kleine Wohnung zu einem späten Abendessen. Er hätte Kanada gern gemocht, erzählte er, aber die vielen Schauergeschichten nicht mehr ertragen können, die die Kollegen ständig über Rußland verbreiteten. Manches habe zwar gestimmt, aber die meisten Sachen wären erlogen gewesen. Man hätte auch die russische Bevölkerung beschimpft, daß sie sich nicht gegen die bolschewistische Herrschaft gewehrt hätte. Er war erst sechs Monate wieder im Lande, hatte eine gute Stellung und war glücklich verheiratet. »Ich werde mein Land nie wieder verlassen.« Er wollte wissen, warum ich nicht in der Sowjetunion bleiben wollte, wo ich doch so stürmisch gefeiert würde. Ich gab zur Antwort: »Meine Familie stammt zwar aus der Ukraine. Aber ich bin in Russisch-Polen geboren. Meine Eltern, Brüder und Schwestern leben jetzt in Holland. Meine Frau ist Engländerin. Und da ich Rußland liebe, kann ich ihm am besten dienen, indem ich Konzerte gebe.« Er ließ sich überzeugen und meinte: »Vielleicht können Sie als Amerikaner mehr Gutes tun.« Ich traf aber auch andere, die nur wünschten, auswandern zu können, und mich beneideten, weil ich Rußland nach eigenem Ermessen wieder verlassen konnte.

1928, 1929 und Anfang der dreißiger Jahre fühlten wir uns wie zu Hause bei Marija Michailowna. Sie war eine großgewachsene blonde Schönheit und hatte 1916 schon bei Stanislawskij gearbeitet. Dann hatte sie den Bankier Efrem Kurland geheiratet, der ihr ein eigenes Theater einrichten wollte. Die Revolution brach aus, und alle Bankiers machten sich aus dem Staub. Nur Efrem blieb. Er liebte seine Frau. Sie war Russin und vor allem Moskauerin, und für einen echten Moskowiten gibt es außerhalb Moskaus kein Leben. Im Jahre 1917 hatte Efrem seine Bank der Regierung übereignet und später den *Torgsin* aufgebaut, das Kaufhaus, in dem Ausländer und Russen mit Dollars, Gold oder Diamanten Lebensmittel und Kleider kaufen konnten, die in gewöhnlichen Läden nicht erhältlich waren. Diese Einrichtung brachte der Regierung Millionen Dollar und war ein Segen für die Ausländer und auch für die Russen, die Wertsachen oder ausländische Währung besaßen. Ihre Tochter Irena war beim

Ballett und mit einer Tänzerin befreundet, die später eine Liaison mit Stalin hatte und ihren illustren Liebhaber durch einen Ladendiebstahl in London aufs peinlichste bloßstellte.

Marija Michailownas Tochter Irena war sehr viel ernsthafter und wollte das Ballett aufgeben, heiraten und wenigstens ein Kind haben. Das alles hat sie später auch erreicht. Als Tochter des Hauses wußte sie viel von den Drangsalen der Parteimitglieder, die zu ihnen kamen, um sich Fürsprache zu erbitten. Vor der Revolution hatten die Kurlands in einer luxuriösen Elf-Zimmer-Wohnung an der Malaja Dimitrowka, im Zentrum Moskaus, gewohnt. Nachher wurden mit ihrem Einverständnis sechs Mieter eingewiesen, und die Bankierfamilie lebte nur mehr in drei Räumen für Mann, Frau, Tochter und Großvater. Pascha, das Dienstmädchen, blieb bei ihnen und diente wie in alten Tagen; sie hatte ihr Zimmer behalten können. Die Küche war für alle sieben Familien gemeinsam, es wurde auf kleinen Petroleum-Öfen gekocht, auch die Küchengeräte wurden gemeinsam benutzt.

Kam in jenen Tagen ein Ehemann mittags nach Hause und brachte ein Brot, eine Wassermelone oder einen Beutel Kartoffeln mit, die er in einem Laden auf dem Nachhauseweg erstanden hatte, liefen die Nachbarn auf der Stelle los, um zu versuchen, ob sie in demselben Laden nicht auch etwas ergattern konnten.

Die Frau des alten Bankiers war Respektsperson. Auch ihr großer Hund Ciska, der viel Platz wegnahm in der Diele, wurde nett behandelt, obwohl er oft stank. Er amüsierte die Nachbarn auch durch kleine Dressurakte. Wenn sie ihm etwas zu fressen vorlegten und »Trotzkij« sagten, nahm er nichts an. Wenn sie aber mit der Faust grüßten und »Lenin!« riefen, fiel er darüber her.

Es war in ganz Moskau bekannt, daß Marija Michailowna immer hilfsbereit war. Ich sah Mitglieder der Kommunistischen Partei zu der »Frau eines Bankiers« kommen und sie bitten, im Kreml ein Wort für sie einzulegen, wenn etwa die Eltern als Kulaken nach Sibirien deportiert werden sollten. Marija Michailowna telephonierte dann mit Abel Jekudnidse. In Sonderfällen kam er sogar selbst und informierte sich persönlich über die Einzelhei-

ten. Er war es auch, der Dollars flüssigmachte von der Regierung, als das Ballett Schuhe und Seidenstrümpfe aus Italien brauchte. Er war der »reiche Onkel« des Balletts. Als hohes Regierungsmitglied und intimer Freund von Stalin und dessen Familie wohnte er im Kreml ganz in seiner Nähe und konnte seinen Chef jederzeit unangemeldet aufsuchen.
Es gab natürlich Gerüchte, daß Abel sich in Marija Michailowna verliebt habe. Das stimmte vielleicht sogar. Vor ihm hatte man dasselbe von dem Erziehungsminister Anatol Lunacharskij behauptet. Viele bedeutende Persönlichkeiten hätten sich gefreut, wenn man ihnen ein Techtelmechtel mit Marija Michailowna nachgesagt hätte.
Marija Michailowna und ich gingen oft in Opern- und Theaterpremieren. Efrem blieb zu Hause und machte Überstunden für seinen *Torgsin*. Als wir eines Abends zum Bolschoj-Theater gingen, trafen wir unterwegs eine junge Bekannte von ihr, eine hübsche, elegant gekleidete Dame.
Marija Michailowna fragte sie: »Was ist denn mit dir und Kusma Mos? Ihr wart erst fürchterlich verliebt, und nach kaum drei Monaten Ehe hast du ihn schon wegen dieses Ingenieurs Gorskij verlassen. Das ist doch unglaublich.«
»Ja, ich war in Kusma verliebt. Aber was für ein Leben ist das denn, wenn man im selben Zimmer mit Vater, Mutter und einer Schwester leben muß. Nur morgens, wenn sie alle zur Arbeit waren und Mutter in der Küche Tee machte, waren wir ganz für uns allein. Gorskij ist zwar zwanzig Jahre älter als Kusma. Aber er hat wenigstens ein eigenes Zimmer, ist Ingenieur mit einem guten Gehalt und hat mir dieses schöne Kostüm gekauft. Jetzt bin ich eine schöne junge Frau.«
»Bist du glücklich?« fragte Marija Michailowna.
»Nein, glücklich bin ich nicht«, antwortete sie und brach weinend zusammen.
Marija Michailowna hatte Mitgefühl für sie und meinte später: »Ich bin nicht so ganz sicher, ob ich nicht ähnlich gehandelt hätte.«
Ein anderes Mal lud uns Marija Michailowna nach der Oper zu einem Essen. Sie sah besonders strahlend aus. Efrem nahm ihre

Hand und sagte zu ihr: »Marija, du bist immer noch zu jung und schön, um deine Abende bei mir zu Hause zu verbringen – aber die Zeit wird schon noch kommen. In weiteren zwanzig Jahren bist du immer noch schön, aber du hast dann graue Haare, fühlst dich ein bißchen müde, und alle deine Bewunderer sind auch alt geworden. Dann wird das Glück erst kommen. Ich will geduldig und liebevoll bis dann auf dich warten.« Efrem Kurland war der Regierung treu ergeben, so wie Marija Michailowna den einzelnen Menschen ihrer Umgebung treu ergeben war. Er arbeitete und überarbeitete sich, wurde krank und starb, noch ehe die weiteren »zwanzig Jahre« um waren. Wie wir sie kannten, war Marija Michailowna eine treue Gattin, Mutter, Tochter und Freundin. Sie half allen, die in Not waren, und man wußte ja nie, wo und wann das Elend kommen würde.

Eines der drei Zimmer gehörte ihrer Mutter. Sie starb und war noch nicht kalt, als schon ein halbes Dutzend Familien mit ihren Habseligkeiten vor der Tür standen und sich um das Zimmer zankten. Die Kurlands nahmen das ganz gelassen hin als natürliche Folge der unmenschlichen Lebensbedingungen, die damals in Moskau herrschten.

Durch die Stellung ihres Mannes hätte Marija Michailowna bessere Wohnmöglichkeiten für ihre Familie herausschlagen können. Aber sie wollte keine Bevorzugung für sich selbst, weil ihr das eine viel stärkere Position gab, wenn sie sich für andere Unglückliche einsetzte.

Einige Jahre später wurde Jekudnidse für seine Wohltaten und seine Hilfsbereitschaft »belohnt«. Stalin »beförderte« ihn zum Verwalter einer Autoreparaturwerkstätte in Charkow. Er warf ihm vor, zu weichherzig und mitfühlend mit »bürgerlichen Elementen« umgegangen zu sein. Ich sah den Brief, den Marija Michailowna aus Charkow bekam, in dem Jekudnidse ihr diese »wichtige neue Aufgabe« schilderte. Er nannte Stalin darin nicht bei Namen, spielte aber auf ihn an. Später verschwand er völlig von der Bildfläche. Es war in Moskau bekannt, daß Stalins Henker Lawrentij Berija, der damals zwar noch in Tiflis war, eine alte Rechnung zu begleichen hatte mit Jekudnidse. Auch Stalin stammte ja aus Tiflis.

Hungersnot an der Wolga

Frühjahr 1930 waren wir zu einer Konzertreise entlang der Wolga engagiert. Die Bootsfahrt auf diesem breiten, schönen Fluß wäre an sich nicht erwähnenswert gewesen, hätten wir nicht mitansehen müssen, wie die Landbevölkerung unter der herrschenden Hungersnot litt. Die Gesichter der Kinder, eingefallen und mit großen Augen, blickten trostlos ins Leere. An Bord hockten sie Tag und Nacht unbeweglich auf den erbärmlichen Habseligkeiten, die sie aus ihren enteigneten Heimstätten gerettet hatten, und reisten ins Ungewisse.

Wir schliefen in bequemen Betten; aber Hunderte von Bauern saßen auf ihren Bündeln und wuschen sich während der ganzen Fahrt nicht einmal. Das war keine Vergnügungsfahrt, sondern wir faßten es auf als eine Mission, für diese Leute zu singen.

In Samara starrten uns die Menschen an und wollten nicht glauben, daß wir aus Amerika kämen. Da ich russisch sprach und einen russischen Namen trug, nahm man allgemein an, wir seien aus Odessa und wollten Propaganda treiben. Der Abgeordnete der Philharmonie bat mich, deshalb russisch mit ausländischem Akzent zu sprechen. Maries Handschuhe waren allerdings Anzeichen genug, daß wir keine Russen sein konnten.

Der große Konzertsaal war bis unter die Dachsparren gerammelt voll. Wir brachten für einen winzigen Augenblick wenigstens etwas Sonnenschein. Das Publikum schätzte die italienischen Opernarien und Duette, die Negro Spirituals, die schottischen und irischen Volkslieder, aber am beliebtesten war das *Lied der Wolgaschiffer* »Ej uchnjem«, das ich stets wiederholen mußte. Meine Stimme ist vielleicht nie bis zu dem herrlichen Strom gedrungen; der Beifall und die Bravo-Rufe aber ganz bestimmt. Am nächsten Tag machte der Abgeordnete von der Philharmonie mit uns einen kleinen Spaziergang, und was erblickten wir? An die fünfzig Mann treidelten ein Boot und sangen dazu: »Ej uchnjem: Ai, da – da – da – da. Jescho rasik, jescho rasik.« Das war die aufregendste Darbietung eines Volksliedes, die sich denken läßt. Immer, wenn ich späterhin dieses Lied sang, kam mir dieses Bild vor Augen.

Wir sahen auch Männer Fässer voll Fisch aufladen, und dazu sangen sie in einem Tanzrhythmus. Der Vorsänger begann und die anderen fielen im Chor ein. In langsamerem Tempo erzählte der Text, wie alte Weiber »es machen«, und in lebhaftem Tanzrhythmus dann, wie junge Mädchen es tun. Keinen dieser Verse hätte man in anständiger Gesellschaft vortragen dürfen. Die Fröhlichkeit ließ vermuten, daß die Leute an diesem Tag gut zu essen bekommen hatten; oder wollten sie nur zeigen, daß sie lauter singen konnten als der amerikanische Tenor?

Am Nachmittag kamen Studenten und verschiedenste junge Leute zu uns ins Hotel. Wir beantworteten ihre Fragen über Theater und Musik in den USA, politische Gespräche wurden jedoch vermieden. An unserem letzten Tage zeigte man uns ein großes altes Haus in einer Nebenstraße, wo in der entsetzlichen Hungersnot Anfang der zwanziger Jahre nachts vorbeikommende Frauen mit einem Lasso eingefangen, in den Keller gezerrt und dann zerschnitten und von den vor Hunger irrsinnigen Bauern verschlungen worden waren, die, wie bekannt wurde, schon ihre eigenen Kinder aufgegessen hatten. Unser Begleiter sagte treuherzig: »Wir haben heute auch nicht genug Lebensmittel. Aber keiner ißt jetzt mehr Menschen.« Dieses furchtbare Haus mit seiner Geschichte von der Hungersnot machte beinahe unsere Erinnerungen an Samara zunichte.

Saratow galt als die kultivierteste Stadt an der Wolga. Es hatte ein Sprechtheater und eine ausgezeichnete Oper, die jeden Abend Vorstellungen gab. Wir sollten drei Konzerte geben und freuten uns auf eine angenehme Woche voll Arbeit und Erholung. Aber das Hotel war alt und baufällig. Wir erhielten ein kleines Zimmer zugewiesen, das einzige, das noch frei war. Als ich die Treppe hinunterging, traf ich zu meiner Überraschung Christian Rakowskij – unter militärischer Bewachung. Ich grüßte ihn, und er flüsterte mir leise auf französisch zu: »Kommen Sie heute abend ganz spät auf Nr. 21.«

Christian Rakowskij war zu Beginn der Revolution in St. Petersburg ein wichtiger Mann gewesen, der eng mit Lenin und Trotzkij zusammengearbeitet hatte. Es war bekannt, daß er es mit Stalin nicht recht konnte. Ich hatte ihn in Paris kennengelernt, wo er damals sowjetischer Botschafter war. Als Mitarbeiter Lenins und Trotzkijs verbannte Stalin ihn in dieses kleine Hotelzimmer. Unser Zimmer auf demselben Flur war nicht gerade gemütlich. Aber das seine war trostlos und so eng, daß man sich kaum darin umdrehen konnte. Da der Posten öfters die Treppen hochkam, um nachzusehen, ob alles in Ordnung war, mußte ich bis Mitternacht warten, ehe ich ihn besuchen konnte. Ich fand Rakowskij wohlgekleidet, aber sehr niedergeschlagen – das war nicht mehr der glänzende, heitere, ewig lächelnde Botschafter in Paris. Als ich zu sprechen begann, deutete er auf die Wände und seine Ohren – er wollte sagen: hier haben die Wände Ohren. Er öffnete einen Band Shakespeare und fragte, welche Dramen ich bevorzugte. Ich nannte *Romeo und Julia* und *Othello*. »Mögen Sie Shylock nicht?« – »Nicht so sehr.« So sprachen wir über Othello, aber ihn interessierte mehr die Figur des Jago. Plötzlich schaute er sich um, als ob er fürchte, es sei jemand im Zimmer, und ließ sich dann über Desdemona aus. Nach einer Viertelstunde lief ihm der Schweiß vom Gesicht und er flüsterte ganz leise: »Kommen Sie morgen um dieselbe Zeit wieder.« Morgens durfte er fünfzehn Minuten lang spazieren gehen, der Posten folgte ihm in vier Meter Abstand. Wenn jemand versuchte, ihn anzusprechen, wurde er auf rüde Art zur Seite gedrängt. Als ich Rakowskij auf der Straße begegnete, hielt der Posten nur einen halben Meter Abstand und bedeutete mir nach fünf Minuten, weiterzugehen.

Marie und ich hatten in der *Torgsin* für Dollars holländische Lebensmittel und Schokolade gekauft und brachten Rakowskij davon. Er schlug vor, dem Portier des Hotels Süßigkeiten zu geben. Da der Posten immer in der Nähe war, bot ich auch ihm aus Höflichkeit etwas an. Zu meiner Überraschung nahm er an und bedankte sich. Von da an grüßte er uns lächelnd und war etwas netter zu seinem Gefangenen, den er ebenfalls mit einem Lächeln begrüßte. Das veranlaßte uns, ihm täglich Süßigkeiten zu bringen. Als ich aber um die Erlaubnis bat, Rakowskij mit ins Konzert zu nehmen, wurde das rundweg abgeschlagen. Nicht lange danach verschwand Rakowskij, zusammen mit Kammenjew, Sinowjew und anderen, auf Nimmerwiedersehen.

Wir trafen viele andere, die unglücklich waren, und nur wenige hatten Lust, darüber zu sprechen. Der Umstand, daß wir aus dem reichen Amerika kamen, machte manche argwöhnisch. Daß meine englische Frau mitgekommen war, wurde viel beredet – manche bewunderten sie, und manche konnten es nicht verstehen. Es wäre schwierig gewesen, ihnen begreiflich zu machen, daß meine Enttäuschung über die Praktiken der amerikanischen Vermittler eine Rolle gespielt hatte bei unserem Entschluß, die russischen Angebote anzunehmen und so viel in der Sowjetunion zu konzertieren.

Maxim Gorkij

Von Saratow reisten wir weiter nach Nishnij Nowgorod, wohin seit der Revolution kein Ausländer mehr gekommen war. Unser Eintreffen verursachte eine Sensation. Beim ersten Konzert betrachtete mich das Publikum erst eine Weile, ehe es applaudierte – so, als ob es sich vergewissern wollte, ob ich wirklich aus Amerika käme. Mein Anzug war in London geschneidert, und so mußten sie wohl oder übel in mir den »Ausländer« erkennen. Marie hatte sich kaum auf der Bühne gezeigt, als der Beifall losbrach; die Frauen standen auf, um ihr Pariser Kleid besser sehen zu können.

Maxim Gorkij war in dieser Stadt geboren und hatte hier seine Jugend verbracht. Man kann meine Aufregung begreifen, als ich hörte, daß er mein Konzert besuchen wollte. Ich schaute im Saal herum und entdeckte ihn ganz allein in einer Ecke, wo er mit geschlossenen Augen saß. Er sah leidend aus. Maxim war nie guter Gesundheit gewesen und hatte deshalb viele Jahre in Italien zugebracht, das er sehr liebte. Wir trafen uns am Tag nach dem Konzert. Wir gingen spazieren, und die Leute starrten uns an; aber niemand erkannte den Dichter. Er meinte, ich mit meinen eleganten ausländischen Kleidern beeindrucke sie mehr als ihr Landsmann, der »dünne« Maxim. Wir sprachen viel italienisch, weil er diese Sprache so liebte. Das war das einzige

Mal, daß ich ihn lächeln sah. Er ging nicht sehr sicher, seine Wangen waren eingesunken, und seine Stimme klang heiser. Ich hatte gehört, daß er gesundheitlich nicht gut beieinander war; aber ich hatte nicht erwartet, nur noch einen Schatten vorzufinden.

Wie alle übrigen wollte auch er wissen, welchen Eindruck ich bekommen hatte, und er beneidete mich, daß ich so herumreisen und beobachten durfte. Ich konnte nicht gut seine Meinung über die politische oder gar kulturelle Situation in der Sowjetunion erfragen. Wenn ich versuchte, auf dieses Thema zu sprechen zu kommen, begann er zu hüsteln – was bei ihm nichts Besonderes war –, und brachte das Gespräch dann sofort auf meine Konzerte und fragte, wie mir das Publikum hier im Vergleich mit dem Ausland gefalle. Als wir auf Amalfi, Neapel und andere italienische Städte zu sprechen kamen, leuchteten seine Augen. Nach ungefähr zwanzig Minuten merkte ich, daß er ermüdete. Es war schön gewesen, mit Maxim Gorkij zu reden; aber es war deprimierend, ihn so hinfällig und bedrückt zu sehen.

Bei der Rückkehr nach Moskau fand ich eine Einladung vor von der Oper in Nürnberg, die Tenorpartien in *Rigoletto*, *La Bohème* und *Faust* zu singen – drei Opern, die mir sehr lagen. Und Marie war auch der Meinung, wir brauchten nach unseren letzten Erlebnissen einmal wieder »frische Luft«. Also reisten wir nach Deutschland. Mein Agent in Berlin hatte den Vertrag schon parat. Aber dann stellte es sich heraus, daß nur mein Debüt in Italienisch sein sollte und daß ich die anderen Aufführungen hinterher in Deutsch zu singen hatte; und daß ich den Lohengrin lernen mußte. Da bekam ich leise Zweifel, ob ich den Vertrag annehmen könnte. Ich mochte das italienische Repertoire nicht in Deutsch singen und glaubte nicht, mit dem *Lohengrin* fertig zu werden, derjenigen Wagner-Oper, die ich am allerwenigsten ertragen, geschweige denn singen konnte. Als ich eines Tages im *Romanischen Café* Zeuge wurde, wie junge Nazis jüdische Intellektuelle zusammenschlugen, beschloß ich, nicht nach Nürnberg zu gehen. Aber was jetzt?

In Berlin engagierte mich der bekannte New Yorker Vermittler

Sol Hurok für eine Konzerttournee in den USA unter der Bedingung, daß mein Konzert in New York erfolgreich würde. Da ich immer ausgezeichnete Kritiken bekommen hatte, konnte es für mich gar keine bessere Chance geben, mich in den Vereinigten Staaten als Konzertsänger zu etablieren.

Das war im Winter 1930/31. Mr. Hurok hatte von meinen früheren Erfolgen in den Staaten und in Rußland gehört und versprach mir viele Konzerte. Er war gerade dabei, sich von einer jahrelangen Geschäftsflaute zu erholen. Mit mir engagierte er auch die Tänzerin Mary Wigman, die in Deutschland sehr berühmt war. Mr. Hurok war sich allerdings nicht so ganz sicher, wie ihr Tanzstil in Amerika ankommen würde. Von meinem Erfolg dagegen war er felsenfest überzeugt.

Mein Konzert in der New Yorker Town Hall fand am Freitag, dem 26. Dezember 1930 statt. Ich hatte guten Erfolg und höchst anerkennende Kritiken. Als ich am Samstag ins Büro kam, lasen sie alle meine Besprechungen und schnitten sie aus den Morgenblättern heraus. Die Sekretärin Miss Frohman, die als ein bißchen hochnäsig galt, gratulierte mir und sagte: »Mr. Radamsky, Sie haben's geschafft. Sie haben mitten ins Schwarze getroffen. Mr. Hurok sagt, er wird Ihnen massenweis Konzerte besorgen. Ihre Sorgen sind vorbei. Kein Rumzuckeln mehr nach Moskau alle drei Monate. Sie werden jetzt harte Dollars scheffeln.« Sie schrieb gerade meinen Waschzettel für eine Broschüre, die den Vermittlern in allen Teilen Nordamerikas zugesandt werden sollte. Mr. Hurok war in bester Laune und fixierte den Preis pro Konzert auf tausend Dollar im ersten Jahr. Nach Abzug aller Kosten für den Begleiter, Bahnfahrt, Hotel und Provision blieben mir fünfhundert Dollar. Er versprach mir ein Minimum von dreißig Konzerten noch in dieser Saison und sehr viel mehr in der nächsten zu tausendfünfhundert Dollar pro Abend.

Ich hatte allen Grund, in Jubelstimmung zu sein: ich hatte es wirklich geschafft. Der Drucker, der das Material für die Broschüre holte, sagte: »Das ganze Büro steht Kopf wegen Ihrer Druckschrift da ... Das sieht ja nach richtigem Geschäft aus.

Glauben Sie mir, ich bin ein alter Hase und kann das beurteilen. Sie sind ein Glückspilz!«

Am nächsten Tag, einem Sonntag, gab Mary Wigman ihre Vorstellung. Sie war ausverkauft und hatte großen Erfolg.

Am Montagmorgen teilte Miss Frohman mir mit, der Chef habe zu tun und könne mich nicht empfangen. Sie sprach kaum mit mir. Als sie merkte, daß ich verdutzt war über ihr Benehmen, meinte sie: »Wir sind jetzt alle sehr beschäftigt mit Miss Wigman. Rufen Sie doch nächste Woche mal an.« Von meiner Broschüre war nichts mehr zu sehen. Alles über Radamsky war in der Versenkung verschwunden.

Das war ein harter Schlag für jemanden, der erst zwei Tage zuvor als neuer Star ausgerufen worden war. Ich war vernichtet. Ich klopfte bei Mr. Hurok an, und als er nicht antwortete, machte ich die Tür auf und sagte: »Guten Morgen!« – »Ich habe jetzt keine Zeit. Kommen Sie in einer Woche oder so wieder vorbei.« Dann wählte er eine Telephonnummer, ohne sich weiter um mich zu kümmern, und erwiderte nichts, als ich mich verabschiedete. Ich hatte Mr. Hurok ganz anders behandelt. 1927 war er nach Moskau gekommen, um die *Duncan Dancers*, eine Gruppe von zehn jungen Mädchen, die von der Adoptivtochter der Tänzerin Isadora Duncan geleitet wurde, nach New York zu holen. Niemand kannte ihn in Moskau, und nur durch meine Fürsprache bei Olga Dawidowna Kamnijewa, der Schwester von Trotzkij, die die WOKS, die Gesellschaft für kulturelle Beziehungen mit dem Ausland, leitete, erhielt er die Erlaubnis, die Tanzgruppe nach Amerika mitzunehmen. Wie sich dann herausstellte, ließ er die Mädchen in New York sitzen, und ich mußte deswegen bittere Vorwürfe einstecken.

Leopold Stokowski

Ich bekam immer noch herzliche Glückwünsche zu meinem »Erfolg«, brieflich und in Telegrammen. Was wußte man von der Integrität mancher Vermittler! Die Welt wurde wieder etwas lichter, als ein Telegramm von Leopold Stokowski auf den Tisch flatterte mit der Anfrage, ob ich die Tenorpartie in Alban Bergs *Wozzeck* singen wollte. Das entsprach zwar nicht »dreißig Konzerten in dieser Saison und später noch sehr viel mehr«; aber unter Stokowski zu singen war eine Entschädigung.

In Philadelphia warteten schon fünf Tenöre, die sich für dieselbe Partie bewerben wollten. Sie sangen Arien aus *Tosca*, *La Bohème*, *Faust* und *Carmen*. Alle verfügten sie über eine glänzende hohe Lage. Ich wählte den »Racconto« aus *Gösta Berling* von Zandonai, eine Oper nach dem gleichnamigen Roman von Selma Lagerlöf. Nach den ersten zehn Takten winkte Stokowski ab, kam näher an die Bühne heran, setzte sich bequem zurecht und bat mich, noch einmal von vorn zu beginnen.

Als ich zu Ende war, rief er: »Bravo! Wo haben Sie das gelernt?«

»Ich habe die Oper 1924 in der *Scala* unter Toscanini gehört. Wollen Sie noch eine Arie aus *Tosca* oder *Carmen* hören?«

Lächelnd winkte er ab: »Nein, danke, ich habe genug davon.« Dann fragte er weiter: »Wollen Sie mit uns in *Wozzeck* singen?«

»Sehr gern.«

»Sie werden in ein oder zwei Tagen von uns hören.«

Zwei Tage später kam der Vertrag, eine Partitur des *Wozzeck* und ein Brief des Inhalts, daß Stokowskis Assistent Sylvan Levin zu Proben nach New York käme. Ich sollte die Partie des Andres übernehmen. Ich lebte wieder auf. Von einem Vermittler beinahe ruiniert, rettete mich ein großer Dirigent. Die erste Probe fand in meinem Arbeitszimmer Ecke 73. Straße/Broadway statt. Der Bassist Iwan Steschenko, Sylvan Levin und ich hatten uns zusammengesetzt, und zu unserer Überraschung spazierte Stokowski herein, mit wallender blonder Mähne, die Partitur unter dem Arm. »Ich kenne die Oper auch nicht besser als ihr«, entschuldigte er sich. »Es könnte eine große Hilfe für mich sein, wenn ich bei euren Proben zuhören darf. Ich sitze auch ganz ruhig in der Ecke und störe euch nicht.« Einmal fragte er Levin: »Ist das ein Fis, oder haben Sie sich geirrt?« Er entschuldigte sich dann. Er benahm sich eher wie ein Student beim Unterricht und nicht wie die Star-Dirigenten, wie man sie gewöhnt ist. Als die Probe zu Ende war, bat er um die Erlaubnis, am nächsten Tage wiederkommen zu dürfen. »Sie sind gut daran«, meinte er. »Sie brauchen bloß eine Stimme zu beherrschen. Aber ich muß die gesamte Partitur lernen, so wie sie unser sagenhafter Levin anscheinend schon im Kopf hat.« Aus Spaß berieten wir im Flüstertone, und als Hausherr verkündigte ich ihm dann unseren Beschluß, ihm auch zu weiteren Proben Zutritt zu gewähren. Die nächsten Male stellte er Fragen und gab das Tempo an. Nach einigen weiteren Proben begann er uns zu dirigieren. Wir fuhren dann nach Philadelphia und hatten mit Orchester, Chor und Solisten insgesamt vierundsiebzig Proben. Ich versäumte keine einzige.

Stokowskis Korrektheit, Vornehmheit und Rücksichtnahme auf die Sänger waren ohne Beispiel. Ich war zutiefst erstaunt, wie er, der in St. John's Wood, London, geboren war, nicht nur das Deutsche beherrschte, sondern sich auch in den feinsten Nuancen des Tonfalls auskannte. Unser ausgezeichneter Wozzeck, der russische Bariton Iwan Iwantzow, hatte Schwierigkeiten mit der deutschen Aussprache. Mit der Zeit wurde Stokowski immer kritischer in seinen Anforderungen in bezug auf Aussprache und Tonfall. Eines Vormittags übte er fast eine ganze Stunde lang nur an dem Satz: »Einer nach dem andern.« Und als Iwan es immer noch nicht so herausbrachte, wie Stokowski sich das vorstellte, fragte er mich, ob ich es ihm nicht auf russisch verständlich machen könnte, was er meinte. Ich gab zurück, niemand könnte das besser als er selbst, und das war nicht als Kompliment gemeint.

Vierzig Jahre sind seitdem vergangen. Der Satz klingt mir noch heute so in den Ohren, wie Stokowski ihn vorgesprochen hat. Von allen Wozzecks, die ich gehört habe, hat nur Walter Berry von der Wiener Oper ihn so vortragen können.

Stokowski mischte sich nicht in Fragen der Bühnenregie ein, beriet aber unseren Regisseur von Wymethal. Bei Orchesterproben saß er bereits eine Stunde vor Beginn auf dem Podium und studierte seine Partitur, beantwortete Fragen und korrigierte die Stimmen der Instrumentalisten. Wenn die Probe für zehn Uhr vormittags angesetzt war, hob er auf die Minute genau den Taktstock, und es ging los.

An dem Gerede, er benehme sich wie eine Primadonna und ließe sich vor jedem Auftritt in seiner Garderobe frisieren, ist einiges wahr. Aber wenn Apollo so schön war wie Stokowski zu seiner Zeit, dann hatten die Griechen allen Grund, Apollo zu verehren.

Nach der Aufführung von *Wozzeck* brachte mich Walter Damrosch, der Dirigent des New York Symphony Orchestra, im Taxi zur Bahn. Er war erstaunt zu hören, daß mir die Oper gefiele. Er war vom ersten Hören nicht sehr beeindruckt. Ich hatte immerhin vierundsiebzig Proben gehört. Ich bin ganz sicher, daß Dr. Damrosch später seine Meinung revidiert hat.

Diese Aufführung machte Furore, und Stokowski wurde eingeladen, die Oper an der Metropolitan Opera in New York zu dirigieren. Ich freute mich ganz besonders, als der Musikkritiker der *New York Times*, Olin Downes, schrieb: »Bei der Szene zwischen Wozzeck und Andres lief es einem eiskalt über den Rücken.«

Bei den Proben in Philadelphia hatten sich zwei junge Piloten, die Herren Pangborn und Herndon, bei mir gemeldet. Sie wollten den ersten Non-Stop-Flug New York–Tokio durchführen und brauchten dazu die Erlaubnis, über Mittelrußland, den Ural, Sibirien, die Mandschurei und Wladiwostok zu fliegen. Da aber die Vereinigten Staaten damals die Sowjetunion noch nicht anerkannt hatten, gab es keine offizielle Verhandlungsbasis. Es war bekannt, daß ich auf Konzerttourneen zwischen Amerika und Rußland hin und her pendelte, und so wurde ich gefragt, ob ich nicht behilflich sein könnte, diese Genehmigung zu erwirken. Ich rief Herrn Skwirskij an, den Leiter des sowjetischen Informationsbüros in den USA, und er bat mich, mit den beiden Piloten nach Washington zu kommen. Wir flogen in einer kleinen, offenen Maschine; es war März, und ich zog mir eine grauenhafte Erkältung zu. Die Piloten bekamen die Fluggenehmigung unter der Bedingung, keine photographischen Apparate mit sich zu führen. Später stellten die Russen dann fest, daß die Pilo-

ten über der Mandschurei, Wladiwostok und vielen anderen Orten doch photographiert hatten, und Herr Skwirskij ermahnte mich: »Wenn Sie das nächste Mal zu uns nach Washington kommen, dann singen Sie, aber bringen Sie nie wieder Piloten mit!«
Als Mitglied des Ausschusses für sowjetisch-amerikanische Kulturbeziehungen, dem übrigens auch Stokowski angehörte, hatte ich es für meine Pflicht angesehen, in diesem Fall vermittelnd einzugreifen. Der F.B.I. war jedoch überzeugt, ich gehörte zum sowjetischen Informationsbüro, das heißt man hielt mich für einen Spion.
Nach dem *Wozzeck* gab ich wieder Konzerte in Arbeitervereinen und trat im Madison Square Garden in New York anläßlich der Feier zu Lenins Todestag auf. Vor über zwanzigtausend Versammelten sang ich Lieder junger sowjetischer Komponisten, von Chatschaturjan und Kabalewskij, und auch Knippers *Marschlied der Roten Armee.*
Das war nicht günstig für meine Beziehungen zu Vermittlern. Ich war als radikal verschrien, und das bedeutete keine finanziell ertragreichen Konzerte. Deshalb reisten Marie und ich nach London, wo Ibbs und Tillet ein Konzert in der Aeolian Hall arrangierten. Positive Besprechungen, besonders von Ernest Newman in der *Times*, verschafften mir viele Konzertmöglichkeiten in England. Und ich hatte das Vergnügen, mit einem hervorragenden Musiker und Pianisten zusammenzuarbeiten, mit Harold Craxton. Dann kam ein ausverkauftes Konzert in Glasgow. Ich entschloß mich jetzt, zusammen mit Marie noch weitere Konzerte in England zu geben – in der Hoffnung, hier nicht wie in den Vereinigten Staaten diskriminiert zu werden. Aber ich sollte mich täuschen.
Zwischendurch hatte ich meine Angehörigen in Holland besucht, und bei diesem Abstecher erhielt ich die Mitteilung, daß ich eine Erlaubnis brauchte, um wieder nach England einreisen zu können, und außerdem eine besondere Arbeitsgenehmigung. Ich verstand nicht, was Konzertieren mit Arbeiten zu tun haben sollte. Marie ging ins Foreign Office und mußte tausend Fragen beantworten. Und es stellte sich heraus: Der Grund für diese Schwierigkeiten war unsere Konzerttournee nach Palästina.

Tournee in Palästina

Als wir 1928 in Odessa konzertierten, bekam ich ein Telegramm von einem Impresario aus Jerusalem, der uns einlud, zehn Konzerte in Palästina zu singen. Finanziell war das Angebot nicht attraktiv. Gefühlsmäßig jedoch reizte es mich; denn ich war der erste ausländische Künstler, der zu Konzerten verpflichtet werden sollte. Also nahm ich an, und nach unserem letzten Konzert in der Ukraine fuhr Marie nach Schottland, um erst später nachzukommen, während ich in Odessa ein Schiff bestieg. Ich reiste quer durch das Schwarze Meer nach Haifa.

In Tel Aviv besuchte mich Zeew Jabotinsky, der Führer der Linkspartei, der Cherut; ein gutaussehender Mann um die Vierzig, der fließend Russisch sprach. Wir wurden Freunde. Aber er warnte mich, daß ich Schwierigkeiten bekommen würde, wenn ich russische Lieder sänge. Russisch und Jiddisch würden von seinen Anhängern nicht geduldet und er könne daran nichts ändern.

Bei meinem ersten Konzert in Tel Aviv saßen in den letzten Reihen mehrere hundert Jugendliche in Uniform. Mein Begleiter, ein in Jerusalem lebender Engländer, wurde nervös. Nach den ersten Liedern sagte ich: »Seien Sie doch nicht so nervös. Ich werde schon mit denen fertig. Haben Sie etwa Angst?«

»Nein«, meinte er. »Ich bin Engländer. Aber ich überlasse das ganz Ihnen.«

Wir gingen wieder auf die Bühne. Ich blieb vor dem Flügel stehen, lächelte meinem Begleiter zu und schaute dann fest auf meine »Hinterbänkler«. Nach ungefähr einer Minute nahm ich militärisch stramme Haltung an und verkündete: »Ich werde Ihnen jetzt ein paar schöne russische Lieder singen.« Als der Pianist die lange Einleitung zu Rachmaninows *Liedern aus Grusien* begann, hörte ich ein Kommando des Anführers, und die Uniformierten verließen geschlossen aber geräuschlos den Saal. Das Publikum, das einen Tumult erwartet hatte, atmete auf. Ich auch. Ich hatte zwar den Helden gespielt, war aber doch sehr nervös gewesen. Ich hatte absolut kein Verlangen danach gehabt, meine Tournee in Palästina mit einem Skandal zu beginnen. Marie wurde gut aufgenommen – besonders mit ihren englischen Volksliedern. Bei unserem zweiten Konzert in Tel Aviv wurde ich gebeten, ein Lied eines jüdischen Komponisten zu singen auf den Text des jüdischen Dichters Nahum Bialik. Ich konnte es nicht innerhalb eines Tages lernen, aber Marie, ein »Goi«, brachte es fertig und sang es noch am selben Abend. Der berühmte Dichter, der im Publikum gesessen hatte, kam auf die Bühne und gab Marie einen Handkuß. Als der Applaus anschwoll, küßte er ihr beide Hände. Marie hat diese Szene nie vergessen. Und beide haben wir nicht vergessen, daß uns der Bürgermeister von Tel Aviv, Meier Dizengoff, mit der Überreichung der Stadtschlüssel eine ganz besondere Ehre zuteil werden ließ. Alle unsere Konzerte in Haifa, Jaffa, der Negew und besonders in einem unvergeßlichen Kibbuz machten uns die größte Freude.

Weil wir aus Odessa gekommen waren, verdächtigten uns die Engländer als Spione. Oberst Kich, der britische Hochkommissar, hatte einen Offizier abgestellt, der uns Tag und Nacht überwachen mußte. Dieser Offizier benahm sich äußerst korrekt, wie es sich für einen Engländer gehört, der auf einen amerikanischen Sänger und dessen englische Ehefrau aufzupassen hat. Wir hatten keinen Grund zu irgendwelchen Beanstandungen. Marie fuhr anschließend allein nach Paris. Unterwegs wurde sie in Alexandria an Bord ihres Schiffes verhaftet und durfte sich nur in Begleitung eines Offiziers bewegen, der sogar vor der Toilette Posten faßte. Die Stadt durfte sie nicht betreten. Am nächsten Morgen wurde sie von einem englischen Polizeiboot auf einen Dampfer nach Neapel überstellt. Sie durfte nicht mit ihren Eltern in Glasgow telephonieren. Die Engländer waren fest davon überzeugt, daß sie an der Spionage ihres subversiven Ehemannes beteiligt war.

Eine Dame aus Boston hatte Bekannte im Foreign Office in London; sie zog Erkundigungen ein und erfuhr aus zuverlässiger Quelle, daß ich als Bolschewik galt und Marie als Spionin.

Ich merkte also, daß auch die »fairen« Engländer es auf mich abgesehen hatten, und da ich wußte, daß ich in Moskau jederzeit willkommen war, telegraphierte ich nach dort: »Bin frei für

Konzerte.« Umgehend kam die Antwort: »Erwarten Sie.« Unterzeichnet hatte Gawril Borissowitsch Kolischer.
In Moskau machte mir Dr. Schatzkij, der neue Direktor des Moskauer Konservatoriums, das Angebot, die Abteilung Gesang zu übernehmen. Marie war nicht sonderlich begeistert von dieser Offerte. Sie war zwar voll Bewunderung für die russischen Menschen; aber sie glaubte nicht, daß ein »upper class Briton« in der damals herrschenden Lage als einer der Ihren unter ihnen leben könnte. Es hieß jedoch, daß wir amerikanische Staatsbürger bleiben sollten, und angesichts der Zusage, daß im Herbst eine komfortable Wohnung für uns bereit stünde, nahm ich die Professur an.

Diesen Sommer reisten wir viel umher und sangen vor großen Zuhörermassen in Tiflis und anderen kaukasischen Städten. Wir besuchten auch die Krim, wo das Meer bei Jalta viel Jod enthält, und durch die täglichen Bäder kräftigte sich meine Stimme wie nie zuvor.
Ich entdeckte eine riesige, leerstehende Scheune, in der ich täglich meine Gesangsübungen machen konnte, so laut ich wollte, ohne auf Proteste der Nachbarn gefaßt sein zu müssen.
Der Umstand, daß die Bevölkerung – Georgier, Tataren, Turkmenen, Armenier und nur sehr wenig Russen – heiter und zugänglich war, trug mit dazu bei, daß dieser Sommer viel netter für uns ausfiel als frühere Tourneen; besonders wenn wir an die Wolgareise zurückdachten.
In Kasan wurden wir zu Ehrenbürgern der Tatarischen Republik ernannt. Bei diesen Konzerten und im Hinblick auf die mich erwartende Professur vergaß ich alle Enttäuschungen mit meinen amerikanischen Agenten. Marie allerdings mit ihrem typisch englischen gesunden Menschenverstand sah nicht alles so rosig wie ich. Aber auch sie war damit einverstanden, den Winter in Moskau zu verbringen.
Am 1. September trafen wir dort ein und stellten fest, daß die versprochene Wohnung nicht vorhanden war. Man bat uns, vorläufig im Metropol-Hotel zu logieren. Dr. Schatzkij deutete an, daß ich, wenn die Arbeit am Konservatorium erfolgreich würde

und ich bleiben wollte, auch die sowjetische Staatsangehörigkeit bekommen könnte. Marie aber bekam es mit der Angst zu tun und wollte nicht länger bleiben. Und so nahm es mit der großen Ehre und der interessanten Arbeit, die folgen sollte, ein jähes Ende. Leute, die es wissen mußten, erklärten uns, daß Ausländer, auch »vertrauenswürdige Freunde«, von der Geheimpolizei bespitzelt würden. Deshalb mußten wir auch in einem Hotel wohnen. Die Lage hatte sich seit dem letzten Frühjahr verschlechtert, und die Säuberungsaktionen erfaßten jetzt auch die Theaterdirektoren und die Intellektuellen. So konnte uns nichts ermutigen, in Moskau zu bleiben.

Wir besuchten noch Marija Michailowna. Es war ein großer Schock, ihren Rat zu hören. »Wenn ich Sie wäre, würde ich Moskau auf der Stelle verlassen. Im Kreml ist der helle Wahnsinn ausgebrochen. Die Leute, die ich kannte, sind alle verschwunden. Efrem hat mir geraten, niemanden zu empfangen. Man hat unsere Nachbarn gezwungen, über unsere Besucher Bericht zu erstatten. Ich fürchte, unsere Tage sind gezählt. Mehr will ich nicht sagen.«

Wir verabschiedeten uns mit Küssen und Tränen.

Manche Leute wußten von dem, was auf sie zukam, mehr, als sie sagen wollten. Wenn der Name Stalin fiel, schauten alle zur Seite und dämpften die Stimme. Es war eine große Enttäuschung, alle unsere gut vorbereiteten Pläne scheitern zu sehen. Wir waren aber mehr als dankbar, daß wir die Freiheit besaßen, nach New York zurückfahren zu können. Dort kamen wir gerade rechtzeitig in die große Wirtschaftskrise.

Einen Tag vor unserer Rückkehr nach New York war, in Zusammenhang mit der Anerkennung der sowjetischen Regierung durch die USA, eine Sowjet-Delegation eingetroffen. Der Besitzer des St.-Moritz-Hotels hatte eine feudale Suite für sie vorbereitet und war sehr enttäuscht, als er feststellen mußte, daß die Delegation anderweitig untergebracht worden war. Am nächsten Tag schrieb Alice Hughes im *New York American*, daß die Radamskys aus der UdSSR zurückgekehrt seien, und sofort wurde uns die Ehre zuteil, in dieser fürstlichen Suite wohnen zu dürfen.

Am selben Nachmittag noch gab es einen Auflauf auf der Straße. Von unserem Balkon aus konnten wir beobachten, wie die Menge vor unserem Hotel sich sammelte und applaudierte. Vom Dach des Hotels, gerade über uns, wehte eine riesige Sowjet-Fahne, die die Hotelleitung zu Ehren der erwarteten russischen Delegation gehißt hatte. Wir schlichen in unsere Zimmer zurück und verriegelten die Türen. So wehte die erste sowjetische Flagge in Amerika für die Radamskys. Es war eine Ehre, glaubten wir. Die russischen Emigranten dachten anders darüber.

Es waren schlimme Jahre für jedermann. Die wirtschaftliche Depression hatte ihren Tiefpunkt erreicht. Die meisten Künstler und Musiker wurden von der *Works Progress Administration* oder anderen Sonderfonds unterstützt. Auch berühmte Künstler konzertierten kaum. Wir erhielten wiederum eine herzliche Einladung aus Moskau, in Aserbeidschan und Armenien zu singen. Ich hatte schon immer eine Schwäche für Armenier gehabt, und so sagten wir zu.

In Baku am Kaspischen Meer sangen wir vor zwanzigtausend Zuhörern. Wir wurden nicht in Dollars bezahlt, wohnten jedoch in den besten Hotels, erhielten Einladungen zu Konzerten, Opern- und Theateraufführungen und machten viele Bekanntschaften.

Verglichen mit Moskau waren die Menschen hier unten überraschend heiter und gesprächig. Nur ein Name wurde bloß im Flüsterton erwähnt: Lawrentij Berija.

Schostakowitschs »Lady Macbeth«

Nach Moskau zurückgekehrt, fanden wir, daß sich die Lage der Schriftsteller, Theaterdirektoren und überhaupt der Intellektuellen inzwischen unglaublich verschlechtert hatte. Trotzdem hofften wir in aller Unschuld auf eine Besserung der Dinge.

Damals führte die Oper in Leningrad gerade Schostakowitschs erstes Bühnenwerk *Lady Macbeth von Mzensk* auf, und so fuh-

ren wir hinüber. Das Leben in dieser heiteren Stadt war gegenüber Moskau angenehm; die Oper gefiel uns gut, wenn sie uns auch stellenweise etwas verwirrend, ja »häßlich« schien.
Zu Zeiten der Zaren war St. Petersburg, wie Leningrad bekanntlich früher hieß, nicht nur der Sitz der Regierung, sondern auch der Mittelpunkt der russischen Kultur gewesen. Hier waren die großen Museen, Theater, Opernhäuser, Ballette, hier lebten die großen Schriftsteller, Dichter, Komponisten, Wissenschaftler und Intellektuellen, hier in der großartigen Metropole mit ihren Palästen an der schönen Newa. Das Konservatorium war berühmt für seine Lehrer wie Rimskij-Korssakow und seinen Vorgänger Anton Rubinstein. Die Aristokratie und die geistige Oberschicht hatten allerdings früher französisch gesprochen und gelesen.
Nach der Revolution wurden zwar Regierung und Regierungsbehörden nach Moskau verlegt; aber die Stadt behielt ihre führende Stellung im Kulturleben und hatte immer noch bessere Opern, Ballette und Symphonie-Orchester als die neue Regierungsstadt. Mitte der zwanziger Jahre wurden berühmte ausländische Dirigenten, Pianisten und Geiger zuerst nach Leningrad eingeladen; Moskau folgte erst in zweiter Linie. Diese Rivalität zwischen den beiden Städten ist bis heute geblieben. Die ersten Symphonien des jungen Schostakowitsch wurden in Leningrad komponiert und aufgeführt. Als seine Oper *Lady Macbeth von Mzensk* (oder *Katerina Ismailowna*) 1932 uraufgeführt wurde, wurde sie von der Leningrader Presse stürmisch begrüßt, ja in den Fabriken eingeführt und diskutiert. Man unterbrach die Arbeit für eine Stunde, ein Klavier wurde in einer großen Montagehalle aufgestellt und Ausschnitte aus dem Werk vorgespielt und gesungen; dann erklärte man, weshalb dies nun die große proletarische Oper wäre und daß sie komponiert sei von »einem unserer Söhne, dessen Vater und Mutter auch in unserer großen Stadt geboren sind«. Man erzählte den Arbeitern, daß sie den dreißigjährigen Dmitrij inspiriert hätten, dieses Werk zu schaffen. Zu Hunderten konnten sie sich die Oper anhören.

Es folgten erneute Versammlungen in den Fabriken. Briefe wurden an die Zeitungen gerichtet und überall hingen Plakate, die

den Stolz der Vaterstadt des Komponisten verkündeten; es herrschte allgemeiner Jubel.
Moskau nahm von alledem kaum Notiz. Die Zeitungen berichteten so gut wie nichts darüber, und in Privatgesprächen hörte man eher Spott als Lob über die Oper.
Die Zeitungen der meisten westlichen Hauptstädte lobten den jungen Komponisten, dessen Erste Symphonie Furore gemacht hatte. Nachdem Toscanini sie in der Carnegie Hall im Jahre 1927 aufgeführt hatte, lud er mich ein und sagte zu mir: »Ihr junger Freund da ist das größte Musikgenie unserer Tage. Bitte grüßen Sie ihn aufs herzlichste von mir und bitten Sie ihn, mir alle seine Werke zu schicken, die aufführungsreif sind.«
Das Bolschoj-Theater in Moskau interessierte sich nicht für die große proletarische Oper, bis Nemirowitsch-Dantschenko, ein Mitarbeiter von Stanislawskij, der in ihrem kleinen Theater moderne Opern aufführte, nach Leningrad reiste und, begeistert von dem Werk, es aufführte. Jetzt begeisterte sich auch die Moskauer Presse. Alle Kritiker waren einmütig des Lobes voll. Nur das Bolschoj-Theater blieb ungerührt.

Im Frühjahr 1934 besuchte der Dirigent des Cleveland Symphony Orchestra, Artur Rodzinski, Moskau, um über die amerikanische Erstaufführung der Oper zu verhandeln und hatte ein Empfehlungsschreiben von Newton D. Baker, dem Präsidenten des Cleveland Symphony Orchestra, an den amerikanischen Botschafter William Bullitt bei sich. Er suchte das Erziehungsministerium auf und fand dort, nach seinen Worten, das »ungeheuerlichste Chaos« vor.
Mr. Bullitt schickte einen Botschaftssekretär zu seiner Hilfe. Ohne Erfolg. Dann bat der Botschafter mich um Vermittlung. Ich kannte die richtigen Leute und konnte die Behörden davon überzeugen, daß die amerikanische Aufführung einen großen Prestige-Gewinn für Moskau bedeuten würde, und das gab den Ausschlag. Rodzinski erhielt die Erlaubnis, die Oper in den USA aufzuführen. Der Erziehungsminister machte es allerdings zur Bedingung, daß ich bei der Aufführung Regie führen sollte.
Da die russischen Sänger in New York alle geschworene Gegner

des Sowjetregimes waren, konnte ich mich nicht auf sie verlassen. Die Oper ist tatsächlich ein bißchen schaurig, und es war zu befürchten, daß die russischen Emigranten alles daransetzen würden, um dem sowjetischen Komponisten zu schaden.
Rodzinski machte einen Vertrag mit mir. Ich sollte die Reisespesen Moskau–Cleveland und zurück erhalten und ferner ein Honorar für die Aufführung in Amerika. Schon immer hatte ich mich für das Theater interessiert und Schauspiele in Arbeitertheatern von New York auf die Bühne gebracht, und diese Chance eröffnete neue Horizonte.
Eigentlich standen jetzt Konzerttourneen nach Lettland und Polen bevor, aber ich sagte alles ab, fuhr nach Leningrad und besuchte die Oper mehrere Male gemeinsam mit dem Komponisten.

Stalin und Jagoda

Ehe ich in diesem Sommer in die Vereinigten Staaten zurückkehrte, fuhren wir erst noch einmal nach Tiflis, um dort ein Konzert zu geben. Wir wohnten bei Sandro Achmateli, dem Direktor des berühmten georgischen Rustaveli-Theaters, der seine Dienstwohnung direkt über dem Theater hatte. Sandro war Lieblingsschüler von Stanislawskij gewesen. Aber ebenso wie Meyerhold lehnte er Stanislawskijs Art des Spiels und der Regie ab. Er kehrte nach Tiflis zurück, schuf das Staatliche Georgische Theater und brachte es auf ein solches Niveau, daß es 1932 bei den Festspielen der Sowjettheater in Moskau den Ersten Preis erhielt.
Stalin und seine Vertrauten waren bei der denkwürdigen Vorstellung anwesend, und es herrschte eitel Jubel. Im allgemeinen ließ Stalin seine Liebe zum heimatlichen Georgien nie durchblicken; aber dieses Mal war er doch sehr stolz. Nach der Aufführung gab es noch eine besondere Feier im Theater, bei der die Künstler vor Stalin, Kirow, Ordshonikidse und anderen hohen Funktionären georgische Volkslieder sangen und Volkstänze tanzten. Mich hatte der Direktor mit dazugeladen.

Ich habe noch die Photographie, die damals gemacht wurde: Stalin und seine engsten Vertrauten stehen an der Rückwand des Zuschauerraums. Auf ihren Gesichtern spiegelt sich die Freude über die gelungene Vorführung, selbst Stalins grimmiges Gesicht zeigt ein Lächeln. Als Sandro mich ihm vorstellte, war alles, was er zu mir sagte: »Stimmt es, daß Sie und diese . . .?« und damit deutete er auf eine entzückende georgische Schauspielerin. Aber ehe ich noch antworten konnte, wurde ich schon von seiner Leibwache sanft aber unmißverständlich beiseitegeschoben.
Zum Zeichen seiner Anerkennung umarmte Stalin seinen Landsmann Sandro und sagte: »Wenn Sie einmal etwas für Ihr Theater brauchen, kommen Sie direkt zu mir.«
Normalerweise hätte ein solches Versprechen sofort die Runde gemacht in der Theaterwelt. Aber Sandro hielt es wie einen Schatz geheim. Er war ganz sicher, daß Stalin ihm ein modernes Theater in seiner Geburtsstadt Tiflis bauen würde.
Ich brauchte dringend Erholung und fuhr deshalb in den bekannten Kurort Sotschi, der nicht weit von Tiflis liegt. Ich suchte Ruhe, aber auch hier machte sich eine unruhige Gespanntheit deutlich bemerkbar. Der einzige heitere Mensch in meiner Umgebung war die hübsche und kokette georgische Schwester, die ständig alle möglichen Fragen stellte über mein Singen, über Moskau, und, wenn niemand in der Nähe war, über Paris und die Vereinigten Staaten. Ich nahm medizinische Bäder und Inhalationen für meine Kehle und machte lange Spaziergänge.
Eines Tages kam ich dabei an einen kleinen Park, vor dessen Eingang mich ein Soldat abwies. Ich wandte mich, um zu gehen, als ein Herr in Zivil, der ganz allein auf einer Bank im Park saß, dem Wachtposten ein Zeichen gab, mich einzulassen. Auf einmal erblickte ich mehrere Soldaten, die hinter Bäumen standen und mich erstaunt beobachteten. Der Herr auf der Bank winkte den Offizier beiseite und lud mich mit einer Handbewegung ein, neben ihm Platz zu nehmen.
Er begrüßte mich mit meinem Vor- und Vatersnamen, sagte, ich hätte eine wunderbare Stimme, und meine Konzerte fänden allgemeine Begeisterung. Ich war geschmeichelt, daß er meinen Namen kannte. Er muß mich also in einem meiner Konzerte

gehört haben, dachte ich. Dann fragte er, welche Musik die Amerikaner am liebsten hörten, wie oft sie ins Konzert gingen, wieviel die Eintrittskarten drüben kosteten, und ob mir das russische Publikum besser gefiele als das amerikanische. Ich fand die Unterhaltung sehr interessant, weil ich hier einmal die Chance hatte, Gutes über die Vereinigten Staaten zu sagen. Er wußte auch, daß Marie mit dem englischen Königshaus verwandt war. Dies überraschte mich weniger, weil es ein offenes Geheimnis war.

Dann fragte er, ob die Amerikaner immer noch die Engländer haßten. Als ich erzählte, daß ich in Boston zur Schule gegangen war und daß einige der Iren dort die Engländer nicht ausstehen konnten, freute er sich sichtlich. So unterhielten wir uns länger als eine Stunde.

Ich hatte die Vermutung, mit einem hohen Funktionär zu sprechen und so faßte ich mir ein Herz und fragte: »Würden Sie mir bitte Ihren Namen sagen?«

Er antwortete ganz ruhig: »Oh, ich heiße Genri Jagoda.«

Ich starrte ihn an und konnte kein Wort herausbringen. Er lächelte, als ob überhaupt nichts wäre, und setzte die Unterhaltung fort. Dann fragte er noch, wie mir die Sowjetunion gefiele, und ob ich hier nicht leben wollte. Mit etwas heiserer Stimme und leicht nervös entgegnete ich, daß es mir hier natürlich sehr gut gefiele, daß ich aber nicht bleiben könnte, weil meine Frau Engländerin sei und wir alle unsere Angehörigen und Verwandten in Europa und Amerika hätten.

Die Unterhaltung war so freundlich, daß ich einfach nicht glauben konnte, daß dieser Mann, der da neben mir saß, mit einem Federzug das Schicksal von Zehntausenden – nein von Hunderttausenden besiegelt hatte. Er bemerkte die Veränderung in meinem Tonfall und daß ich auf einmal nichts mehr zu sagen wußte. Also stand er auf, gab mir die Hand und führte mich an das Ende des Parks. Der Offizier folgte uns mit einigen Schritt Abstand, und alle Wachtposten nahmen Haltung an. Dann fragte er noch höflich, ob ich in Sotschi die Bäder nähme und wie lange ich noch zu bleiben gedächte. Zum Schluß streckte er mir noch einmal die Hand entgegen und verabschiedete sich.

»Es war sehr nett, mit Ihnen zu sprechen. Vielen Dank.«
Als ich »Auf Wiedersehen« sagte, blieb mir fast das Wort im Halse stecken. Erst als ich fortging, kehrte er in den Park zurück. Ich brauchte einige Zeit, um mir klarzumachen, daß ich eine geschlagene Stunde lang mit dem Chef der russischen Geheimpolizei geplaudert hatte, dessen Name allein genügte, um auch dem Unschuldigsten und dem Prominentesten einen Schauder über den Rücken zu jagen.
Als ich abends zu meiner Kurbehandlung kam, war die Schwester merkwürdig fahrig und schaute mich an, als ob sie mich nie zuvor gesehen habe. Ich erzählte ihr, ich hätte eine lange Unterhaltung mit Genossen Jagoda über Amerika gehabt; aber sie gab keine Antwort.
Später erfuhr ich, daß zur selben Zeit auch Stalin, Woroschilow und viele andere Spitzenfunktionäre in Sotschi zur Kur geweilt hatten. Aber man bekam sie nicht zu Gesicht, da sie ihre »Datschen« niemals verließen. Deshalb also war auch Jagoda dort gewesen, wo die Posten den Park bewachen mußten, in dessen unmittelbarer Nähe sie alle ihre Sommerhäuser besaßen.
1938 wurde Jagoda selbst liquidiert. Damals waren Liquidationen an der Tagesordnung. Die große Überraschung war nur, daß Stalin bis zu seinem Tode an der Macht blieb.
Ich fuhr zurück nach Tiflis. Die Kur hatte mir sicher gutgetan; aber das Plauderstündchen mit Stalins Henker hatte mir doch etwas zugesetzt, und ich sehnte mich nach den USA zurück, um dort Schostakowitschs Oper *Lady Macbeth* zu inszenieren.
Im Herbst traf ich in Cleveland ein und mußte feststellen, daß alle Pläne für die Aufführung der Oper über den Haufen geworfen waren. Ich war ein »Roter«, und die Opernsänger, ohne Ausnahme »Weiße«, wollten nicht unter meiner Regie singen. Man riet mir, die Cleveland Symphony auf fünfundzwanzigtausend Dollar Schadenersatz wegen Vertragsbruch zu verklagen. Aber selbst wenn ich den Prozeß gewonnen hätte, wäre das noch keine Entschädigung für meine Enttäuschung gewesen.
Rodzinski entschuldigte sich damit, daß nicht er, sondern die *Amtorg*, die sowjetische Handelsdelegation in New York, gegen den Originalvertrag von Moskau Einspruch erhoben habe. Ich

hatte die Oper im Rahmen eines Kulturaustausches für den Nominalbetrag von nur vierhundert Dollar erworben. Die *Amtorg* aber verlangte für die Aufführungsrechte dreitausend Dollar. Als die Cleveland Symphony sich mit dieser neuen Forderung einverstanden erklärte, wurde der Moskauer Vertrag annulliert. Der neue Vertrag aber ließ den Sängern die Freiheit, sich ihren Regisseur selbst zu wählen.

Ich suchte Newton D. Baker auf, den Präsidenten des Orchesters, der einen großen Namen als Rechtsanwalt besaß. Er begrüßte mich herzlich und sagte:

»Mr. Radamsky, ich höre, Sie wollen uns auf fünfundzwanzigtausend Dollar Schadenersatz verklagen. Als erfahrener Rechtsanwalt kann ich Ihnen versichern, daß Sie den Prozeß gewinnen werden. Aber wollen Sie uns denn wirklich verklagen? Bill Bullitt hat so nett über Sie geschrieben – wollen Sie nicht lieber mit unserem Orchester konzertieren?«

Wenn jemand überreden konnte, dann Mr. Baker. Wir schieden als gute Freunde, und ich erhielt die Reisespesen für die Rückfahrt nach Moskau ausbezahlt.

Die fünfundzwanzigtausend Dollar, die ich nicht einklagte, erinnerten mich an ein ähnliches Erlebnis aus dem Jahr 1932, als wir im Metropol-Hotel in Moskau wohnten. Eines Tages wurde ich Zeuge, wie ein baumlanger, gutaussehender Amerikaner ganz aufgeregt auf den Empfangschef einredete: »Ich habe es satt, mich von euch Bolschewiken an der Nase herumführen zu lassen! Morgen reise ich ab. Machen Sie meine Rechnung fertig.«

Ich fragte: »Kann ich Ihnen irgendwie behilflich sein?«

Er fuhr herum und schaute mich an. »Sind Sie nicht der Sänger Radamsky?«

»Ja, der bin ich. Was ist denn los?«

»Was los ist? Der Teufel ist los! Seit zehn Tagen laufe ich mir die Füße wund! Ich heiße Flamarian, ich bin der Vizepräsident der Remington Typewriter Company. Ich bin hierher gekommen, um den Bolschewiken eine Million Schreibmaschinen zu verkaufen, die sie dringend brauchen können, wie man mir gesagt hat. Und wir müssen sie um jeden Preis loswerden, weil wir keinen Lagerraum mehr haben. Und ich kriege es beim besten

Willen nicht fertig, mit einer Menschenseele über das Geschäft zu sprechen. Die scheinen hier alle Angst vor mir zu haben.« Er hatte offensichtlich die Nase voll. Ich beruhigte ihn und sagte: »Warten Sie einen Augenblick. Ich will mal sehen, was ich tun kann.«

Dann bat ich den Portier, mich mit Rosenberg zu verbinden, dem Handelsminister, der sein Büro hier in unserem Hotel hatte.

»Das geht nicht. Der Minister hat eine Besprechung.«

Ich ließ nicht locker. »Bitte verbinden Sie mich oder ich gehe selbst hinauf. Ich weiß, wo er wohnt.«

Bei dieser Drohung nahm der Portier den Hörer ab und wählte. Ein Sekretär war am Apparat. »Herr Rosenberg ist bei einer Konferenz.«

Aber ich ließ mich nicht abwimmeln. »Dann sagen Sie ihm bitte, daß der Sänger Radamsky ihn unbedingt sprechen muß. Es ist sehr wichtig.«

Mr. Flamarian stand da mit offenem Mund und traute seinen Ohren nicht. Nach zehn Minuten rief ich ein zweites Mal an und erklärte, ich wollte mit niemand anderem sprechen als mit Genossen Rosenberg.

»Genosse Rosenberg hat eine Besprechung und darf nicht gestört werden.«

Ein paar Sekunden später kam er selbst ans Telephon.

»Was ist denn los?«

»Ich muß Sie sofort sprechen.«

»Kommen Sie rauf.«

Fünfzehn Minuten später konnte Mr. Flamarian mit dem Minister verhandeln.

Weitere zwei Tage später berichtete mir der Amerikaner freudestrahlend, daß er seine Schreibmaschinen an den Mann gebracht hatte. Zwar unter dem Herstellungspreis; aber in der herrschenden Depression war man froh, überhaupt das Lager räumen zu können. Er schrieb einen Scheck aus und sagte: »So, das hier ist Ihre Provision.«

Ich warf einen Blick auf das Papier: es waren fünfundzwanzigtausend Dollar. Ich lehnte ab.

Er war erstaunt und meinte: »Das ist ja nicht alles. Wenn alles klappt, kriegen Sie vielleicht fünfzigtausend. Sie haben es wirklich verdient. Wenn Sie nicht gewesen wären, säße ich längst wieder zu Hause.«

»Vielen Dank, Mr. Flamarian. Ich weiß Ihre Liebenswürdigkeit zu schätzen. Aber ich bin ein Tenor und lebe vom Singen.« Selbst meine Frau war höchst überrascht.

Die Hotelangestellten, die die Szene am Empfangstisch miterlebt hatten, und auch der Minister, der davon hörte, wußten nicht, was sie davon halten sollten. War ich ein Idiot oder ein Multimillionär oder ein Spitzel der Sowjetregierung und deshalb gehemmt, den Scheck anzunehmen? Ich hätte sie leicht aufklären können. Ad eins: Ich war nicht clever. Ad zwei: Ich war nicht clever. Ad drei: Ich war ein Tenor. Nicht gerade ein ganz großer Tenor, aber ein ehrlicher.

Diese Geschichte wurde viel beredet und man argwöhnte, ich stünde vielleicht in geheimen Beziehungen zu amerikanischen Firmen. Endlich hatte man die Gründe für mein ewiges Hin- und Herreisen zwischen Moskau und New York entdeckt. Eine andere Erklärung ging dahin, daß ich den Scheck nicht angenommen hatte, weil er mir in aller Öffentlichkeit angeboten worden sei. Man hielt es sogar für nicht ausgeschlossen, daß Mr. Flamarian das absichtlich so arrangiert hätte.

Gerüchte und Deutungen dieser Art waren ja zu erwarten. Das alles überzeugte mich, daß ich gar nicht so dumm gewesen war, den Scheck zurückzuweisen. Daß es aber dumm gewesen war, mich von Newton D. Baker einwickeln zu lassen.

Es war ja nicht ohne Ironie, daß ich, weil ich ein »Roter« war und mit dem Komponisten befreundet, die »erste große proletarische Oper« nicht inszenieren durfte.

Wir saßen in New York; die *Lady Macbeth* war für mich ins Wasser gefallen, und da ich fest auf diesen Kontrakt gebaut hatte, hatte ich mich auch gar nicht darum bemüht, anderweitige Konzerte zu arrangieren.

Ein Telegramm aus Moskau ließ mich wieder neue Hoffnung schöpfen. Wir wurden zu einer neuen Tournee eingeladen. Unterzeichnet hatte diesmal mein Freund Alexandrow. In unserer verzweifelten Lage war ich froh, unsere Zusage kabeln zu können.

Bei der Roten Armee in Sibirien

Der Empfang war herzlicher, als wir erwartet hatten. Man hoffte nämlich, wir würden in einer katastrophalen Lage helfen. Der Roten Armee in Sibirien und der Flotte auf dem Amur und im Pazifischen Ozean waren dreißig Konzerte versprochen worden. Ein Tenor vom Bolschoj-Theater in Moskau war fest engagiert. Als er in Irkutsk zum ersten Konzert eintraf, holte er sich dort Typhus und starb. Kein anderer sowjetischer Sänger war jetzt noch zu überreden gewesen, nach Sibirien zu gehen, weil alle Angst vor dieser entsetzlichen Krankheit hatten. Die einzige Hoffnung war ich, der sie vor der Blamage retten würde; denn wenn der Roten Armee einmal etwas zugesagt worden war, gab es keine Ausflüchte. Beste Unterbringung und alles, was wir nur fordern würden, wurde uns versprochen, wenn wir bloß konzertieren wollten.

Meine Frau hatte einige Krankenpfleger-Kenntnisse aus der Zeit des Ersten Weltkrieges und war sicher, uns beide gegen Typhus schützen zu können.

Mein Leben lang hatte ich nur mit Grauen an Sibirien gedacht. Ich erinnerte mich an Geschichten, die ich in meiner Kindheit von Flüchtlingen gehört hatte, und an all das, was ich in der Literatur von diesem unendlichen Land gelesen hatte, das seit Jahrhunderten Hekatomben von Menschen verschlungen und vernichtet hatte. Jetzt sollte ich selbst dorthin reisen und denen ein bißchen Freude bringen, die es fertiggebracht hatten, dort zu überleben. Wir hatten das Gefühl, hier bitter nötig gebraucht zu werden. Und wir wußten ja auch, daß inzwischen viele Ingenieure, Ärzte und Fachleute dorthin geschickt wurden, darunter auch Freiwillige, die hofften, auf diese Weise der Hungersnot in Mittelrußland, der Ukraine und den Wolgadistrikten entgehen zu können.

Sobald in Moskau bekannt wurde, daß wir bereit waren zu

reisen, fragte Moissey Kammenstein, der Leiter einer Organisation, die für die neue jüdische Republik Birobidshan in der UdSSR Gelder sammelte, ob wir nicht Lust hätten, auch dort zur Feier des neuerrichteten Theaters ein Konzert zu geben. Ich war von Herzen bereit, meinen armen jüdischen Mitmenschen im kalten Sibirien etwas Gutes zu tun.
In den Säuberungsaktionen der folgenden Jahre wurde Kammenstein und die anderen Mitglieder seiner Organisation, darunter auch der bedeutende jüdische Schauspieler Michoils, aus dem Wege geräumt; aber das ist eine andere Geschichte. Birobidshan war damals eine große Hoffnung der Juden in Rußland, Polen und in anderen Ländern. Alexandrow, der Abgeordnete der Staatsphilharmonie in Moskau, hatte zwar offiziell nichts damit zu tun, bat uns aber doch privat, mehr als nur ein Konzert in Birobidshan zu geben.
Wir machten uns auf die Reise.

Mit der Transsibirischen Eisenbahn dauert die Fahrt von Moskau bis Wladiwostok an die sieben Tage – vorausgesetzt, die Lokomotive bricht unterwegs nicht zusammen und bleibt tagelang auf der Strecke liegen. Die Reisenden versorgen sich selbst mit Proviant und allem Notwendigen. Diese Reise fiel in die große Hungersnot; aber man versicherte uns, daß wir einen Speisewagen mit ausreichendem Vorrat dabeihätten. Natürlich hörten wir auch Gerüchte, daß man unser Gepäck stehlen würde, daß die Heizanlage ausfiele und wir erfrieren müßten, und ähnliche Annehmlichkeiten. Gerüchte, Gerüchte und noch einmal Gerüchte. Wir hatten inzwischen gelernt, nicht allzuviel darauf zu geben in einem Land, wo die Menschen Angst haben, laut zu sprechen; und so traten wir unsere Sibirienreise recht hoffnungsfroh an.
Der Zug war überfüllt. Ganze Familien wollten sich in Chabarowsk, Wladiwostok und anderen sibirischen Städten niederlassen, weil sie sich dort ein bequemeres Leben erwarteten. Überall würde es besser sein als in Moskau.
Manche schleppten auf ihrem Hausrat obenauf noch ein Grammophon mit. Kaum war der Zug aus dem Bahnhof gerollt, als

wir aus dem nächsten Wagen eine Arie aus *Tosca* hörten. Wir hatten keine Lust, von einem »Konzert« gestört zu werden, und ließen uns in unserem Erster-Klasse-Abteil nieder. Da drangen spanische Melodien zu uns, schließlich auch noch Negro Spirituals, und so beschlossen wir, unsere Neugier zu befriedigen und dem Zweiter-Klasse-Wagen einen Besuch abzustatten. Dort stellte es sich heraus, daß sämtliche Radamsky-Platten vorhanden waren, die ich in Moskau eingespielt hatte.

Es war mehr als die übliche Aufregung, als die Mitreisenden entdeckten, daß der berühmte Tenor und seine Frau im Zuge saßen. Wir wurden von Besuchen überschüttet; man brachte uns Süßigkeiten oder einen Apfel, den man den Bauern am Bahnsteig hatte abkaufen können, ein Stückchen Käse oder einen Keks. Das Leben im Zuge war auf einmal keine triste, sorgenvolle Reise mehr – es wurde ein aufregendes, herrliches Erlebnis. Jeden Morgen fanden wir Briefchen unter der Tür, die uns einen angenehmen Tag wünschten.

Im Nebenabteil saß ein General mit seinem Adjutanten. Er hatte uns zuvor keines Blickes gewürdigt. Aber als wir jetzt »entdeckt« worden waren, kam er von seinem Sockel herunter und lud uns ein. Im Gegensatz zu den anderen Reisenden war er wohlversehen mit Süßigkeiten, Zigaretten, Zigarren und Wodka, von welchen Schätzen er uns großmütig anbot.

Der Star dieser Reise war Marie. Der General war erstaunt, daß sie russisch sprach, und hegte zuerst den Verdacht, sie sei eine »Weiße«, die aus der Emigration zurückgekehrt wäre. Aber als er von ihren Vorfahren hörte und Photographien ihrer Eltern und ihres väterlichen Hauses in Glasgow sah, bat er sie kniefällig um Entschuldigung und küßte ihr die Hand.

Der Zug hielt in großen Städten wie Irkutsk, Chabarowsk und Tschita ungefähr eine halbe Stunde und auf kleineren Stationen nur fünfzehn Minuten, so daß sich die Passagiere ihre Teekessel auf den Bahnhöfen an den riesigen Heißwasser-Boilern füllen und sich ihre mageren Rationen mit Brot, Wassermelonen, Kartoffeln und manchmal einem gekochten Hühnchen, das die Bauern zu schwindelnd hohen Preisen feilboten, aufbessern konnten.

In unserem Erster-Klasse-Abteil, das nur für Funktionäre der Regierung, der Partei und der Armee vorbehalten war, kochten wir selbst auf einem kleinen Petroleumofen, was an sich streng verboten war. Ein paar Tage lang konnten wir unsere Kochkünste geheimhalten, bis uns eines Abends eine Zwiebel verriet, die wir bei einem Bäuerlein erstanden hatten. Darauf wurden wir in den Speisewagen verdonnert.
Wir übertraten auch noch ein anderes Gebot. Hunde waren in Erster-Klasse-Abteilen nicht erlaubt. Wir hatten aber unseren kleinen Rehpinscher dabei, und als die Schaffnerin beim ersten Mal kontrollieren wollte, ob wir nicht heimlich kochten, verscheuchte sie unser Wachthund mit seinem wütenden Gekläff.
Unsere erste Reisestation war Irkutsk. Es war kalt, aber nicht unerträglich. Nur unsere Hündin Kolka wollte das Hotel nicht verlassen und lief anfangs entweder nur auf ihren Vorder- oder auf ihren Hinterbeinchen.
Das zweite Konzert war in Tschita. Vierzig Grad unter Null waren auszuhalten durch den strahlenden Sonnenschein. Von dort ging es nach Wladiwostok am Pazifischen Ozean. Hier begannen unsere abendlichen Konzerte für die Armee und die Marine.
Vor diesen Soldaten und Matrosen zu singen war ein Erlebnis. In Städten wie Wladiwostok, Chabarowsk und auch in kleineren Städten waren die Unterkünfte der Soldaten warm. Man hatte eigens Kohleöfen für den Abend aufgestellt. Von den Klavieren, die wir vorfanden, waren drei sehr gut, zwanzig alt und der Rest uralt. In den Städten gab es Klavierstimmer. In den Soldatenlagern hatten Zivilisten aber keinen Zutritt, und so machten sich die Soldaten selbst an die Arbeit. Manche konnten es und manche nicht.
Das Essen war auch nicht gerade das beste, aber es ging. Suppe, Fleisch, Kartoffeln, Zwiebeln, Nachtisch und Tee war das übliche. Wir reisten in Zügen, Autos und durch die Riesenwälder auch mit Panzerwagen. Stundenlang konnten wir den Himmel nicht sehen, weil die Bäume über uns ein Dach bildeten, so daß wir den Eindruck hatten, durch einen Tunnel zu fahren. Der Oberst erklärte mir, wir seien die ersten Zivilisten, die auf diesen

geheimen Straßen fahren dürften. Es war nicht schwer, das zu glauben.

Manche Lager konnte man nur per Boot über den Amur erreichen. Einmal wurden wir sogar in einem Unterseeboot befördert; man hatte uns allerdings versprochen, daß wir nicht tauchen würden.

Auf einer dieser Schiffsfahrten brachte man uns zu einer Familie, die in einer kleinen Hütte am Ufer wohnte. Es wären Eskimos, wurde uns gesagt. Sie luden uns zum Essen ein, und wir saßen recht gemütlich mit ihnen auf dem Fußboden. Es waren ganz sicher keine Europäer; sie waren sauber und ihr Essen war schmackhaft. Es gab sogar eine »Zentralheizung«: der etwas erhöhte Boden an der Wand war warm. Wie das möglich war und auf welche Weise er beheizt wurde, mochten wir nicht fragen. Wir unterhielten uns in einem kuriosen Russisch und bedauerten, daß wir bei der Kälte wieder weitermußten.

Unser Publikum bestand aus Soldaten und Matrosen und ihren Offizieren. Man kann sich die Aufregung vorstellen, wenn sie Marie und unsere amerikanische Pianistin Virginia in ihren Pariser Dekolletés zu Gesicht bekamen. Ihr Benehmen war mustergültig und ihre Begeisterung mit Worten kaum wiederzugeben. Beifall und Hochrufe wurden von einem Offizier kommandiert. Er schrie: »Dawaj!« (Los!), und man konnte es bis Moskau hören. Dann: »Dawolno!« (Genug!), und es war auf der Stelle so mucksmäuschenstill, daß man sich beinahe fürchten konnte.

Unsere Zimmer in den Hotels waren sauber und bequem. In Chabarowsk bat man uns, ein Sonderkonzert im Klub der G.P.U. einzulegen. Da wir keinen Abend freihatten – und der G.P.U. kann man schlecht einen Wunsch abschlagen –, gaben wir nachmittags um fünf Uhr ein Konzert vor Familien mit Kindern.

Wir wurden gut belohnt. Als wir in unser Hotel zurückkehrten, standen Körbe voll Apfelsinen, Äpfel und Birnen vor uns, die von der Krim gekommen waren. Auf der ganzen Reise hatten wir diese Früchte nicht einmal zu sehen bekommen geschweige denn gegessen. Wir erfuhren auch, daß das Hotel von der Moskauer Philharmonie Anweisung erhalten hatte, den »roten Teppich« für uns auszurollen.

Bei unserem letzten Konzert zeichnete mich der Kulturoffizier mit einer *Nagrada* aus – der Verdienstmedaille als Anerkennung für unsere kulturellen Dienste für die Rote Armee. Alles in allem war es ein schönes, spannendes Erlebnis gewesen.

Die jüdische Republik Birobidshan

Diese neue Republik bot einen erschütternden Anblick – sie sah aus wie das Armenviertel von Lodz. Kleine verfallene Häuschen, die Menschen verhungert und heruntergekommen. Die Temperatur dreißig Grad unter Null. Solche Armut hatte ich bisher nur in Polen erlebt.

Vor dem Konzert besuchten wir das neue Theater und wollten das Klavier ausprobieren. Wir fanden ein imposantes Gebäude mit sehr schönen großen Eingangstüren, alles sehr geschmackvoll angelegt. Nur waren die Fenster noch nicht eingesetzt. Wir trauten unseren Augen nicht, aber so war es: kein einziges Fenster im gesamten Gebäude. Nur die leeren Rahmen starrten uns an.

Nach langem Suchen fanden wir den »Direktor« und erklärten ihm, daß wir bei dreißig Grad unter Null beim besten Willen nicht konzertieren könnten. Es täte uns leid, und wir wären arg enttäuscht, aber wir könnten für Birobidshan nicht unser Leben aufs Spiel setzen.

Dann erschien ein Armee-Oberst mit einem Vorschlag. In einem nahegelegenen Lager seien mehrere Regimenter Soldaten stationiert. Er wollte die Fensterhöhlen mit Armeedecken zuhängen und am Nachmittag ein Regiment in den Zuschauerraum setzen, um das Haus mit menschlicher Wärme aufzuheizen.

Wir wollten unbedingt der jüdischen Republik einen Gefallen tun und sagten deshalb zu, entschlossen, notfalls im Mantel aufzutreten, wenn das Regiment nicht genügend Wärme entwickeln sollte.

Eine halbe Stunde vor Beginn standen über tausend Besucher frierend in der Kälte. Plötzlich gingen die Türen auf, die Sol-

daten eilten heraus, und die Karteninhaber eilten doppelt so schnell hinein. Sie saßen da in Mantel, Hut und Fausthandschuhen.
Wir fanden die Temperatur im Theater ausreichend, wenn auch nicht gerade gesundheitsfördernd. Marie und Virginia zogen sogar ihre dekolletierten Abendkleider an – ich war besser daran mit meinem warmen Anzug.
Zwei kleine elektrische Heizöfen standen auf der Bühne – einer für die Pianistin und einer für uns. Das Publikum war mehr als dankbar für unsere Darbietungen. Ein sehr warmer, fröhlicher Abend wurde es nach einem deprimierenden, kalten Anfang.
Am nächsten Morgen machten wir einen Rundgang durch die Stadt und konnten nicht viel Hoffnung schöpfen für die armen Bewohner. Wie gewöhnlich gingen wir auf den Markt, um etwas Reiseproviant einzukaufen. Dort war nur ein einziger Stand, der etwas zu verkaufen hatte: Sonnenblumenkerne, und auch nicht allzu viele. Es war nicht zu glauben und entsprach doch den traurigen Tatsachen.
Wir erfuhren, daß es kaum Lebensmittel gab und daß die politische Lage ebenfalls nicht rosig war. Also kehrten wir wieder einmal recht niedergeschlagen nach Moskau zurück.
Wir hatten im sibirischen Winter in dreißig Tagen dreißig Konzerte gegeben; wir hatten uns keinen Typhus geholt; aber ich kann nicht behaupten, daß wir in bester stimmlicher Verfassung waren. Ich hatte gehofft, eine Woche ausruhen zu können, doch zur Feier unserer Tournee für die Rote Armee war in einem großen Saal bereits ein Konzert arrangiert.
Es ging alles gut. Die großen Logen saßen voll von Regierungsfunktionären und Beamten der ausländischen Botschaften. Auch William Bullitt, der amerikanische Botschafter, war anwesend.

Spionage für die Engländer?

Niemand reiste so wie Marie und ich zwischen Leningrad und der Wolga, zwischen Archangelsk und Wladiwostok kreuz und quer durch die Sowjetunion, und deshalb wurden wir auch bald verdächtigt, nicht aus musikalischen Gründen zu fahren, sondern im Geheimauftrag einer fremden Regierung. Besonders da jedermann wußte, daß wir in Rubeln bezahlt wurden, die außerhalb Rußlands ja keinen Wert besaßen. Die einzigen Ausländer übrigens, die tatsächlich mit einem solchen Ansinnen an uns herangetreten sind, waren Leute von der griechischen Botschaft in Moskau. Es stellte sich später natürlich heraus, daß die Griechen hier nur als Handlanger für die Großmächte fungierten. Sie wollten wissen, für wen wir arbeiteten, und konnten es nicht glauben, daß wir eine solche Gelegenheit ungenützt vorübergehen ließen, Geld zu verdienen.

Auch andere Botschaften waren der Überzeugung, daß wir mit Spionage befaßt waren. Mit einer so hübschen blonden Frau wie Marie hätte man leicht die erforderlichen Kontakte herstellen können.

Eines Abends, in Wladiwostok, machten wir die Bekanntschaft eines jungen Engländers. Er war angeblich geschäftlich in Hongkong gewesen und erwartete neue Instruktionen aus London. Bitter beklagte er sich, hierher verschlagen worden zu sein, im Stich gelassen von seiner Firma, und tröstete sich mit Alkohol und leichten Damen, die er mit Geld und Geschenken überschüttete.

Da meine Frau Engländerin war, wollte er sie unbedingt kennenlernen. Er unterhielt uns bis in die frühen Morgenstunden mit Geschichten aus Hongkong. Einer der Kellner hatte ihm von unseren Konzerten erzählt und auch davon, daß wir in Gegenden gewesen waren, zu denen Zivilisten sonst keinen Zutritt erhielten.

Nach einigen Wodkas fragte er so ganz nebenbei:

»Stimmt es, daß Sie einmal mit dem U-Boot zu einem Konzert auf einer Insel gebracht worden sind?«

»Ja. Aber wir fuhren nicht unter Wasser.«

»Ich habe schon gehört, daß die Russen hier an die zwanzig Unterseeboote haben sollen. Wie viele haben Sie denn gesehen? Meinen Sie wirklich, daß es so viele sind?«
»Ich habe welche gesehen, aber ich habe sie nicht gezählt.«
»Das würde mich aber schon interessieren. Ich glaube nicht, daß die Roten U-Boote bauen können. Es wäre höchst aufschlußreich zu erfahren, woher sie so viele Boote haben.«
Wir durchschauten recht schnell, daß dieser Mann einen ganz bestimmten Zweck verfolgte, und als wir keine Auskunft geben wollten, zeigte er sich beleidigt. Zum Schluß sagte er:
»Sie arbeiten also für die Gegenseite?«
Jetzt waren wir beleidigt und verließen den Tisch. Am nächsten Morgen war er verschwunden.
Als ich diese Geschichte Alexandrow von der Philharmonie erzählte, meinte er, sie hätten bereits einen Bericht aus Wladiwostok über diesen Zwischenfall mit dem Engländer erhalten, und ich sollte mir weiter keine Gedanken darüber machen. Die Russen hatten uns auf unserer Tournee überwacht und waren zufrieden, daß wir uns ausschließlich für unsere Konzerte interessiert hatten. Wir unsererseits hatten aber allmählich die Nase voll davon, von den Russen bespitzelt zu werden und von Hongkong aus Agenten auf uns angesetzt zu bekommen. Also schmiedeten wir Pläne, nach New York zurückzukehren.
Drei Monate waren inzwischen seit unserer Abreise aus Moskau vergangen. Bei unserer Rückkehr fanden wir die Lage schlimmer als zuvor. Je höher die Stellung, um so größer die Angst. Es machte dabei keinen Unterschied, ob man eine Fabrik, eine Schule, ein Museum oder ein Krankenhaus leitete.
Moskau ist die lebendigste aller Hauptstädte; es kann aber auch tot wie ein Friedhof sein. Wenn Bekannte an einem vorübergehen, ohne einen zu sehen; wenn die Atmosphäre von Gerüchten schwirrt, ohne daß jemand ein Wort sagt – dann weiß man, daß sich ein Gewitter zusammenbraut, das jeden Augenblick losbrechen kann. Es bleibt nur der Ausweg nach Hause zur Familie und zu einem Glas Tee. Und selbst in den eigenen vier Wänden wurde damals kaum noch ein Wort gesprochen.
Jelena Alexandrowna, Leiterin eines Krankenhauses, war mein

politisches Barometer in den neun Jahren, in denen ich die Sowjetunion bereiste. Sie war nicht Parteimitglied, aber eine große Patriotin. Ich erfuhr von ihr eine ganze Menge über die heikle Situation. Sie gehörte zu den wenigen, die keine Bedenken gehabt hatten, mich zu besuchen und mit mir über die Lage der Intellektuellen zu sprechen. »Ich habe genug mit der Leitung meines Krankenhauses zu tun; die Versorgung mit Medikamenten macht mir viel zu schaffen. Für Politik habe ich keine Zeit. Ich weiß, die Situation ist für viele gefährlich. Aber ich muß mich um meine Kranken kümmern und kann jetzt nicht an mich selbst denken.«

Jetzt mit ihr, die ich so gut und so lange kannte, schweigend, wortlos durch die Straßen zu gehen, zu erleben, daß sie sich ängstlich umblickte, ob nicht jemand in Hörweite war, wenn sie zu guter Letzt doch notgedrungen eine Frage beantwortete – das war mehr, als ich ertragen konnte.

Gott sei Dank erhielten wir in diesem Augenblick eine Einladung aus New York. Wir sollten in den USA eine Reihe von Konzerten geben, deren Reinerlös für die Republik Birobidshan bestimmt war. Wir waren an Ort und Stelle gewesen und kannten die jammervolle Situation, und deshalb nahmen wir sofort an. Aber selbst unter diesen bedrohlichen Umständen war es schwer, von Moskau, dieser herrlichen Stadt, Abschied zu nehmen.

Immer wieder trat jemand an uns heran – Amerikaner oder Deutsche – mit der Bitte, Rubel in Dollar oder Dollar in Rubel umzutauschen oder Wertsachen herauszuschmuggeln. Wir wußten, daß hinter diesen freundschaftlichen Bitten nur Fallen steckten, und waren unangenehm berührt, daß wir nach all diesen Jahren immer noch mit Mißtrauen beobachtet wurden.

Plötzlich glaubten wir die Geheimpolizei überall und allerorts zu »sehen« und verdächtigten unschuldige Russen und Ausländer, so wie wir verdächtigt wurden. Wir erkannten aber auch die tragischen Umstände, in die diese Menschen getrieben worden waren. Da wir versprochen hatten, Gelder für Birobidshan auftreiben zu helfen, kehrten wir in die Staaten zurück und sangen in New York, Philadelphia, Pittsburg und anderen Städten.

In New York nutzten wir die Gelegenheit und besuchten eine Aufführung der *Lady Macbeth*. Artur Rodzinski dirigierte die Cleveland Company in der Metropolitan Opera. Es sangen die »Weißen«. Ich bin froh sagen zu können, daß sie sich in dieser Aufführung zu allererst als Russen und Künstler zeigten. Stimmlich und spieltechnisch blieben sie ihrer Aufgabe nichts schuldig.

Meyerhold wird ermordet

1935 berichteten die New Yorker Zeitungen Greuelgeschichten über die Zustände in Sowjetrußland. Um so größer wurde mein Verlangen, zurückzukehren und selbst zu sehen, was wirklich los war. Vielleicht konnte ich auch ein paar Freunden helfen.

Ich machte mir Sorgen über die Kurlands, ihre Tochter Ljenitschka und über viele andere. Ljenitschka hatte inzwischen geheiratet, einen fanatischen Parteianhänger. Als er hörte, daß ich zurückgekehrt war, drohte er mir, mich sofort deportieren zu lassen, weil er argwöhnte, ich hätte es früher auf seine jetzige Frau abgesehen. Ich hatte mir nicht vorstellen können, daß ein Parteimitglied so tief sinken könnte. Er versuchte jedenfalls, mir zu schaden, mußte dann aber von seinem Vorhaben ablassen.

Die Säuberungsaktionen hatten jetzt die führenden Mitglieder der Kommunistischen Partei und die gesamte Intelligenz, die Schriftsteller, Komponisten und die großen Theaterdirektoren wie Meyerhold und Tairow erfaßt. Damals kämpften noch einige, so besonders Meyerhold, der alle Warnungen seiner Freunde tapfer in den Wind schlug. Aber bald schnappte die Falle zu, so daß man nicht mehr frei atmen konnte. Und wer den Mut hatte, für seine Überzeugung zu stehen, wurde verhaftet und verschwand, meist auf Nimmerwiedersehen.

Wesewold Meyerhold war nicht nur ein bedeutender Regisseur und Erneuerer – er war ein Genie. Sein revolutionärer Ansatz hatte im Theaterleben eine mindestens ebenso wichtige Rolle gespielt wie die Anregungen von Stanislawskij und Nemirowitsch-

Dantschenko. Sie schufen eine Methode; er aber revolutionierte das gesamte Theater und hauchte ihm neues Leben ein. So paradox es auch klingen mag, aber Revolutionäre waren nicht gern gesehen in einem Land, das durch eine der größten Revolutionen der Geschichte entstanden war. Sein ganzes Leben lang kämpfte Meyerhold gegen die Stagnation des sowjetischen Theaters, wie er es nannte. Seine Feinde waren überall; aber er war furchtlos und unermüdlich.

Am 4. November 1934 schrieb ich in der *New York Times*, daß Meyerhold endlich nach viel Opposition mehrere Millionen Rubel zu seinem sechzigsten Geburtstag erhalten habe, um sein Theater neu aufzubauen. 1935 war das Theater umgebaut, aber es stand nicht fest, ob er Direktor bleiben sollte. Er hatte, wie gesagt, viele Feinde unter den Mächtigen. Aber in all den Jahren seiner Theaterarbeit hatte er auch treue Freunde und Bewunderer im Erziehungsministerium gewonnen, das nicht in allen Dingen immer mit der Partei oder dem Kreml übereinstimmte. Er war auf diese Schützenhilfe angewiesen. Aber schließlich zogen seine Freunde doch den kürzeren.

Meyerhold wich keinen Fingerbreit von seiner Überzeugung ab. Er kämpfte mit dem Mut eines Löwen und beschuldigte seine Ankläger des Formalismus und der philisterhaften Absicht, das Theater herabzuwürdigen. Er spürte – er hat es mir oft gesagt – die kommende Tragödie. Es war die Zeit, in der Regierungsmitglieder und prominente Parteifunktionäre sich nicht mit »Auf Wiedersehen« verabschiedeten sondern mit der Formulierung »Hoffentlich auf Wiedersehen«.

In der Öffentlichkeit zeigte Meyerhold keine Furcht. Er sprach zuversichtlich von der Zukunft. Aber privat äußerte er beklommene Befürchtungen über das, was die Zukunft all denen bringen würde, die im Kreml nicht gut angeschrieben waren.

Im Metropol-Hotel bestellte ich einmal eine Flasche Champagner. Als der Kellner Meyerhold an meinem Tisch erblickte, wurde er so verstört, daß er versehentlich die Flasche wieder zurückbrachte. Natürlich hätten wir daran denken müssen, daß die Geheimpolizei allgegenwärtig war. Viele unserer Bekannten hatten Angst, sich mit uns sehen zu lassen. Meyerhold nicht.

Er war eine traurige Figur geworden – nur noch der Schatten des phantasiereichen, anregenden, überschäumenden Schauspielers und Regisseurs. In Moskau hieß es allgemein, er sei stur; das heißt: er machte keinen Kompromiß. Als die Säuberungen gegen den Trotzkismus und andere »Ismen« begannen, war Meyerholds Schicksal besiegelt. Ihn des Trotzkismus zu beschuldigen, war so unsinnig wie die anderen Absurditäten. Man legte ihm nahe, bei der Parteilinie zu bleiben. 1936 sagte er zu mir, niemand wüßte, welches nun eigentlich die Parteilinie sei.

Das war Moskau im Jahre 1936. Die Leute wußten, daß alle Bekannten von der Geheimpolizei beschattet wurden, sobald jemand beim Kreml in Ungnade gefallen war. Deshalb reagierten sie vorsichtshalber auch nicht mehr auf die einfachste Grußformel ihres engsten Freundes.

Meyerhold war gebrochen. Aber er hatte seinen Mut nicht verloren und hoffte immer noch auf ein Wunder. Einmal sagte er zu mir: »Sie sind hinter mir her seit ich als Schauspieler bei Stanislawskij angefangen habe. Seit dieser Zeit jagen sie mich.«

Tairow war vorsichtiger. Seine Lage war zwar nicht viel besser, aber er hatte nicht so viele Feinde. Und zwar aus dem einfachen Grunde, weil er keine so prominente Persönlichkeit war und niemanden bekämpft oder neue Ideen geschaffen hatte wie Meyerhold. Sein »Verbrechen« bestand darin, daß er nicht genug sowjetische Stücke aufgeführt und nicht genügend junge Talente gefördert hatte, weil er immer nur seine Frau, Alice Koonen, spielen ließ. Das stimmte übrigens alles, wie mir der Erziehungsminister Bubnow bestätigte.

Viele wunderten sich, daß Meyerhold bis 1936 durchhalten konnte. In diesem Jahr wurde eine Versammlung der Bühnenautoren und Theaterdirektoren angesetzt, auf der sie Selbstkritik üben und versprechen sollten, künftig nicht von der Parteilinie abzuweichen. Um ihre Haut zu retten, taten viele, was von ihnen verlangt wurde. Kann man ihnen das verübeln?

Meyerhold war zur Selbstkritik nicht bereit und hielt eine vernichtende Rede, in der er seine Ankläger bloßstellte. Seine treuesten Anhänger waren entsetzt über den Impetus, mit dem er gegen die »Linie« loslegte. Als ich Moskau im Sommer 1936

verließ, ging es ihm schlecht, aber er war noch Herr seiner selbst.
Zuviel war in den dazwischenliegenden drei Jahren passiert. Er muß gewußt haben, was ihm bevorstand. Aber er war krank und der ganzen Situation überdrüssig. Er konnte und wollte nicht zu Kreuze kriechen, um sich zu retten. Für ihn wie für viele andere lohnte es nicht, unter Stalin und seinen Henkern zu leben. Zu seinen Todfeinden zählte übrigens auch Lawrentij Berija.
Einige Tage nach dieser Versammlung wurde Meyerhold verhaftet und im Gefängnis umgebracht. Kurz nach seinem Tod fand man seine Frau, Zenaide Raich, auf viehische Weise ermordet in ihrem Bett.
Natürlich gab es sogleich Gerüchte, sie sei von einem Liebhaber oder einem Einbrecher getötet worden. Aber diese Gerüchte wurden von der Geheimpolizei in Umlauf gebracht, doch jedermann wußte, daß Berija den Mord inszeniert hatte.

Berija, Stalins Henker

Lawrentij Berija stammte aus Tiflis und galt schon zu Beginn der zwanziger Jahre als rücksichtslos. Man sprach nur im Flüsterton von ihm. Man wußte noch, daß er anfangs als Spion gegen die Bolschewiken gearbeitet hatte, dann für die Bolschewiken und dann eine Zeitlang für beide Seiten gleichzeitig. Ich habe es zuerst nicht geglaubt – aber was konnte ich damals schon ahnen von Leuten seines Schlages.
Niemand in Tiflis konnte sich erklären, auf welche Weise Berija zum Leiter der Geheimpolizei im Kaukasus und damit in eine Stellung aufgerückt war, die ihm unbeschränkte Macht verlieh. Wahrscheinlich hatte Stalin das selbst angeordnet. Damals versuchte der Kreml noch, das Vertrauen der Georgier zu gewinnen, und Berija spielte seine Rolle als Berater mit großem Erfolg. Stalin hätte kein willigeres, verachtungswürdigeres Werkzeug aussuchen können.

Bei meinen Besuchen im Kaukasus sprachen alle nur mit Angst oder Haß über Berija. Als er 1932 zum Sekretär der Kommunistischen Partei in Georgien ernannt und dadurch oberster Herr von ganz Transkaukasien wurde, waren alle wie vor den Kopf geschlagen.
Als im selben Jahr das Tustaveli-Theater von Tiflis aus Moskau mit dem Ersten Preis zurückkehrte, begann sich Berija mehr und mehr in Achmetelis Arbeit einzumischen, und zeigte gegen den Theaterdirektor immer deutlicher seine Opposition. Berija wußte natürlich von Stalins Begeisterung für dieses Theater und wagte nicht, seinem Chef in die Quere zu kommen; aber er tat alles, um Sandros Stellung bei seinen Schauspielern zu untergraben.
Im Theater gab es Gerüchte, Berija sei, neben all seinen anderen »lobenswerten« Eigenschaften, eigentlich auch noch ein verhinderter Theaterdirektor. Er wohnte den Proben bei, saß in einer Loge und machte Vorschläge technischer Art. Als Sekretär der Kommunistischen Partei mußte man auf ihn hören. Es kam aber vor, daß Sandro durch Berijas ständige Einmischungen so gereizt wurde, daß er Kopfschmerzen bekam und Proben abbrechen mußte. Das paßte Berija nur allzu gut.
Ich erinnere mich an einen Zwischenfall. Seit einigen Jahren wurden Schillers *Räuber* mit großem Erfolg gespielt. Jetzt schlug Berija auf einer Probe plötzlich Änderungen vor. Er bestellte Sandro in seine Loge, und wir hörten ihn Befehle erteilen. Die Schauspieler auf der Bühne standen regungslos – kein Wort, keine Bewegung.
Nach einem kurzen Wortwechsel verließ Sandro das Theater und nahm mich mit sich. Wir sprachen zwei Stunden lang. Er war so außer sich, daß ich fürchtete, er könnte sich etwas antun. Als wir ins Theater zurückkehrten, hatte Berija die Schauspieler abgekanzelt und verlangt, daß die von ihm vorgeschlagenen Änderungen bei der nächsten Vorstellung berücksichtigt würden.
In dieser gespannten Lage verriet mir Sandro sein ängstlich gehütetes Geheimnis. Ich war dann bei der Versammlung der Schauspieler zugegen, die noch am selben Abend stattfand. Aber nur drei von ihnen ergriffen das Wort und äußerten ihre Mei-

nung, daß sie unter diesen Umständen weiteren Proben nicht beiwohnen könnten. Sie schlugen ferner vor, daß ich wegbleiben möchte. Sandro bestand aber auf meiner Anwesenheit. »Jetzt, wo das Theater den Ersten Preis gewonnen hat, will er Direktor werden. Aber ich lasse mich nicht von ihm unterkriegen.«

Ich hätte mich lieber aus der ganzen Sache herausgehalten, wenn mich Sandro nicht so dringlich gebeten hätte. Er brauchte meinen moralischen Beistand. Ich spürte die Nervosität der Versammelten, ich sah, wie sie sich ängstlich umdrehten, ob nicht noch jemand eingetreten wäre, ehe sie ein Wort sagten. Eine Schauspielerin brach in Tränen aus und bettelte, doch Frieden zu machen mit Berija; aber Sandro weigerte sich. »Ich habe das Theater aufgebaut, ich habe diese ganzen Jahre daran gearbeitet.«

Gespräche mit den Schauspielern überzeugten mich, daß mit Berija nicht zu reden war. »Berija ist brutal und vernichtet seine Gegner. Seit Anfang der zwanziger Jahre hat er alle Schlachten gewonnen. Jetzt, als Parteisekretär, ist er der Herr.« Ich merkte, daß kaum noch Hoffnung bestand, wenn Sandro nicht nachgab, und das war unwahrscheinlich. Diese Situation dauerte mehrere Jahre lang.

Mit der Zeit wurden die Spannungen zwischen Sandro und Berija immer offener. Horava, einer der führenden Schauspieler des Ensembles, sagte mir, daß Berija dagegen sei, daß Fremde den Proben beiwohnten, besonders ein Russe mit einem amerikanischen Paß und einer englischen Frau. Horava erzählte mir auch, daß es gerüchtweise hieße, Stalin wolle Berija auf einen wichtigeren Posten nach Moskau holen. Solche Gerüchte konnten eigentlich nur von Berija selbst verbreitet werden. Als ich Sandro daraufhin anredete, war ihm das nichts Neues. Er wußte auch, daß Berija ein direktes Telephon zu Stalin besaß. Es war alles ziemlich hoffnungslos; aber das Versprechen, das Stalin gegeben hatte, bestärkte mich doch in dem Vertrauen, daß Sandro nichts zu befürchten hätte.

Berija machte Einwände: das Theater sei zu volkstümlich, zu georgisch. Sandro hielt dagegen: »Das georgische Theater muß georgisch sein. Ein Georgier bewegt sich und spricht ganz anders

als ein Russe. Die Georgier sind ein Bergvolk, sie gehen beinahe auf Zehenspitzen – sie tanzen fast. Der Russe dagegen ist langsam und schwer wie ein Deutscher.«
Die Schauspieler waren der Meinung, er dürfe nicht vergessen, daß Berija der wahre Herr des Kaukasus und des Theaters sei. Sandro vergaß das nicht, aber er wurde schier verrückt darüber. Niemand wußte, daß Berija bereits von Stalin zum künftigen Henker der Nation ernannt worden war.
Marie und ich fuhren zurück nach Moskau. Die Nachrichten aus Tiflis waren nicht ermutigend. Der Eklat kam Anfang September 1936 bei einer stürmischen Probe. Sandro verließ das Haus in Hemdsärmeln und setzte sich in den Zug, um sich Stalins Protektion zu sichern.
Tiflis war noch sehr heiß um diese Jahreszeit. Aber der September ist in Moskau schon kalt und naß. Sandro kam direkt zu mir ins Metropol-Hotel und telephonierte mit seinem Freund und Wohltäter Stalin in der Erwartung, sofort in den Kreml gebeten zu werden; Stalin war aber nicht erreichbar. Er telephonierte immer wieder ohne jeden Erfolg. Am nächsten Tag erhielt er einen Brief von seiner Frau: Berija hatte den Schauspielern angekündigt, daß sie einen neuen Direktor bekämen.
Sandro geriet jetzt in Verzweiflung und schrieb Stalin einen Brief. Aber er erhielt keine Antwort. Ich ersuchte um ein Ausreisevisum – angeblich, um in Warschau einen Tag lang meine polnische Konzerttournee zu arrangieren. Von dort brachte ich eine komplette Ausstattung für Sandro mit: Anzug, Mantel, Schuhe, Pullover, Hemden und sogar eine neue Hupe für seinen Ford, den er in Tiflis hatte stehen lassen. In seinem neuen schikken Mantel, dem einzigen dieser Art in ganz Moskau, sah Sandro aus wie ein geschlagener General. Nur wenige Freunde wußten, daß ich nach Warschau gefahren war, um ihn einkleiden zu können. Das schuf einige Aufregung in Theaterkreisen, und tat meinen Beziehungen zu Berija und der Geheimpolizei nicht besonders gut.
Sandro merkte jetzt, daß Stalin schon von Berija informiert worden war, als er Tiflis verließ. Die Säuberungen waren in vollem Gange, die Direktoren wurden aus ihren Theatern ge-

feuert und einige sogar verbannt. Sandro konnte nicht glauben, daß Stalin sein Versprechen nicht halten würde, und wollte in Moskau warten.
Marie und ich mußten auf Tournee. Zehn Konzerte in Dnjepropetrowsk warteten auf uns. Da erhielt das Bolschoj-Theater den Befehl, Schostakowitschs Oper aufzuführen, und deshalb blieben wir vorerst noch in Moskau.

Ärgernis in Moskau

(Abdruck eines Artikels, den ich am 18. November 1963 in der Londoner *Times* veröffentlicht habe.)
Das Bolschoj-Theater hatte kein Interesse gezeigt an Schostakowitschs Oper *Lady Macbeth von Mzensk*. Aber Nemirowitsch-Dantschenko und Konstantin Stanislawskij leiteten ein Theater, in dem sie auch Opern mit eigenen Sängern aufführten. Ihr Geschmack war verschieden. Stanislawskij zog das Repertoire vor, *Boris Godunow*, *Eugen Onegin* und dergleichen, während Nemirowitsch-Dantschenko moderne Werke schätzte wie zum Beispiel Ernst Kreneks *Jonny spielt auf*. Er inszenierte auch die *Lady Macbeth* in Moskau. Die Kritiker lobten das Werk, und das Urteil des Publikums war ebenfalls günstig.
Nemirowitsch-Dantschenko hatte Stalin schriftlich eingeladen, doch einer Aufführung beizuwohnen. Stalin kam aber nicht, und zwar aus dem einfachen Grunde, weil das Theater, im Gegensatz zu den meisten Moskauer Theatern, keinen Sondereingang für Regierungsfunktionäre und keine Sonderlogen hatte, wo diese ungesehen vom Publikum sitzen konnten. Zu guter Letzt telephonierte Stanislawskij, der ja bei Stalin gut angeschrieben war, mit ihm und erzählte ihm, wie herrlich die neue Oper wäre. Kurz darauf erging die Anweisung vom Kreml, daß *Lady Macbeth* im Bolschoj-Theater aufgeführt werden sollte, damit Stalin einer Aufführung beiwohnen könnte.
Wenn man den Gerüchten Glauben schenken darf, war man im Bolschoj nicht sehr begeistert über diesen Befehl. Die Premiere

kam, und Stalin, Shdanow und Mikojan saßen in der Regierungsloge rechts über dem Orchestergraben, unmittelbar über den Blechbläsern und dem Schlagzeug. Diese Loge war übrigens mit Stahlplatten gepanzert, um etwaigen Anschlägen aus dem Orchestergraben vorzubeugen. Schostakowitsch, Meyerhold, Achmateli und ich (als Schostakowitschs Gäste) saßen Stalins Loge genau gegenüber. Wir konnten ganz deutlich in seine Loge blikken; nur Stalin war nicht zu sehen. Er saß hinter einem kleinen Vorhang, der ihm zwar den Überblick über die Bühne erlaubte, ihn jedoch gleichzeitig den Blicken des Publikums entzog. Jedesmal wenn Schlagzeug oder Bläser fortissimo losbrachen, konnten wir sehen, wie Shdanow und Mikojan zusammenfuhren und sich dann erheitert zu Stalin umdrehten.
Während der Pause rechneten wir damit, daß Schostakowitsch in Stalins Loge gebeten würde. Als er auch in der zweiten Pause nicht aufgefordert wurde, wurden wir alle etwas nervös. Schostakowitsch sah, wie die drei in der Regierungsloge lachten und sich amüsierten, er verbarg sich hinten in unserer Loge und bedeckte das Gesicht mit den Händen. Er war schweißüberströmt vor Aufregung.
Zu Schostakowitschs Kummer war es besonders die Liebesszene im Zweiten Akt, die unsere drei Gegenüber am allermeisten amüsierte. Mitten auf der Bühne lag eine Strohmatratze, und auf ihr wurde die Liebe, milde ausgedrückt, aufs handgreiflichste vorgeführt. In Leningrad war man delikater verfahren und hatte die Szene in einen hochgelegenen Raum verlegt und es so eingerichtet, daß nur Schatten zu sehen gewesen waren. Die Musik war in ihrer deskriptiven Art ebenfalls deutlich genug für das Vorstellungsvermögen. (Später hat Schostakowitsch einige Posaunenstellen geändert, die auch ihm zu lautmalerisch geraten waren.)
Nach dem Zweiten Akt wollte der Komponist nach Hause gehen. Aber der Direktor des Opernhauses kam herein und sagte, Stalin habe sich zwar bisher noch nicht geäußert, aber es wäre das dümmste, jetzt fortgehen zu wollen. Stalin würde ihn ganz bestimmt nach dem Dritten Akt zu sich bitten.
Der Dritte Akt enthält die melodischste Musik der ganzen Oper,

er beruht auf Volksliedern, die die Gefangenen in der Zarenzeit auf ihrem Weg nach Sibirien zu singen pflegten und erinnerte dadurch jedermann an die Tage, als die Revolutionäre in Ketten durch Eis und Schnee in die Verbannung marschieren mußten. Der letzte Vorhang fiel; Schostakowitsch wurde nicht auf die Bühne gerufen, um den Beifall entgegenzunehmen, und Stalin und seine zwei Gesellen verließen das Theater, ohne den Wunsch geäußert zu haben, den Komponisten zu sehen.

Der Kritiker der *Iswestija* erzählte uns später, er habe Stalin gefragt, wie ihm die Oper gefallen habe, und Stalin habe ihm geantwortet: »Eta sumbur, a nje musyka.« (Das ist Blödsinn und keine Musik!) Zwei Tage nach der Aufführung schrieb dieser selbe Kritiker in seiner Zeitung ganz im Sinne Stalins (natürlich ohne Stalin zu nennen) und zerriß die gesamte Oper in der Luft. Das war die erste und letzte Aufführung der *Lady Macbeth* im Bolschoj-Theater. Nemirowitsch-Dantschenko spielte sie allerdings in seinem Theater weiter. Er war der Ansicht, wie er mir selbst sagte, der Fehler habe darin bestanden, daß die Oper im Bolschoj so überstürzt und lieblos einstudiert worden sei; aus diesem Grunde habe sie Stalin einfach ablehnen müssen.

Wieder ein paar Tage später erschien ein Artikel in der *Iswestija*. Ich erinnere mich noch an einen bestimmten Satz: »Glaubt Nemirowitsch-Dantschenko allen Ernstes, sein Theater liege außerhalb der Sowjetunion?« Nemirowitsch-Dantschenko verteidigte sich, indem er darauf hinwies, die *Lady Macbeth* liefe bei ihm in Abonnements-Aufführungen und sei für Monate hinaus bereits ausverkauft. Aber das half alles nichts. Er bekam die Anweisung, die Aufführungen einzustellen.

Damit war die Affäre noch nicht zu Ende. Kurz darauf berief die Gesellschaft Sowjetischer Komponisten eine Versammlung ein, um über die *Lady Macbeth*, über Schostakowitsch und musikalische Tendenzen im allgemeinen zu diskutieren. Über vierhundert Komponisten, Kritiker, Regisseure und andere Theaterfachleute waren zusammengekommen. Schostakowitsch war bezeichnenderweise abwesend, obwohl er zu der Zeit in Moskau weilte und auch erwartet wurde. Ich erhielt eine Einladung und wurde vom Sekretär des Komponisten-Verbandes, Gregorij

Schneerson, unterrichtet, daß ich aufgefordert werden sollte, über das Durchfallen der Oper unter Artur Rodzinski an der Metropolitan Opera in New York zu sprechen. Tatsache war, daß die Oper einige ablehnende Kritik erfahren hatte, aber ebenso auch überschwengliches Lob. Ich erhielt einen Platz in der ersten Reihe neben dem Komponisten Schebalin, einem Freund und Bewunderer Schostakowitschs, der sich bei dieser Gelegenheit zu sprechen weigerte.

Einer nach dem anderen, Komponisten, Dirigenten und Kritiker, die die Oper zuvor gelobt hatten, als sie von Nemirowitsch-Dantschenko aufgeführt worden war, kamen nun auf das Podium und zogen ihre früheren Urteile zurück. Die Kritiker widerriefen ihre positiven Besprechungen, und alle stimmten sie ein in ein allgemeines Schuldbekenntnis. Sie hatten sich geirrt, und erst jetzt waren ihnen vom »welikij woshd«, vom großen Führer Stalin, die Augen geöffnet worden. Als Eugen Braude, einer der führenden Musikhistoriker Sowjetrußlands, auf das Podium kam, um den Singsang seiner Vorredner nachzubeten, ließen Schebalin und ich die Köpfe sinken, so schämten wir uns für ihn.

Es war nur mehr ein Sprecher vor mir, der Komponist Knipper, der, wie allgemein bekannt war, Schostakowitsch um seinen Erfolg beneidete. Niemand hatte erwartet, daß er Schostakowitsch etwa loben würde. Aber niemand auch hatte sich versehen, daß er Schostakowitsch antisoziales Verhalten vorwerfen würde, den schwersten Vorwurf, den man damals erheben konnte. Knipper tat das, und um seine Anschuldigungen zu unterstützen, erzählte er von einem Vorkommnis, als die Leningrader Komponisten einmal aufgefordert worden waren, für Matrosen zu spielen. Alle waren sie pünktlich erschienen, nur Dmitrij nicht. Und als er endlich mit einer Verspätung von fünfzehn Minuten kam, war er »nicht allzu nüchtern« gewesen. An dieser Stelle der Rede gab es einiges Gemurmel unter den Anwesenden. Knipper hielt einen Augenblick inne und faßte dann zusammen: »Aber wir sind hier nicht zusammengekommen, um den letzten Nagel zu Schostakowitschs Sarg zu liefern.« Darauf rief ich ganz laut: »Podlez!« (Schweinehund!). Es gibt nur noch ein Wort im Russischen, das schlimmer ist.

Ein allgemeines Gerede entstand, es wurde »chwatit« (jetzt langt's!) gemurmelt, und allmählich nahmen die Proteste solche Lautstärke an, daß Knipper nicht mehr weiterreden konnte. Der Vorsitzende verkündete eine Pause, und auf dem Podium hielt das Zentralkomitee der Kommunistischen Partei, das anwesend war, eine eilige Beratung ab. Ein paar Minuten später teilte Schneerson mir mit, daß ich zu seinem Bedauern (und er schien wirklich betroffen) nicht mehr zu Worte kommen würde. Ohne Zweifel wurde Knipper von allen Versammelten verurteilt, wenn es auch niemand offen zu sagen wagte.
Der nächste Sprecher nach der Unterbrechung war Kabalewskij, der einzige, der mit Würde sprach und Schostakowitsch nicht verurteilte.
Nach der Versammlung suchte ich Schostakowitsch auf. Eine Gruppe von Reportern saß schon auf den Treppenstufen vor seiner Wohnung, aber er weigerte sich, sie zu empfangen. Er schien mir nicht allzu besorgt über die ganze Angelegenheit. Natürlich wußte er auch noch nicht genau, was vorgefallen und was gesagt worden war.
Sergej Boguslawskij, der Musikkritiker der *Iswestija,* besuchte mich und warnte mich ernstlich. So zu handeln, wie ich getan habe, sei gefährlich. Seit der Revolution sei dies das erste Mal gewesen, daß eine solche Versammlung durch Proteste unterbrochen worden wäre. Ich trüge die Schuld daran, und das könnte unliebsame Folgen für mich haben.
Ich antwortete, ich verstünde von Musik mehr als Stalin, und ganz erschrocken bat er mich, solche Reden nicht zu wiederholen. Er war zwar ganz meiner Meinung, aber so etwas sagte man nicht in Sowjetrußland.

Sowjet-Visum gestrichen

Nach den Vorfällen in Tiflis zwischen Sandro und Berija und nach dem Zwischenfall in der Bußübung der Musikschaffenden in Moskau war uns klar, daß die Lage für uns untragbar wurde.

Weil man es aber versprochen hatte, reisten wir nach Dnjepropetrowsk, in eine Fabrik von dreißigtausend Arbeitern, mit eigenem Theater und Konzertsaal, die bei uns zehn Konzerte bestellt hatten.
Als wir dort ankamen, hingen in der ganzen Stadt Plakate: »Zehn Konzerte für die Arbeiter.« Das erste Konzert sollte im Opernhaus stattfinden.
Am zweiten Morgen nach unserem Eintreffen wurde ich aufgefordert, einen hohen Beamten aufzusuchen. Beim Verlassen des Hotels gab mir der Portier meinen Paß, der uns bei der Ankunft wie üblich abverlangt worden war.
»Wozu brauche ich einen Paß?« fragte ich erstaunt.
Er gab zur Antwort, ich müßte ihn der Wache am Eingang des Regierungsgebäudes vorweisen. Ich glaubte, der Beamte wollte mich um ein Sonderkonzert für die G.P.U. bitten, wie es schon zuvor einmal vorgekommen war.
Ich wurde sehr herzlich empfangen. Wir sprachen über die USA und über Musik. Tee und Kekse wurden gereicht. Als ich mich verabschieden wollte, bat mich der Beamte um meinen Paß. Ich war der Meinung, er wolle ihn für den Ausgang aus dem Regierungsgebäude stempeln, wie es der Brauch war. Statt dessen drückte er einen Stempel ein: »Visum ungültig.«
Als ich den Schock verwunden hatte, unterrichtete er mich in aller Ruhe, daß wir mit dem nächsten Zug nach Moskau abzureisen hätten.
»Und was wird aus meinen Konzerten?«
»Es gibt keine Konzerte.«
»Warum nicht?«
»Befehl von Moskau.«
»Aber ich habe gehört, daß alle Karten für heute abend bereits ausverkauft sind.«
»Ja. Aber es gibt statt dessen *Rigoletto*, und wir werden dem Publikum sagen, daß Sie erkrankt sind.«
Nachdem ich wieder ganz Herr meiner Sinne war und sah, daß kein Revolver auf mich zielte, und ich mir klar machte, daß ich hier mit dem Chef der Geheimpolizei beisammensaß, sagte ich: »Lieber Genosse, ich verlasse diese Stadt nur, wenn Sie meine

Frau, unsere amerikanische Begleiterin Virginia und mich selbst in Ketten legen und zum Zug schleifen lassen. Und außerdem werden wir uns umziehen und der Opernaufführung heute abend beiwohnen.«

Dann bat ich um ein weiteres Glas Wodka.

Der Posten brachte zwei Gläser, aber mein Gastgeber wollte nicht mehr mit mir trinken. Es war offensichtlich, daß ihm eine solche Widerspenstigkeit noch nicht vorgekommen war. Ich war übrigens selbst ganz überrascht von meiner Courage.

Die Musikversammlung in Moskau und mein lautstarker Protest gegen Herrn Knipper hatten mir wohl Mut gemacht und mich alle Vorsichtsmaßnahmen vergessen lassen. Wie auch immer, ich wollte das hier durchstehen. Ich glaubte, ich wäre populär in der Sowjetunion. Man hatte mir Lob gespendet, mich gefeiert, mir Sonderrechte eingeräumt, mich zum Ehrenbürger der Tatarischen Republik ernannt und mir die *Nagrada* der Roten Armee verliehen. Ich wollte mich nicht wie einen Verräter herausschmeißen lassen.

Der Chef ließ mich unter der Obhut des Postens und verschwand im nächsten Zimmer, um zu telephonieren. Dann kehrte er zurück und teilte mir mit, wir dürften das Konzert am Abend singen, aber erst nach der Vorstellung von *Rigoletto*. Am nächsten Morgen hätten wir dann die Stadt zu verlassen. Ich erkannte, daß dies die beste Lösung war, auf die ich hoffen durfte, und war einverstanden.

An diesem Abend zogen wir uns um und gingen in die Oper, um *Rigoletto* zu hören. Vor dem letzten Akt trat der Direktor vor den Vorhang und verkündete: »Der Sänger Radamsky hat sich von seiner Erkältung erholt und wird heute abend noch singen.« Damit zeigte er auf die Loge, in der wir saßen. Wir erhielten reichlich Applaus, und das Publikum war in Aufregung.

Als die Oper zu Ende war, begannen wir unser Konzert, das mit der üblichen Begeisterung eines russischen Publikums aufgenommen wurde. Wir waren nicht in der rechten Stimmung, anschließend gleich schlafen zu gehen. In einem Restaurant aßen und tranken wir die halbe Nacht, immer unter sorgsamer Bewachung der Geheimpolizei.

Am andern Morgen wurden wir in Begleitung zur Bahn gebracht, in ein Erster-Klasse-Abteil verfrachtet und nach Moskau in Bewegung gesetzt. Vor unserer Tür hielten ein Offizier und zwei Mann mit Gewehr Wache. Wenn wir auf die Toilette gingen, folgte uns ein Posten.

Botschafter Bullitt hilft

Im Metropol-Hotel übergaben wir wie üblich unsere Pässe dem Empfangschef. Ich erhielt meinen gleich zurück mit der Bemerkung, ich dürfte nicht auf mein Zimmer. Meine Frau jedoch, deren Visum noch gültig war, durfte unser Zimmer aufsuchen. Das sah zuerst nach einem dummen Scherz aus. Was erwarteten sie denn von mir? Sie wußten sehr wohl, daß mein eigener Bruder, wenn er in Moskau wohnte, Sibirien riskiert hätte, wenn er mich in seiner Wohnung aufnähme. Und da ich mich ja mit einem ungültigen Visum gar nicht in der Sowjetunion aufhalten durfte – wo sollte ich denn schlafen?

Ich stand vor dem Portier, er schaute genau so verbiestert wie ich, nur war ihm nicht so elend zumut wie mir. Ich fragte ihn: »Wo finde ich denn jetzt ein Zimmer?«

»Nicht in Moskau«, war seine Antwort, und dann schaute er weg. Erst wollte ich einfach mit meinem Gepäck hier stehen bleiben. Sie müßten mich dann mit Gewalt fortschleppen, und ich würde dann brüllen und toben, so daß alle Gäste, Russen und Ausländer, auch mein Freund Genosse Rosenberg, mich hören mußten.

Aber das war töricht. Es würde nur heißen, der bekannte Tenor Radamsky sei höchstpersönlich aus dem Metropol-Hotel herausgeschmissen worden.

Dann kam mir der rettende Gedanke. Ich hatte einen Freund, der keine Angst zu haben brauchte. Marie war inzwischen mit dem Gepäck schon in »unser« Zimmer gegangen.

»Verbinden Sie mich mit der Amerikanischen Botschaft!« sagte

ich streng zum Portier. Ich muß wohl ziemlich wild oder verrückt ausgesehen haben.
Zwei Beamte der Geheimpolizei, die in einiger Entfernung höchst unauffällig herumgelungert hatten, kamen interessiert näher. Der Portier guckte sie an und wiederholte recht deutlich: »Amerikanskij Posolstwo.« Sie gingen auf ihre Plätze zurück. Er wählte die Nummer und reichte mir den Hörer.
»Hello, Mr. Bullitt. Ich bin zurück von meiner Konzerttournee.«
Nachdem ich ihm erklärt hatte, in welcher Klemme ich saß, laut genug, daß der Portier und die beiden Unauffälligen mithören konnten, bat mich der Botschafter, in seinem Hause zu wohnen. Zehn Minuten später fuhr der Buick der Botschaft vor. Da unser Gepäck zum größten Teil schon oben im Zimmer war, blieb meine Frau im Hotel, und ich fuhr in Begleitung eines Botschafts-Sekretärs zu Mr. Bullitt.
Als ich dem Botschafter meine Erlebnisse in Dnjepropetrowsk erzählt hatte, sagte er gar nichts, sondern rief Herrn Neuman vom Außenministerium an.
»Mr. Neuman, ich hatte bislang immer den Eindruck, daß mein Bekannter Sergej Radamsky in der Sowjetunion wohlgelitten sei. Jetzt erfahre ich, daß er sein Hotelzimmer nicht betreten darf. Aber machen Sie sich keine Sorgen, Mr. Neuman. Herr Radamsky ist mein Gast und wohnt in meinem Hause.«
Der Botschafter war überzeugt, daß das Außenministerium von nichts wußte.
Noch am selben Abend traf die Nachricht ein, ich könnte zu meiner Frau ins Hotel ziehen, was ich auch tat. Als ich ankam, war meine Frau gerade dabei, alles fertigzumachen, um ebenfalls in die Amerikanische Botschaft zu übersiedeln.
»Glaubst du, ich bliebe hier ohne dich, mit diesen Geheimbullen vor der Tür?«
Am nächsten Tag wurde ich aufgefordert, den Außenminister Litwinow aufzusuchen. Wir tranken Tee, knabberten Süßigkeiten und unterhielten uns länger als eine Stunde über Shakespeare, Theodore Dreiser, den Schauspieler John Barrymore und andere so hübsche, unverfängliche Themen. Dnjepropetrowsk wurde mit keinem Wort erwähnt. Da er das Thema nicht an-

schnitt, tat ich es auch nicht. Ich mochte ihn gut leiden und er mich anscheinend auch. Als ich mich verabschieden wollte, brachte er die Hoffnung zum Ausdruck, mich bald in Moskau singen zu hören; und ich möchte doch noch viele Konzerte in der Sowjetunion singen.

Sein Sekretär Neuman versicherte mir, daß alles, was er dem Botschafter Bullitt gesagt habe, die reinste Wahrheit gewesen sei. Weder das Außenministerium noch das Erziehungsministerium hätten die leiseste Ahnung gehabt von dem Vorfall in Dnjepropetrowsk. Dann sagte er mir noch, Litwinow habe in Übereinstimmung mit dem Erziehungsminister für mich eine Konzerttournee in die bedeutendsten Städte Rußlands arrangiert und hoffte, wir würden solange bleiben.

Ich sagte, meine Frau und ich hätten eigentlich vorgehabt, Moskau demnächst zu verlassen; wir wollten es uns aber noch einmal überlegen.

Das war im Frühjahr, der Jahreszeit, in der Moskau am schönsten ist. Besucher aus Amerika waren eingetroffen, Schauspieler, Schriftsteller und Musiker, denen man das Vorrecht gewährte, in den Moskauer Theatern Proben nach eigener Wahl zu besuchen. Weil wir ein Konzert in der US-Botschaft versprochen hatten, verzögerte sich unsere Abreise. Nur wenige wußten, daß Bullitt von seinem Posten abberufen worden war und daß wir seine Abschieds-Party feierten.

Sergej Prokofjew

William Bullitt, Protégé von Präsident Woodrow Wilson und ein geborener Diplomat, war von 1933 bis 1936 der erste amerikanische Botschafter in Sowjetrußland. Die Russen schätzten ihn. Er hatte gehofft, bessere Beziehungen zwischen beiden Ländern herstellen zu können, sah sich jedoch bald enttäuscht.

Marie und ich wurden oft zu Empfängen und vertraulichen Diners eingeladen. Der Botschafter war stolz auf mich, weil ich in den USA ausgebildet worden war und wegen meines Bel canto

gerühmt wurde. Er freute sich zu hören, daß wir beim Publikum viel Beifall fanden und gern in Rußland konzertierten und nannte mich immer seinen »musikalischen Botschafter«.
Bei dieser Abschiedsparty waren die anderen akkreditierten Botschafter, der sowjetische Außenminister Litwinow, die Feldmarschälle Budjonnij und Woroschilow und andere hohe Regierungsfunktionäre anwesend. Der deutsche Botschafter Graf von der Schulenburg riet mir, bei der Rückreise in die USA nicht über Deutschland zu fahren. In den letzten Jahren hatte ich in Amerika und Rußland das *Lied von den Moorsoldaten* gesungen, und Radio Moskau hatte meine Interpretation nach Deutschland und Österreich ausgestrahlt. Die Nazis warteten nur darauf, mir eine handfeste Lektion erteilen zu können. Schulenburg mochte uns zu gern, als daß er nicht versuchen wollte, mir das zu ersparen. Und er verlangte nicht einmal, daß wir dieses Lied nicht mehr singen sollten.
Marie und ich sollten bei diesem Empfang singen. Am Tage zuvor hatte Bullitt mich angerufen.
»Radamsky, Sie könnten mir einen großen Gefallen tun. Ich habe Ihren Bekannten Sergej Prokofjew ebenfalls gebeten. Wäre es Ihnen recht, ihn zu bitten, doch bei den musikalischen Darbietungen mitzuwirken?«
»Herr Botschafter, es ist mir ein Vergnügen, Ihnen einen Gefallen zu tun. Und es ist mir eine Ehre, diesen großen Komponisten mit in unser Programm aufzunehmen.«
Wir sangen italienische und russische Lieder, und auf besonderen Wunsch des Botschafters trug Marie sein Lieblingslied vor: »Home, home on the range.« Prokofjew faszinierte die Gäste mit der Erstaufführung seiner *Klavierstücke für Kinder*.
Ich habe den Komponisten nie heiterer gesehen, nicht in Paris, nicht in New York und nicht in Moskau. Er war sonst schweigsam und verschlossen. An diesem Abend bekam ich aus ihm heraus, daß er sich in Paris nicht wohl gefühlt hatte. Er liebte Rußland und stieß dabei auf kein Verständnis bei den Emigranten. »Die meisten von ihnen wären froh, wenn ganz Rußland in Flammen aufginge oder im Meer versänke, wenn nur die Kommunisten dabei zugrunde gingen.« Da er diese Einstellung fast

überall vorfand, hatte er sich entschlossen, nach Rußland zurückzukehren.

Die Erfolge in Amerika, Kanada und Europa hatten ihm nicht den Seelenfrieden verschaffen können, den er für sein Werk brauchte, das ihm sein Leben sinnvoll erscheinen ließ. Aber man merkte deutlich, daß er in Moskau nicht so glücklich geworden war, wie er erwartet hatte.

Es kursierten Gerüchte über sein Benehmen den Direktoren gegenüber, die seine Ballette und Opern zur Aufführung brachten. Seine überwältigende Persönlichkeit befremdete viele, die ihn eigentlich bewundert hatten. Es gab auch Gerüchte, daß er eifersüchtig sei auf Schostakowitsch. Neid und Eifersucht sind eigentlich keine russischen Nationaleigenschaften. Man hatte vermeint, daß ein Komponist von seiner Bedeutung über solche kleinlichen Gefühle erhaben sei.

Zwischen 1933 und 1936 habe ich viel Klatsch über ihn gehört (und Klatsch war die Hauptinformationsquelle in Moskau). So hieß es auch, Prokofjew, der mit allen Vorrechten ausgezeichnet war, interessiere sich nicht für die Lebensumstände seiner Kollegen und befasse sich ausschließlich mit seiner eigenen Musik.

Ende der vierziger Jahre hatte Prokofjew dann auch Kummer und Sorgen. Sein Leben war ganz anders geworden, als er sich erhofft hatte. Aber weder Sorgen noch Krankheit hielten ihn vom Schaffen ab, und er komponierte bis zum letzten Lebenstag.

Meyerhold war immer noch in Schwierigkeiten. Sandro war nach Tiflis zurückgekehrt, durfte aber sein eigenes Theater nicht betreten und hatte aus seiner Dienstwohnung ausziehen müssen. Er schrieb mir, Berija wollte mich aus Rußland heraushaben; er mache sich Sorgen meinetwegen.

Trotz der Einladung des Außenministers und des Erziehungsministers, doch noch zu bleiben, änderten wir unseren Entschluß, Moskau zu verlassen, nicht mehr. Wir brauchten dringend einen Tapetenwechsel.

Wir konnten aber nicht abreisen, ohne uns von Marija Michailowna zu verabschieden. Ich stieg die sechs Treppen hoch – der Lift war 1917 stehengeblieben und funktionierte immer noch nicht wieder.

Das war nicht mehr die große, schöne, heitere Marija Michailowna. »Ich gehe nie mehr aus dem Haus. Ich habe keine Freunde mehr im Kreml. Die meisten sind tot. Die Glücklicheren sind in Sibirien. Mein Leben ist ebenfalls zu Ende.«
Kein Wort mehr sonst, nur noch Tränen, Tränen, Tränen.
»Proschaj s Bogim.« (Leb' wohl, mit Gott!)
Das Haus, in dem früher Heiterkeit, Hilfsbereitschaft und Hoffnung gelebt hatten, war nun, wie so viele andere Häuser unserer Freunde, zu einem *Totenhaus* geworden.
Am nächsten Tage bestiegen wir den Zug, aber kein Schriftsteller und kein Musiker winkte uns nach. Wir waren froh – wir durften alles hinter uns zurücklassen und hatten vor uns eine ganze Welt. Aber es war entsetzlich, Marija Michailowna und so viele andere in tiefster Verzweiflung zu wissen.

In Paris interviewte mich der Besitzer der Abendzeitung *Paris Soir*, der russische Emigrant Evelinoff, dessen Sohn in Moskau lebte und bei der Moskauer Philharmonie tätig war, über unsere Tourneen und die allgemeine Lage in der Sowjetunion. Wir verschwiegen die unangenehmen Erfahrungen, die wir hatten machen müssen, und priesen lieber die Menschen und das Kultur- und Theaterleben im neuen Rußland.
Die Emigranten – es gab Tausende davon in Paris – ärgerten sich über mich und wollten gegen mich etwas unternehmen. Glücklicherweise war Evelinoff nicht mit Ausschreitungen einverstanden! Sie hatten vorgehabt, mich zu einem Essen in einem russischen Restaurant einzuladen und auf einer anschließenden Spazierfahrt durch den Bois de Boulogne bei passender Gelegenheit zu verprügeln. Wir wurden rechtzeitig gewarnt und konnten uns drücken.

Rückkehr in die USA

Nach unseren jüngsten Erlebnissen in Moskau – der Selbstkritik im Musikerverband, den abgeblasenen Konzerten in Dnjepropetrowsk, dem entzogenen Visum und der Behandlung wie

Sträflinge und Verräter – konnte ich nicht an Konzerte denken.
Neun Jahre waren wir hin und her gereist und hatten an die zweihundert Konzerte zwischen Leningrad und Sibirien gegeben. Wir hatten Hungersnot, Säuberungen, Verbannung und Ermordung von Freunden erlebt; in Interviews und Zeitungsartikeln aber hatte ich immer nur auf die Fortschritte und Verbesserungen des Lebensstandards hingewiesen und absichtlich Elend und Leid der Bevölkerung unerwähnt gelassen, weil ich auf eine bessere Zukunft für die russischen Menschen hoffte.
Ich hatte alles in meiner Macht Stehende getan. Ich hatte alles gegeben, was ich zu geben hatte. Ich hatte mich beschimpfen und verleugnen lassen in meiner neuen Heimat aus Liebe zu Rußland. Jetzt war ich verbannt. Aber ich konnte nicht die vielen vergessen, die alles für ihr Vaterland hingegeben hatten und von ihren eigenen Genossen umgebracht worden waren. Ich mußte mir eingestehen, daß ich vergleichsweise wenig hatte zahlen müssen. Nach einem Monat Erholung in Südfrankreich konnte ich mit Maries Hilfe in die USA zurückkehren. Marie war froh, daß es jetzt mit Sowjetrußland ein für allemal zu Ende war. Und ich? War ich auch froh? Nein. War ich enttäuscht? Nein. Ich war nur verzweifelt.
Jetzt, im Alter von 47 Jahren, nach Hunderten von Konzerten in Amerika, Europa und Rußland, nach Lob und strenger Kritik, konnte ich kaum meine Miete bezahlen.
Nach meinem Debüt in Boston im Jahre 1928 hatte Philip Hale im *Boston Herald* geschrieben: »Mr. Radamsky wirkt Wunder durch die Schönheit seiner Stimme. Aber er hat mehr als bloß Stimme ...«
In *The Boston Transcript* schrieb H. T. Parker: »Sänger bringen einen nicht allzu selten zu der Überlegung, daß sie es nach der Entdeckung ihrer Stimme auf sich genommen haben, nun auch Musiker zu werden. Nur ausnahmsweise einmal erlebt man, daß sich Musikalität im Gesang mit derselben Meisterschaft ausdrückt wie etwa beim Instrumentalspiel. Zu diesen Ausnahmefällen zählt der russische Tenor Sergej Radamsky, der gestern abend wieder in der Jordan Hall sang. Sein Programm erinnerte

lebhaft an ein anderes, das wir vor nicht ganz einem Jahr hören konnten. Eine ungewöhnliche Zusammenstellung; ungewöhnlich sowohl in bezug auf das, was fehlte, als in bezug auf das, was er brachte und wie er die einzelnen Nummern angeordnet hatte. Nach allem Herkommen hätten die englischen Lieder am Schluß kommen müssen gleichsam als Belohnung für das geduldige Publikum. Statt dessen plazierte Radamsky diese Volkslieder – er hat übrigens eine ungewöhnlich gute englische Aussprache – ungefähr in die Mitte des Programms und sie waren in ihrer Auswahl denn auch nicht weniger anspruchsvoll für Sänger und Zuhörer als die anderen Stücke.

Abschluß und gewissermaßen Höhepunkt seiner Darbietung aber waren seine russischen Volkslieder. Man wünschte sich, mit Augen zu sehen, was die Phantasie einem vorgaukelte: ein russischer Bauer in seiner Hütte oder auf dem Feld, der lustig oder traurig vor sich hinsingt; oder wie die kraftvolle *Dubinuschka* von den Stimmen eines erwachten, entschlossenen Volkes gesungen wird. Und sogar das tausendstimmige Orchester der Boston Symphony – wir durften es erst neulich hören – kam mit der glanzvollen *Stenka Rasin*-Bearbeitung von Glasunow nicht annähernd an die Faszination heran, die Radamsky in die ungeheure Wehklage des *Wolgalieds* zu legen verstand.

Von Anfang bis Ende zog Radamsky in seinen Bann. Es war ein schönes, ein seltenes und fast exotisches Vergnügen.«

Über mein erstes New Yorker Konzert im Februar 1920 hatte Olin Downes in der *New York Times* seinerzeit geschrieben: »Wenige Tenöre nur haben echtere Musikalität aufzuweisen ...«

Prominente Sänger kamen zu mir, um mich um Rat zu fragen. Die meisten beneideten mich und selbst von Vermittlern hörte ich Lob. Aber sie vermittelten mir keine einträglichen Konzerte, und zwar vor allem deshalb nicht, weil ich mich nicht nur um meine eigenen Angelegenheiten kümmerte, sondern es wagte, am sozialen Wohlergehen der ärmeren Klassen Anteil zu nehmen. Musiker, besonders Tenöre, die ja als sprichwörtlich dumm gelten, dürfen offensichtlich gesellschaftlich nicht interessiert sein. Schlimmer zu verkraften war es, von denen verleugnet zu werden, denen zuliebe ich Opfer gebracht hatte. Ich weigerte mich für Zeitungen zu schreiben, wenn es nur negativ, »bloßstellend« sein sollte; das hätte nichts geholfen. Ich bin Sozialist und erhoffe den Sieg des Sozialismus. Jetzt, nach weiteren vierunddreißig Jahren, im Alter von über achtzig, glaube ich noch immer daran, daß wir eine Zukunft erleben werden, in der soziale Gerechtigkeit für alle herrschen wird.

In den USA hatte sich für uns nichts geändert. Wir waren nach wie vor in Ungnade bei den Vermittlern, und ich merkte, daß die neunjährige Konzerttätigkeit in Rußland und die angebliche Propaganda, die ich für die Sowjetunion getrieben haben sollte, mich als Sänger in Amerika desavouiert hatten. Ich wandte mich also der Pädagogik zu und hoffte, ab und zu einmal konzertieren zu können.

Frühere Auftritte im Madison Square Garden, anläßlich von Lenins Todestag und besonders bei einer Gelegenheit, zu der Marie in einem weißen Kleid Arm in Arm mit der schwarzgekleideten Mutter des Neger-Dichters Langston Hughes aufgetreten war, hatten uns als Kommunisten abgestempelt. Um zu verstehen, weshalb die zwanzigtausend Zuhörer sich wie ein Mann erhoben und eine Viertelstunde lang tosenden Beifall spendeten, hätte man die beiden Frauen sehen müssen. Ich wußte damals nicht, daß der F.B.I. jedes Wort, das dabei gesungen und rezitiert wurde, mitschrieb und alle Einzelheiten mit der Kamera festhielt.

David Dubinsky, der Präsident der Cloakmakers' Union, der selbst kein Kommunist war und nicht viel übrig hatte für das Sowjet-Regime, kannte alle meine politischen Sünden und lud mich trotzdem ein, im Sommerlager der Gewerkschaft wöchentlich ein Konzert zu geben. Durch seine Vermittlung wurde ich auch aufgefordert, Schauspiel- und Gesangsunterricht für Gewerkschafts-Mitglieder einzurichten und abzuhalten. Ich nahm an; aber jetzt warfen mir meine alten Genossen vor, ich sei ein »Abweichler«.

Sie wußten nicht, daß diese Ketzerschnüffelei einer der Gründe war, weshalb ich niemals in die Kommunistische Partei eingetreten bin. Arbeiter sind für mich Arbeiter, ob sie nun der Partei angehören oder nicht, solange sie keine Faschisten sind. Ich gehöre zu ihnen und bin glücklich, ihnen mit meiner Stimme und meinen Liedern gedient zu haben.

Unser Einkommen war entsprechend gering, aber wir brachten es fertig, Empfänge zu geben, zu denen der Theaterkritiker Brooks Atkinson von der *New York Times*, der Präsident einer Industriebank, Senator Robert Wagner und andere Persönlichkeiten des öffentlichen Lebens erschienen.

Aus reinem Alkohol, den wir bei italienischen Freunden in New Jersey besorgt hatten, bereitete Marie einen Wodka nach schottischer Art, und William Barkantin, ein bekannter Künstler und Innenarchitekt, verstand gekochten Schinken herzustellen. Serviert wurde von bildhübschen Sängerinnen aus Hall Johnsons Neger-Chor. Marie sang Volkslieder von den Britischen Inseln und ich Lieder aus Rußland.

Es hat mich nicht überrascht, später beschuldigt zu werden, diese Partys nur zu dem Zweck arrangiert zu haben, damit die Russen wichtige Leute aus Wirtschaft und Politik kennenlernen konnten. Wäre ich klug gewesen, hätte ich diese Möglichkeiten ausnutzen können. Aber so wie die Dinge lagen, zog ich keinerlei Nutzen daraus.

Nur gelegentlich ließ man einmal Gnade vor Recht ergehen und übersah stillschweigend meine unpassende politische Einstellung. Sonntags durfte ich in der Congregational Church von New Jersey singen und ab und zu auch einmal ein Konzert geben oder bei einem Oratorium mitwirken. Man ließ mich weder leben noch verhungern.

Meine Zuneigung zu dem russischen Volk und zu den Arbeitern der ganzen Welt war und ist von diesen Drangsalen unberührt geblieben. Marie konnte zwar kein Interesse aufbringen für meine »Sache«, aber sie bewunderte meine Aufrichtigkeit.

Damals brach gerade der Spanische Bürgerkrieg aus, und viele meiner Freunde zogen in den Kampf für die Republik. Auch ich wurde aufgefordert, hinüberzufahren und etwas zu unternehmen. Mit Maries Einverständnis mietete ich mir einen kleinen

Lastwagen, stellte ein Klavier darauf und wollte als fliegende Konzertbrigade vor den Republikanern und den Internationalen Verbänden Konzerte geben.
Etwas würde es schon ausmachen. Gelder für diesen Plan brachten liberale Freunde auf, unter ihnen der Philosophie-Professor John Dewey.
Als alle Vorbereitungen getroffen waren und wir zur Abreise bereitstanden, erschien ein Partei-Abgeordneter und stellte vielerlei Fragen. Man hatte mich bespitzelt, weil Professor Dewey so häufig bei mir zu Gast war, und da Dewey Trotzkij bewunderte und öffentlich verteidigte, mußte auch ich folglich ein Trotzkist sein. Eine größere Sünde war in kommunistischen Kreisen überhaupt nicht denkbar.
Als ich den Genossen überzeugt hatte, daß mir der Trotzkismus gänzlich gleichgültig war, legte er mir das nächste Vergehen zur Last. Wie kam es, daß ich noch immer befreundet wäre mit dem UPI-Korrespondenten Eugene Lyons, dem bekannten Gegner der Sowjetunion? Ich konnte versichern, Lyons seit meiner Rückkehr in die Staaten nicht mehr gesehen zu haben. Aber dann legte mein Besucher den Trumpf auf den Tisch. »Sie können nicht leugnen, daß Ihre Frau öfters Frau Lyons besucht.«
Ich leugnete auch gar nicht.
»Nein. Meine Frau kann besuchen, wen sie will, und sie verbietet mir ja auch nicht, mit meinen Genossen zu verkehren.«
»Dann sind Sie also ein Abweichler!«
Auf diese Beschuldigung wußte ich keine andere Antwort als die, ihn hochkant herauszuwerfen. Die Folge war, daß ich nicht nach Spanien reisen durfte.
John Dewey und der Trotzkismus waren aber nur die halbe Wahrheit. In Wirklichkeit ging es um den Skandal, den ich bei der Schostakowitsch-Verdammung in Moskau verursacht hatte.
Ein anderer Zwischenfall hatte sich nämlich in Zusammenhang mit dieser Affäre ereignet. Ich besaß einen Klavierauszug der *Lady Macbeth* mit einer Widmung des Komponisten. Aber nicht nur wegen dieser Zueignung schätzte und liebte ich diesen Auszug, sondern mehr noch, weil Marie und ich in ihn alle Regieanweisungen der Leningrader Aufführung und Zeichnungen der

Kostüme eingetragen und eingezeichnet hatten. Nachdem ein paar Genossen mich einmal besucht hatten, war dieser Auszug verschwunden. Da die Oper in Moskau verboten war, durfte ich sie auch in meiner New Yorker Wohnung nicht haben.
Ich behielt diese ärgerliche Einmischung in mein Privatleben für mich. Ehe ich ein so törichtes Benehmen in aller Öffentlichkeit anprangerte, wollte ich lieber alles schlucken.

Otto Klemperer und Jascha Horenstein

Im Jahre 1940 erholte sich Otto Klemperer von einer schweren Krankheit, und da die Lage für ihn immer noch recht schwierig war, machte es Marie und mir ein Vergnügen, ihn eine Zeitlang in unserer Wohnung aufzunehmen. Jeden Morgen hatte Klemperer eine Partitur von Bach oder Beethoven vor sich und dirigierte bis zum Mittag, ohne auch nur zur Seite zu blicken. Was um ihn herum vorging, nahm er nicht wahr.
Er konnte nicht ohne Arbeit sein, und deshalb brachte ich einen kleinen Chor zusammen, mit dem er proben konnte, was ihm viel Spaß machte.
Eines Vormittags fühlte er sich gut bei Kräften und kam auf einen grandiosen Einfall.
»Radamsky!« rief er mit seiner dröhnenden Baßstimme, »organisieren Sie einen Opernchor. Ich werde die musikalische Leitung übernehmen und Ihnen einen großartigen Dirigenten besorgen, der eben erst aus Europa hierhergekommen ist: Jascha Horenstein.«
Das klang alles recht »meschugge«, aber sehr verlockend, also ging ich an die Arbeit und stellte eine Youth Opera Company auf die Beine. Marie und ich hatten in New Jersey einen Bauernhof gemietet, dessen Scheune groß genug war, um darin eine Bühne zu errichten und proben zu können. Wir wollten mit jungen Sängern zwischen fünfundzwanzig und fünfunddreißig korrepetieren, und zwar sollten zwei Pianisten und ich diese Aufgabe unter der Oberleitung von Horenstein und Klemperer

übernehmen. Die Saison sollte am 1. Juni beginnen, die Monate April und Mai wollten wir alle gemeinsam auf unserem Bauernhof leben und arbeiten. Kosten für Korrepetition und Proben inklusive Essen und Logis waren auf zehn Dollar die Woche pro Person angesetzt.

Bald hatten wir genug Bewerber mit herrlichen Stimmen und dachten schon an Aufführungen von *Don Giovanni*, *Carmen* und *Madame Butterfly*. Howard Taubman, der Musikkritiker der *New York Times*, war begeistert von der Idee und hatte schon einen Artikel für die *Sunday Times* parat, der im gegebenen Moment erscheinen sollte.

Besonderen Eindruck machte eine Klausel unserer Statuten: Marie und Jaschas Ehefrau, beides erfahrene Opernsängerinnen, sowie Klemperers Sekretärin, die Sopran sang, sollten bei der Einstudierung helfen; auftreten sollten sie jedoch nur dann, wenn eine junge Sängerin ausfiel und keine Vertretung zu beschaffen wäre. Alle waren angetan von dieser Großmütigkeit – nur nicht Klemperers Sekretärin, die sich für einen »vollkommenen Mozart-Sopran« hielt.

Brooks Atkinson, Theaterkritiker an der *New York Times*, besorgte uns eine Empfehlung an die Summer Theatres. Die berühmte Lilly Pons bot sich an, in der Eröffnungsvorstellung *Rigoletto* die Gilda kostenlos zu singen, damit wir einen guten Start hätten. Damals bekam sie immerhin schon dreitausend Dollar pro Vorstellung!

Von der mexikanischen Regierung hatte Klemperer die Einladung erhalten, die Musikabteilung der Bellas Artes in Mexiko City zu übernehmen. Aber er wollte lieber mit uns Opern aufführen. Hinter seinem Rücken und ohne ein Wort verlauten zu lassen, kabelte seine Sekretärin die Zusage. Damit war unser Traum zu Ende und alles löste sich auf.

Moral: Vorsicht vor »vollkommenen Mozart-Sopranen«.

Scheidung

Die Russen wollten mich nicht mehr; die Genossen in New York verfolgten mich; unsere Youth Opera Company war geplatzt. Reiche Freunde versuchten meine Frau jetzt davon zu überzeugen, daß ich sie in all diesen Jahren an der Nase herumgeführt hätte. Wäre ich nicht Kommunist gewesen, hätte ich in der ganzen Welt Karriere machen können. Ihr Leben wäre dann sehr viel leichter und angenehmer gewesen. Ich mied diese Freunde von jetzt an, hatte jedoch nichts dagegen, daß Marie mit ihnen weiterhin Verbindung hielt.

In diesem Sommer besuchte Marie ihren kranken Vater in Schottland. Bei der Rückkunft nach New York hatte die Clique ein Märchen erfunden: ich hätte meine Frau in ihrer Abwesenheit mit der Krankenpflegerin meiner Schwester betrogen und diese Freundin erwarte jetzt ein Kind von mir. Unglückseligerweise schenkte Marie diesen unsinnigen Verleumdungen Glauben.

Von einer Party bei diesen Leuten zurückgekehrt, stellte sie mir ein Ultimatum: die Krankenschwester müßte auf der Stelle entlassen werden. Ich erklärte ihr, es handele sich um Hirngespinste, die sich die Clique ausgedacht hätte, um mir zu schaden; aber Marie wollte nicht hören. Ich schwor bei Vater und Mutter, daß kein Wort von diesem Gerede stimme. Umsonst. Ich hielt ihr vor, daß wir das Mädchen nicht grundlos und ohne Kündigungsfrist auf die Straße setzen könnten; aber Marie blieb eisern bei ihrer Forderung.

Als sie mich liebte, gab es nichts, was sie für mich nicht getan hätte; aber jetzt war sie entschlossen, sich von mir zu trennen, und nichts konnte sie von ihrem Entschluß abbringen. Am nächsten Tag unterrichtete mich unser Anwalt, daß die Scheidung eingeleitet worden sei.

Siebzehn Jahre lang waren Marie und ich glücklich verheiratet gewesen; viele unserer Bekannten hatten uns bewundert und beneidet. Niemals gab es eine unliebsame Auseinandersetzung. Wohl waren wir in finanziellen Schwierigkeiten, und Marie mußte in der 11. Avenue einkaufen gehen, wo die Lebensmittel billiger und schlechter waren als in den feudalen Läden unseres

Wohnviertels. Nie hatte sie sich jedoch darüber beklagt. Gemeinsam besorgten wir die Hausarbeit, wuschen und putzten, und keine dieser Unannehmlichkeiten hatte unser liebevolles, friedliches Zusammenleben bisher beeinträchtigen können. Ich verstand nicht, was hinter diesem plötzlichen Umschwung nach siebzehn Ehejahren steckte. Ich war gebrochen.

Das Ganze spielte sich im Jahre 1942 ab, als Künstler und Unterhalter zu den Truppen geschickt wurden, um die Soldaten bei Stimmung zu halten. Die Sowjetunion kämpfte auf unserer Seite, und so waren meine russischen Lieder jetzt genau das Richtige. Ich verpflichtete mich mit Freuden, jeden Abend vor Fliegern, Matrosen und Soldaten aufzutreten und Opernarien und Lieder vorzutragen. Den größten Beifall erhielt ich für das *Marschlied der Roten Armee*, und als ich vorgestellt wurde als jemand, der Stalin persönlich kennengelernt hatte, schwollen die Hochrufe zu ohrenbetäubendem Lärm.

Nach einem Konzert in Seattle, Washington, kam ein junger Flieger zu mir.

»Sind Sie nicht stolz darauf, Stalin kennengelernt zu haben?«

»Stolz bin ich nicht darauf.«

»Mögen Sie ihn etwa nicht gern?«

»Nein, ganz und gar nicht.«

»Dann sind Sie ein Abweichler!« zischte er und machte auf dem Absatz kehrt.

Sieben Monate lang diente ich meinem Land; dann ging's nach New York zurück. Ich fühlte mich verjüngt und wollte ein neues Leben beginnen. Aber das war nicht so einfach. Marie und ich waren als Sängerpaar sehr gefragt gewesen und besaßen viele gemeinsame Freunde in der Welt der Musik, der Literatur und der Kunst. Zu Empfängen, Premieren, Essen und vielen anderen gesellschaftlichen Ereignissen hatte man uns immer gemeinsam eingeladen. Als bekannt wurde, daß wir geschieden waren, gerieten unsere Freunde in eine dumme Situation. Wenn sie Marie einluden, entschuldigten sie sich bei mir und umgekehrt. Es blieb mir nichts anderes übrig, als New York zu verlassen. Rußland kam nicht mehr in Frage. Nachdem ich die Sowjetunion verlassen hatte, war mir aus Moskau berichtet worden, daß ich ungeachtet meiner amerikanischen Papiere nie wieder hinausgekommen wäre, wenn ich nur eine Woche länger gezögert hätte.

Vorsicht Juden

Als ich vor dem Ersten Weltkrieg nach Amerika gekommen war und die erste schlimme Zeit in Kellern und auf Parkbänken nächtigte, hatte ich mir eine Lungenentzündung zugezogen. Mrs. Madenberg, Mutter einer vielköpfigen Kinderschar, hatte mich in ihr Haus genommen, mich gesund gepflegt und mir so das Leben gerettet. Aber eine kleine, chronische Bronchitis blieb zurück, so daß ein berühmter Kehlkopfspezialist in New York es überhaupt für ein Wunder hielt, daß ich dabei noch singen konnte.

Jetzt rieten mir Freunde, doch in das trockene Klima nach Phoenix, Arizona, zu ziehen, dort ein Konservatorium zu eröffnen und im Westen zu konzertieren, wo ich früher soviel Erfolg gehabt hatte.

Albert Hirschfeld, der berühmte Maler und Karikaturist, warnte mich allerdings vor Hollywood. »Tun Sie hier, was Sie wollen. Aber gehen Sie nicht nach Hollywood. Das halten Sie nicht aus.« Ich versprach, seinen Rat zu beherzigen.

Wohnung, Klavier und alle Möbel überließ ich Marie und zog mit zwei Gesangsschülern und meinem deutschen Schäferhund Boris nach Phoenix. Dort schlug man mich als Leiter des Bankiers-Chors vor, und der Bürgermeister zeigte sich bereit, mir ein Gebäude für das Konservatorium zur Verfügung zu stellen. »Diese Stadt mit ihrem herrlich trockenen Klima soll zum Mekka der Sänger aus ganz Amerika werden.«

Das Leben sah wieder rosig aus. Ein bißchen überwand ich die große Enttäuschung über meine gescheiterte Ehe.

Ein Organist an einer der protestantischen Kirchen – er war früher an der Kirche in der Fifth Avenue in New York gewesen und kannte mich von Konzerten her – freute sich, am Konservatorium unterrichten zu können. Er gab einen Lunch in seiner Kirche, und es herrschte allgemeine Begeisterung über meine Ankunft und meine Pläne, Phoenix zur Metropole des Gesangs zu machen.

Als die Zeitungen einen Bericht über dieses Essen druckten, wurde ich zu der Dame beordert, die das Unternehmen unter ihre Fittiche genommen hatte, und ich erhielt einen scharfen Verweis. Der Organist gehörte zur Gegenpartei meiner Gönnerin, und mit der unbedachten Teilnahme an seiner Party war ich empfindlich ins Fettnäpfchen getreten. Diesmal wolle man mir meiner Unwissenheit wegen noch einmal verzeihen. Aber ich sollte mich hüten, daß so etwas nicht wieder vorkäme!

Sie wußte auch von meinen Beziehungen zu Hall Johnsons Neger-Chor in New York und von meinem Interesse an Farbigen. Aber hier war man in Phoenix, Arizona, und nicht im »jüdischen« New York. Nie dürfte ich einen Fuß in die Negerkirche setzen oder gar, wie ich es vorgehabt hatte, den Pastor dort besuchen, der mit Hall Johnson verwandt war!

Ferner sollte ich versprechen, weder die Neger- noch Mexikaner- noch Indianerviertel der Stadt aufzusuchen. Und noch wichtiger: »Die Frau des Warenhausbesitzers singt. Sie wird bestimmt kommen, um bei Ihnen Unterricht zu nehmen und ›wickelt‹ Sie ein! Das sind Juden! Sie dürfen sich nicht mit ihnen einlassen!« Das alles sollte ich ehrenwörtlich versprechen.

Phoenix mit seinem herrlichen, trockenen Klima, mit dem Bankiers-Chor und dem Konservatorium – das alles mußte ich einem unglückseligen Musiker überlassen, der bereit sein würde, sich diesen Bedingungen zu beugen.

Ich rief Ira Gershwin in Los Angeles an. Seine Frau war am Apparat.

»Wo sind Sie denn?«

»In Phoenix.«

»Um Gottes willen, was machen Sie denn dort?«

»Ich packe und bin auf dem Wege nach Los Angeles.«

»Fein. Wir erwarten Sie.«

In Los Angeles konnte ich mir kaum irgendwelche Aussichten

vorstellen, aber ich wollte wenigstens einen Versuch wagen. Der Romanoff Supper Club in Hollywood, ein russisches Restaurant, hätte liebend gern einen bekannten russischen Sänger gehabt, um die Filmstars, Agenten und Regisseure mit russischen Liedern und Volksliedern milieu-echt unterhalten zu können. Ich wurde gedrängt, sofort anzufangen. Wie mir ein Agent sagte, könnte ich durch solche Auftritte leicht ein Filmengagement bekommen, weil jeden Abend angekündigt werden sollte, daß ich Stokowskis Lieblingstenor sei. Auch meine neunjährigen Konzertreisen in die Sowjetunion würden Sensation machen. Nur ich selbst war der einzige, den diese »einmalige« Chance ungerührt ließ.

Zu Anfang sollte ich zweihundert Dollar die Woche erhalten; aber das war nebensächlich. Eine Karriere als Filmschauspieler und Sänger war das, was mir der Agent eigentlich verkaufen wollte.

Aber inzwischen hatte ich eine kleine Wohnung gefunden, um meine beiden Schüler, mich selbst und meinen Schäferhund unterzubringen, und mit Unterricht konnte ich unseren kleinen Haushalt über Wasser halten. Ich hatte nicht die geringste Lust, Leuten vorzusingen, die sich dabei vollstopften und vollaufen ließen, und ich hatte auch Al Hirschfelds Warnung nicht vergessen.

Da wurden Gerüchte laut, ich sei Kommunist – und zwar, weil ich die Gründe nicht angeben wollte, aus denen ich Rußland im Jahre 1936 verlassen hatte. Man wußte ja nicht, daß ich herausgeworfen worden war. Das hätte ihnen natürlich in den Kram gepaßt.

Cecil B. De Mille

Ich teilte meiner Bekannten, Mrs. Richmond Pittman in New Jersey, mit, daß ich zur Zeit in Los Angeles lebte, und postwendend schickte sie mir ein Empfehlungsschreiben an ihren Neffen Cecil B. De Mille.

Der »König« der Filmindustrie, wie er von seinen »Untertanen«

genannt wurde, nahm meinen Brief wohlwollend entgegen. Wir hatten eine lange Unterredung. Nach einigen Fragen über seine Tante und deren Kinder kam er dann zur Sache: welche Opern ich singen könne? Er merkte auf, als ich sagte, ich hätte den Don José in *Carmen* gesungen. Das gefiel ihm, er musterte mich genauer und meinte, er könnte schon Rollen in künftigen Filmen für mich besorgen.

Ich erzählte ihm auch von dem Angebot des Romanoff Supper Clubs.

»Was werden Sie tun?«

»Ich habe natürlich abgelehnt.«

»Bravo! Halten Sie sich da raus. Wir haben besseres für Sie.«

Es war kaum zu glauben, daß der große De Mille mich so freundschaftlich behandelte.

Dann rief er seinen Sekretär, Arthur Pierson, und stellte mich vor.

»Dies hier ist Sergej. Er hat einen Brief von meiner Tante mitgebracht, der Tochter des bekannten Generals Pittman. Zum erstenmal in zwanzig Jahren hat sie mich um einen Gefallen gebeten. Ich bin überzeugt, Sergej wird einen ausgezeichneten Schauspieler abgeben. Was meinen Sie?«

Natürlich war Mr. Pierson ganz seiner Meinung. Wer hätte schon gewagt, anderer Meinung zu sein als der Filmkönig?

Nie hatte ich daran gedacht, Filmschauspieler zu werden. Aber was konnte man schließlich mehr verlangen, als Cecil De Mille als Freund und Gönner zu haben?

Damals war gerade der Wahlkampf zwischen Roosevelt und Dewey im Gange, und in De Milles Büro hing ein großes Plakat mit der Aufschrift: »Wählt Dewey!«

Als unsere Unterredung fast zu Ende war, sagte der König sehr aufgekratzt zu mir: »Also Dewey wird das Rennen machen. Wie sieht's denn in New York aus?«

Mit der sprichwörtlichen Dummheit des Tenors sagte ich: »Es sieht nicht besonders gut aus für Mr. Dewey. Ich bin überzeugt, Roosevelt wird Präsident.«

Er sah mich forschend an und fragte: »Für wen sind Sie denn?«

»Natürlich für Roosevelt.«

Mit einem Ruck wandte sich der König ab, und nach einer langen Pause, in der er mich keines Blickes würdigte, murmelte er: »Also gut, Arthur, sehen Sie zu, was Sie für Sergej tun können.« Dann setzte er sich in seinen Sessel, streckte mir die Hand entgegen und sagte: »Guten Abend.«

Ich hatte gleich das ungute Gefühl, daß da irgend etwas schiefgegangen war, wagte aber nicht zu fragen. Als wir den Thronsaal verlassen hatten, fing Mr. Pierson von sich aus an: »Sie sind dem König aber ganz schön auf die Nerven gegangen. Das hat ihm absolut nicht geschmeckt, was Sie über Dewey gesagt haben. Hoffentlich haben Sie das gemerkt. Sie sind der erste, der in seiner Gegenwart sich zu sagen traut, daß Roosevelt gewinnen wird. Er haßt Roosevelt. Sie haben ihm den Tag verdorben und sich damit keinen Gefallen erwiesen. Der König hatte nämlich wirklich Interesse an Ihnen.«

Ich war verwirrt. Daß ich alle meine Aussichten, die ich eben noch gehabt hatte, so einfach verspielt haben sollte, war mehr, als mein schwacher Verstand verkraften konnte.

Mr. Pierson schien nicht ungerührt von meinem Desaster; er lud mich ein, und schweigend tranken wir eine Tasse Kaffee. Zum Schluß fragte er, ob ich am Donnerstagvormittag noch einmal vorsprechen wollte. Er wollte sehen, was er für mich tun könnte. Als ich am Donnerstag erschien, schickte er mich in einen Raum, in dem schon Dutzende von älteren Schauspielern, abgehalfterten Größen, Möchte-gern-Mimen und pure Angeber herumsaßen. Sie kamen am frühen Morgen und warteten bis zwölf Uhr; dann trat der Besetzungsdirektor ein, ein Buch in der einen und einen Bleistift in der anderen Hand, und musterte das Aufgebot, als ob er Schafe zählte. Die Bewerber setzten sich in Positur und nahmen die Miene der Gestalten an, die sie zuletzt gespielt hatten. Der Direktor wählte ein oder zwei Mann und verschwand. Ehe er sich hatte blicken lassen, war die Unterhaltung recht lebendig gewesen. Jetzt, zum soundsovielten Male wiederum enttäuscht, gingen die Leute mit gezwungenem Lächeln weg.

Ich wollte mir nicht eingestehen, alles selbst verdorben zu haben, und ging einen Monat lang zu diesen Donnerstagen. Danach war ich so deprimiert, daß ich schon mit dem Gedanken spielte, wieder nach Phoenix zurückzukehren. Aber dann fiel mir doch noch ein, was Moissey mir vor vierunddreißig Jahren in Ägypten gesagt hatte: »Hör endlich auf, den ruhelosen Juden zu spielen!«

Der falsche Sopran

Eine Agentur, die mich von früheren Konzerten in Kalifornien kannte, verschaffte mir Gesangsschüler und auch Liederabende. Das Leben schien es wieder besser mit mir zu meinen. Nach einem Jahr hatte ich genug beisammen, um die erste Anzahlung auf ein zweistöckiges Haus am eleganten Cranshaw Bouleward zu leisten. Endlich hatte ich wieder ein Zuhause, ein gutes Klavier, begabte Schüler, eine reizende Sekretärin und eine tüchtige Haushälterin.

Wegen der vielen ausgezeichneten Sänger, die bei mir arbeiteten, konnte ich Opern wie *Hänsel und Gretel*, *Gianni Schicchi*, *La Traviata*, Glucks *Orpheus* und den *Boris Godunow* aufführen, wobei allerdings Berufssänger wie Richard Hale etwa die Hauptrolle übernahmen. Ich wurde auch eingeladen, am City College Unterricht zu geben. Manchmal waren fünfundzwanzig Schüler in meinen Abendkursen.

Schwierigkeiten ergaben sich erst, als auch Schüler anderer Lehrer in meine Opernklasse strömten. Begreiflicherweise sahen das die verlassenen Lehrkräfte nicht gern. Bei der Interpretation des *Bajazzo* wagte ich die Deutung, Nedda habe ihren Mann, den Clown Canio, verlassen und sei mit Sylvio durchgebrannt, nicht aus Schlechtigkeit, sondern weil ihre Eltern arm wären. Sie habe die Misere des Zirkuslebens nicht mehr ertragen können, und deshalb verdiene Nedda unser Mitgefühl. Prompt wurde ich beschuldigt, im Musikunterricht Sozialismus zu lehren.

Um das Maß vollzumachen, denunzierte mich die Frau eines College-Beamten beim Präsidenten. Auch sie hielt sich für einen »vollkommenen Mozart-Sopran«, und weil ich ihr in Mozarts *Schauspieldirektor*, den wir gerade einstudierten, keine Partie geben wollte, behauptete sie, ich hätte ihr die Partie unter der Bedingung versprochen, daß sie zur Probe allein in meinem Hause erschiene. Damit war mein Unterricht in Sozialismus am City College von Los Angeles jäh beendet.

In Los Angeles fiel mir im Jahre 1945 eine junge hübsche Dame von ungefähr sechsundzwanzig Jahren auf, die, wenn sie an meinem Gesangsstudio vorbeikam, immer stehen blieb, um meinen Schülern zuzuhören. Eines Tages läutete sie und stellte sich vor.

»Ich singe Mezzosopran. Meine Lehrerin ist sich allerdings nicht sicher, weil meine tiefe Lage nicht kräftig genug ist. Ich studiere gerade die Carmen.«

»Sind Sie denn sicher, Mezzosopran zu sein?«

»Ich schon, nur meine Lehrerin nicht.«

»Sind Sie ansonsten mit Ihrer Lehrerin zufrieden?«

»Ich wäre es, wenn sie meine tiefe Lage entwickeln würde.«

»Haben Sie ihr genügend Zeit gelassen?«

»Ja. Als ich vor fünf Monaten zu ihr kam, sagte sie, es würde zwei bis drei Monate dauern.«

»Wissen Sie, meine Liebe, ich nehme grundsätzlich keinen Schüler, der noch einen anderen Lehrer hat.«

»Aber darf ich Ihnen wenigstens einmal vorsingen und um Ihre Meinung bitten?«

Ich sah, ich bekam meine Carmen nicht wieder los und ließ sie ein paar Tonleitern singen.

»Nach meiner Meinung sind Sie Sopran.«

»Ich will aber kein Sopran sein. Meine beiden früheren Lehrer haben auch gemeint, ich sei Mezzo, konnten aber meine tiefe Lage nicht entwickeln. Ich will die Carmen singen.«

»Sie können die Carmen doch auch in der Sopran-Fassung singen. Sie sehen aus und spielen wie Carmen. Verstehen Sie, was ich meine?«

»Ja. Das sagt mir jeder.«

»Aber warum singen Sie nicht die Tosca?«

»Kann man denn als Mezzo die Tosca singen?«

»Nein. Aber Sie sind ja auch kein Mezzo. Sie sind Sopran.«

»Wieso bin ich Sopran, wenn ich mühelos bis zum As hinaufkomme?!«
»Wenn Sie aufhören, Mezzo zu singen, kommen Sie bis zum hohen C.«
»Versprechen Sie mir das?«
»Ich verspreche gar nichts. Außerdem gehen Sie jetzt zurück zu Ihrer Lehrerin und hören Sie auf, die Carmen zu singen.«
»Ich denke nicht daran. Ich bleibe jetzt hier, und Sie werden mir Unterricht geben!«
Ich merkte, sie ließ sich von niemandem sagen, was sie tun sollte, und was hatte ich schließlich dabei zu verlieren? Sie hatte eine schöne Sopranstimme, eine gute Figur und feurige schwarze Augen. Eine himmlische Tosca!
»Sie sind verheiratet?«
»Ja. Ich habe einen achtjährigen Sohn und eine sechsjährige Tochter.«
»Und was sagt Ihr Mann dazu?«
»Ihm ist das alles völlig egal.«
»Will er denn, daß Sie studieren?«
»Ich frage ihn nicht. Ich studiere jetzt seit drei Jahren, habe drei Lehrer gehabt und nichts erreicht. Meine Mittellage ist füllig und groß, aber ich habe keine Höhe und keine Tiefe.«
Nach weiterem nutzlosen Gerede begannen wir mit dem Unterricht.
»Wie gefällt Ihnen meine Mittellage?« fragte sie mich.
»Gar nicht. Sie forcieren und machen sie dadurch nur dick. Ich vermute, das finden Sie schön?«
»Natürlich. Aber wie soll ich jetzt Höhe und Tiefe bekommen?
»Hören Sie auf, in der Mitte zu pressen – dann bekommen Sie alles was Sie wollen.«
Das erschien ihr vernünftig und sie versprach, die Carmen zu vergessen und Tonleitern zu singen. In weniger als zwei Monaten sang sie »Vissi d'arte« und »Pace, pace« zum Entzücken meiner anderen Schüler und zu ihrem eigenen Erstaunen.
Alle freuten sich – nur nicht meine Carmen. Vergeblich hatte sie gehofft, die tiefe Lage würde sich entwickeln anstelle der hohen. Sie war hartnäckig, aber ich auch. Zu guter Letzt schmeichelte

ich ihr ein wenig mit Lobsprüchen, und es gelang mir, daß sie sich damit zufriedengab, Sopran zu sein. Aber den anderen Schülern vertraute sie an, daß sie noch immer nicht die Hoffnung aufgegeben habe, eines Tages die Carmen zu singen. Nach einiger Zeit riß mir die Geduld und ich sprach ganz offen mit ihr.
»Entweder Sie sind jetzt ein Sopran, oder Sie hören bei mir auf!«
Da meldete sich eines Tages ihr Mann bei mir.
»Meine Frau ist ganz nervös und so durcheinander wie nie zuvor. Was ist denn mit ihrer Stimme los?«
»Mein Herr, Ihre Frau macht gute Fortschritte. Jede andere wäre heilfroh. Aber Ihre Frau hat eine fixe Idee. Sie will unbedingt die Carmen singen. Eine solche Hartnäckigkeit ist mir noch nicht vorgekommen!«
»Das sagen Sie mir! Sie vernachlässigt unsere beiden Kinder, ihre kranke Mutter, das Haus, mich – alles wegen dieser Singerei. Wir waren schon dicht vor der Scheidung. Seit letztem Monat ist sie beim Psychiater, einem fürchterlichen Menschen. Können Sie mir helfen? Ich verdiene nicht viel, ich kann mir nur einen alten Ford leisten. Mit den Honoraren für den Arzt und den Gesangsunterricht bleibt uns kaum noch etwas zu Essen.«
Ich versprach, ihm zu helfen; in der nächsten Stunde war ich viel zurückhaltender und machte keine Komplimente mehr. Mit der Zeit war meine »Carmen« immer zutraulicher geworden und drehte mir schöne Augen. Sie kam mit bloßen Schultern – und was für Schultern! – und stellte mir allmählich ihre körperlichen Reize vor. Während des Unterrichts beugte sie sich über mich, wenn sie mich etwas fragte, und bedrängte mich mit ihrem tiefen Dekolleté. Langsam wurde ich ungeduldig, aber sie ließ nicht locker: Ihr Ehemann sei ihr gleichgültig, sie seien so gut wie geschieden, und ihrem Liebhaber habe sie vor kurzem die Tür gewiesen.
»Und wissen Sie auch warum? Weil ich Sängerin werden will. Nur Sie allein können mir helfen. Warum stoßen Sie mich zurück?«
»Weil ich Ihr Lehrer bin und mich nicht mit einer verheirateten Frau einlasse. Und außerdem mag ich Ihren Mann gern.«

Sie wurde zudringlicher und ich wurde laut.
»Jetzt stellen Sie sich zum Donnerwetter dorthin und singen Sie, Sie dummes Frauenzimmer!«
Kurz darauf kam sie zum Unterricht, und ich spürte, daß etwas in der Luft lag. Ich mußte wieder grob werden: »Stellen Sie sich dort drüben hin und singen Sie und lassen Sie alles andere sein, sonst verschwinden Sie und lassen sich hier niemals wieder blikken!« Da fuhr sie auf mich los und hämmerte mit den Fäusten auf das Klavier. In *forte fortissimo* kreischte sie: »Sergej Radamsky, Sie geben mir Unterricht und brüllen mich nicht an – ich kann noch lauter brüllen! Sie können eine Sängerin aus mir machen, und ich werde dafür sorgen, daß Sie wieder wie früher zu mir sind: sanft und lieb. Sonst geben Sie mir gar keinen Unterricht mehr!!!«
Das alles untermalte sie mit dröhnenden Trommelwirbeln auf dem armen Instrument.
Ich blieb ungerührt und erwiderte kein Wort. Darauf wurde sie hysterisch und fiel in Ohnmacht. Ich ging aus dem Studio und schickte meine Sekretärin und einen Schüler, der draußen gewartet hatte, zu ihr hinein, und bald konnte sie nach Hause geschickt werden. Abends schrieb ich ihr einen kurzen Brief, daß wir unter diesen Umständen nicht mehr zusammenarbeiten könnten.
Zwei Tage später erschien sie in Begleitung ihres Mannes, um mir die Gründe ihres unsinnigen Benehmens zu erklären. Ihr Psychiater, dem sie geklagt hatte, wie schlecht ich sie behandelte, hatte ihr nach sorgsamer Analyse des Falles folgende Verhaltensmaßregel empfohlen:
»Wissen Sie, Radamsky pflegte früher im Madison Square Garden in New York aufzutreten und vor zwanzigtausend Kommunisten sowjetische Lieder zu singen. Die haben ihn dafür natürlich in den Himmel gehoben, und an diese Verehrung hat er sich gewöhnt. Jetzt sitzt der arme Kerl in Los Angeles und frettet sich mit Gesangsunterricht durch. Er kann es nicht verkraften, plötzlich so heruntergekommen zu sein, und rächt sich an seinen wehrlosen Schülern. Wenn er Sie das nächste Mal anbrüllt, dann brüllen Sie zurück und toben Sie so, daß er Angst kriegt.« Diesen

Rat hatte sie befolgt. Aber meine Geduld mit der frustrierten Carmen war endgültig erschöpft.
Später habe ich gehört, daß sie Sohn, Tochter und Ehemann im Stich ließ, um mit einem jungen Schriftsteller durchzubrennen. Sie arbeitete in New York als Friseuse und hielt ihn aus.

F.B.I.

1918 hatte man mich auf die Liste der nach Rußland abzuschiebenden Personen gesetzt, und zwar mit der Begründung, ich erhielte aus Moskau Gelder für Propagandazwecke. Nur durch die Hilfe prominenter Bostoner, die für mich bürgten, durfte ich damals in den USA bleiben.
1923 wurde mir die amerikanische Staatsbürgerschaft wegen meiner »subversiven Umtriebe« verweigert. Zu meinem Glück hatte mich der Vorsitzende des Ausschusses singen gehört und sprach sich für mich aus: »Mr. Radamsky, Sie sind ein guter Sänger und ich bin überzeugt, Sie werden auch ein guter, anständiger Bürger der Vereinigten Staaten werden.« Diesem Mann habe ich es zu verdanken, daß ich am Leben blieb, in Konzerten und Opern auftreten durfte und so gestellt war, daß ich meine Eltern in Europa unterstützen konnte.
In den dreißiger Jahren konnte ich zwei meiner Schwestern in die USA holen und dadurch vor den Nazis retten. Ein Schreiben von William Bullitt an den zuständigen Minister in Den Haag regelte die Visum-Frage.
Als Prokofjew, Marie und ich 1936 auf dem Empfang der Amerikanischen Botschaft konzertierten, hatte mir der deutsche Botschafter dringend davon abgeraten, bei der Rückreise in die Vereinigten Staaten durch Deutschland zu fahren. Damals bekam ich keine Schwierigkeiten. Als aber die Nazis Holland besetzt hatten, wären meine dort lebenden Angehörigen vielleicht verschont geblieben, wenn ich mich in meinen Konzerten nicht mit Anti-Nazi-Liedern von Hans Eisler und Stephan Wolpe exponiert hätte. Meine anderen beiden Schwestern wurden mit

Mann und Kindern in die Gaskammern getrieben; ebenso auch mein Bruder Leon, ein Dichter und Dozent für Literatur. Er wollte seine Verlobte besuchen und wurde noch rechtzeitig gewarnt, daß die SS in ihrem Hause sei, um die gesamte Familie zu deportieren. »Wo sie hingeht, gehe auch ich hin«, war seine Antwort, und so wurde er gleich mitgenommen, um nie wieder zurückzukehren.
Zur selben Zeit lag mein Vater im Krankenhaus. Sie töteten ihn nicht. Sie verweigerten ihm nur alle Medikamente, die SS-Angehörigen vorbehalten blieben, und bald darauf starb auch er. Mutter hatte Glück und starb eines natürlichen Todes an der Krankheit, die sie sich im Ersten Weltkrieg durch die Hungerei für ihre Kinder zugezogen hatte. Nur meine Schwestern Renja und Rusha waren im schönen Kalifornien in Sicherheit.

1948 hatte ich es mit neunundfünfzig Jahren, nach Zeiten der Not der Katastrophen und Erfolge, in Los Angeles endlich »geschafft«. Ich führte ein friedliches Leben mit fruchtbarer künstlerischer Arbeit und wurde als Sänger, Lehrer und Opernregisseur anerkannt. Der Preis, den ich dafür hatte zahlen müssen, wäre gar nicht so hoch gewesen, wäre nicht Joseph McCarthy auf den Plan getreten. Besonders in Los Angeles wurde er sehr aktiv; zehn Schriftsteller, die sich weigerten, vor dem *Komitee gegen unamerikanische Umtriebe* Frage und Antwort zu stehen, wurden ins Gefängnis geworfen.

Bei der Rückreise von meiner ersten Konzertreise nach Moskau hatte man mich 1927 an Bord des Passagierdampfers verhaftet, nach Ellis Island gebracht und dort vor ein Gericht gestellt, das aus drei Generälen bestand. Ich wurde beschuldigt, meine amerikanische Staatsbürgerschaft auf betrügerische Weise erschlichen zu haben. Worin der Betrug liegen sollte, konnte mir niemand sagen. Unter meinen Richtern war General Sweetzer, der mich bei einem Konzert in Camp Devons kennengelernt hatte; damals hatte er mir eine Stellung als sein persönlicher Dolmetscher angeboten. Er setzte es durch, daß die Anklage zurückgezogen wurde, und ich war wieder frei.

Im selben Jahr wurde übrigens auch Theodore Dreiser nach der Rückkehr aus Moskau verhaftet, vor Gericht gestellt und wegen Unmoral angeklagt. Er habe vor der Abreise, in Moskau und auf der Rückfahrt mit einer Frau in einem Zimmer zusammengewohnt. Unmoral wurde damals mit Gefängnis geahndet. Der Gerichtssaal war gedrängt voll von Reportern und prominenten New Yorker Bürgern. Nachdem die Anklageschrift verlesen worden war, erhob sich Dreiser in seiner ganzen imponierenden Länge von fast zwei Metern und sagte: »Die Anklage trifft zu. Ich hatte diese bildschöne junge Dame überall bei mir, Tag und Nacht. Aber wie kann ich schuldig geworden sein, wo es doch allgemein bekannt ist, daß ich seit neun Jahren impotent bin?«
Der Saal tobte vor Lachen. Die Anklage wurde zurückgezogen, und alles gratulierte dem Schriftsteller zu seiner Impotenz.

In Rußland hatten mich ein paar Russen verdächtigt, gegen Geld für die Vereinigten Staaten Propaganda zu treiben, weil ich auf Fragen nach den Lebensbedingungen in den USA Positives geantwortet hatte. Anfang der dreißiger Jahre zum Beispiel hatte ich die Behauptungen bestritten, in der herrschenden Wirtschaftskrise müßte ganz Amerika von Volksküchen unterhalten werden. Die Amerikanische und auch andere Botschaften in Moskau dagegen argwöhnten, ich spionierte für Rußland. »Warum singen Sie für russische Rubel, wenn Sie Dollars in den Staaten verdienen könnten?«
Niemand nahm meine Konzerte für das, was sie waren, und alle waren sie überzeugt, meine eigentlichen Einkünfte stammten aus »subversiven Umtrieben«.
1936 wurde ich wegen »anti-sowjetischen Verhaltens« aus der Sowjetunion hinausgeworfen und daraufhin von den amerikanischen Kommunisten als »Abweichler« gebrandmarkt. Ich hätte eigentlich langsam begreifen sollen.
Und da ich weiterhin in New York mit Radikalen und mit Sowjet-Bürgern von der *Amtorg* befreundet blieb, hätte ich mir denken können, daß der F.B.I. alle meine Bewegungen beobachtete. Überdies war ja – neben meiner Scheidung – auch diese Spitzelei für meinen Entschluß bestimmend gewesen, aus New

York fortzuziehen. Als ich mich in Los Angeles niederließ und meine Verbindungen zu den Radikalen einstellte, glaubte ich, mir damit meinen Frieden erkauft zu haben.
Ich gab eines Tages im City College Unterricht, als drei Männer in meinem Hause erschienen und meiner Sekretärin erklärten, das Telephon im Nachbarhaus funktioniere nicht, und sie müßten in meinem Keller Reparaturarbeiten durchführen. Die »Reparatur« dauerte zwei Stunden.
In meinem Keller lagerten Stapel von Büchern in den verschiedensten Sprachen, Opernpartituren, Noten, Programme, Konzertplakate von unseren Tourneen in Rußland, Polen und anderen Ländern. Ich hatte mir zuerst nichts dabei gedacht, als ich von der Fernsprech-Reparatur hörte.
In Moskau waren die Apparate der ausländischen Korrespondenten allesamt von der Geheimpolizei überwacht. Wenn man den Hörer abnahm, klickte es, und man wußte sofort: Es wurde abgehört. Ich war oft genug im Haus des damaligen Korrespondenten der UPI, Eugene Lyons, gewesen, und kannte das Signal.
Als ich am Abend telephonieren wollte und den Hörer abnahm, tönte mir das vertraute Klicken ins Ohr. »Der F.B.I. hat unser Telephon angezapft«, sagte ich zu meiner Sekretärin. Von nun an sprach ich bei jedem Anruf zunächst ein paar vertrauliche Worte zu meinen Mithörern vom F.B.I., nannte sie Schweinehunde und tischte ihnen Märchen auf. Ich war leichtsinnig und alberte herum. Weil ich keine Geheimnisse hatte.
Drei Monate später, als ich wiederum nicht zu Hause war (man wußte offenbar über jeden meiner Schritte Bescheid), kam die »Telephongesellschaft« ein zweites Mal und brachte alles wieder in Ordnung. Ich rief Margaret Larkin an, deren Mann Albert Maltz zu den zehn Schriftstellern gehörte, die McCarthy ins Gefängnis geworfen hatte, und erklärte ihr, ich hätte ein Vierteljahr lang nichts von mir hören lassen, weil mein Telephon überwacht worden sei.
»Um Gottes Willen, hören Sie auf, Sergej«, rief sie bestürzt. »Mein Apparat ist immer noch angezapft und sie hören alles mit, was Sie sagen.«

Nachdem ich den *Boris Godunow* in Los Angeles aufgeführt hatte, bekam ich auch Zulauf von Schülern, die ihren Wehrdienst ableisteten. Fünf G.I.s nahmen Unterricht bei mir, drei Tenöre und zwei Bässe. Sie waren nicht gerade außerordentliche Begabungen, aber da die Regierung die Stunden bezahlte, nahm ich sie gerne auf.

Sie waren sehr nett und unterhielten mich mit lustigen Geschichten. Meist kamen sie zu zweit oder zu dritt und hospitierten gegenseitig bei ihren Stunden; mit einem Wort, sie waren sehr freundlich und liebenswürdig. Ihnen gefiel mein großer Arbeitsraum, und sie begeisterten sich für meine Bilder und Stiche. Aber bald mußte ich feststellen, daß der F.B.I. sie mir in den Pelz gesetzt hatte. Das merkte ich daran, daß einer von ihnen mit einer winzigen Geheimkamera die Wände meines Zimmers photographierte. Als ich ihm die Kamera abzunehmen suchte, zog sein Freund den Revolver, und beide machten sie, daß sie fortkamen. Jetzt erkannte ich, daß ihr Interesse an Maries Stichen vom Kreml, von Lenins Mausoleum, von russischen Landschaften an der Wolga und in Sibirien, an Photographien russischer Komponisten und Schriftsteller und auch an meiner Bibliothek nur den Zweck gehabt hatte, das alles photographieren zu können.

Nach dem ärgerlichen Zwischenfall mit dem »Photographen« und seinem Freund kamen auch die anderen G.I.s nicht wieder. Meine Schüler erzählten mir, sie hätten die Soldaten überhaupt etwas merkwürdig gefunden. Sie hätten zwar hübsche Stimmen, wären aber musikalisch völlig ungebildet gewesen.

Zwei Tage später rief mich eine Frau an, die sagte, sie sei erst vor kurzem aus New York gekommen, um ihre Mutter in Long Beach zu besuchen. Und da sie drei Monate bleiben wollte und Sängerin sei, möchte sie gern bei mir Unterricht nehmen. In New York habe sie gehört, daß ich ein Fachmann auf dem Gebiete des russischen Liedes sei, und deshalb käme sie zu mir. Sie war sehr musikalisch und hatte eine gute Stimme. Fünf Stunden wollte sie in der Woche haben und legte gleich hundert Dollar auf den Tisch für die ersten zehn Stunden. Sie war sehr angetan von russischen Liedern und russischen Komponisten und wollte unbedingt russisch singen. Ob sie nicht eines Tages auch in Rußland konzertieren könnte?

Bei der dritten Stunde zog sie mich in eine »freundliche« Unterhaltung, und wir kamen kaum noch zum Singen. Ich wurde argwöhnisch. Als sie fragte, warum ich ihr nicht mehr über Rußland erzählen wollte, sagte ich, ich führte nicht gern Privatgespräche während des Unterrichts. »Von jetzt ab wollen wir wieder singen und nicht mehr reden.«

Am nächsten Tag erschien sie nicht, und ich rief ihre Mutter an. Die Telephonnummer, die sie mir genannt hatte, gab es überhaupt nicht. Auch die Adresse in Long Beach war frei erfunden. Am selben Tag besuchte mich ein Mann mit einem amtlichen Ausweis und forderte mich auf, ihn zum Chef des F.B.I. in Los Angeles zu begleiten.

»Aber sagen Sie niemand, wohin Sie gehen.«

Es gelang mir aber dennoch, meine Sekretärin zu verständigen. Wir gingen ins Hauptquartier des F.B.I. am Wilshire Boulevard. An einem Tisch nahm ich Platz, mir gegenüber der Chef, an den beiden Seiten der Mann, der mich hergebracht hatte, und noch ein Dritter. Vor sich hatten sie Akten liegen.

»Wir möchten Sie bitten, uns ein paar Fragen zu beantworten. Wenn Sie sorgfältig und genau antworten, werden wir Sie nicht lange aufhalten.«

Nach den ersten Fragen merkte ich, daß es eine lange Sitzung werden würde.

»Welche Beziehungen hatten Sie zu den Russen, die Sie in dem russischen Buchladen am East Broadway besuchten?«

Ich war wie vom Donner gerührt – das war so lange her, daß ich mich kaum noch daran erinnern konnte. Es dauerte einige Zeit, bis ich antworten konnte.

»Wo sind diese Leute heute? Haben Sie auch Trotzkij kennengelernt, der zu dem Besucherkreis gehörte?«

Und so ging es fort mit ähnlichen Fragen. Alles bezog sich auf die Zeit zwischen 1910 und 1916.

Als ich mich wieder gefaßt hatte, wurde mir deutlich, daß sie im dunkeln tappten. Sie hatten einige Namen und nicht mehr. In der West 85. Straße hatte ich einmal im Hause eines Cellisten gewohnt. Längere Zeit stritten wir uns, weil der Chef behauptete, der Mann sei Geiger gewesen und ich sei ein Lügner.

An den Blicken, die ihm seine Assistenten zuwarfen, hätte ich merken können, daß er das alles nur tat, um mich unsicher zu machen.

Aus den Akten las er mir Unterhaltungen vor, die ich geführt haben sollte und die, wenn sie nicht überhaupt frei erfunden, auf jeden Fall grob übertrieben waren. Aber er ließ sich nicht aus dem Konzept bringen. Sie wußten genau, wie viele Konzerte ich in den USA gegeben hatte und was ich dabei verdient hatte.

Wenn meine Antworten nicht ihren Erwartungen entsprachen, schauten sie in ihre Akten und korrigierten mich. Es wurde eine entsetzliche Streiterei. Zum Schluß sagte ich: »Wenn Sie alles schwarz auf weiß haben und so genau wissen, wo ich war und was ich tat – was fragen Sie mich dann überhaupt noch?« Die Unterhaltung war jetzt nicht mehr freundlich, und ich weigerte mich, auf bestimmte Fragen Antwort zu geben.

Dann kam der Hauptpunkt der Anklage.

»Wo haben Sie die hunderttausend Dollar her, mit denen Sie die Oper *Boris Godunow* aufgeführt haben?«

Im September 1947 hatte ich die Oper in englischer Sprache im Wilshire-Ebell-Theater in Los Angeles aufgeführt. Fünf Vorstellungen waren geplant, und ich hatte eine doppelte Besetzung von insgesamt vierzig Sängern und einen Chor von fünfzig Mann auf die Beine gebracht. Alle Sänger waren am Gewinn beteiligt, Gagen wurden nicht gezahlt. Eine Woche vor der ersten Aufführung waren die meisten Karten verkauft.

Am Sonntag vor der Premiere, dem 22. September 1947, verkündeten die Zeitungen in sensationellen Schlagzeilen, die Sowjetunion habe eine Bakterie entwickelt, die im Falle eines Krieges mit den USA alle Ernten vernichten würde. Die Russen brauchten keinen einzigen Soldaten zu opfern, um Amerika in die Knie zu zwingen. An diesem Sonntag wurden alle Kartenbestellungen annulliert und die bereits verkauften Karten zurückgegeben. Statt fünf Vorstellungen konnten wir nur drei geben, und wir

schlossen mit einem Verlust von 7500 Dollar ab. Den größten Teil dieser Summe hatte mir ein Ausschuß zur Verfügung gestellt, den Mr. und Mrs. Harry Markowitz von Santa Monica gebildet hatten, die sich für diese Aufführung interessierten.
Das Neuartige an meiner Inszenierung war gewesen, daß ich aus Puschkins zugrundeliegender Komödie zwei Szenen eingeschoben hatte, die eigentlich nicht zur Oper gehören. In diesen Szenen wird gezeigt, daß Polen, Lettland und andere Staaten unter Führung der katholischen Kirche jahrhundertelang versucht hatten, Moskau zu besetzen. Dieser Regie-Einfall hatte den F.B.I. zu der Überzeugung gebracht, meine Aufführungen seien von Rußland geplant und unterstützt. Von dem Filmproduzenten Louis B. Mayer ließen sie sich berechnen, daß ihn eine Aufführung dieser Größenordnung dreihunderttausend Dollar gekostet haben würde. »Radamsky hat's vielleicht mit nur hunderttausend fertiggebracht; mit weniger aber auf keinen Fall.« Da der Kartenverkauf für die drei Vorstellungen nur fünftausend Dollar eingebracht hatte – woher stammten dann die restlichen fünfundneunzigtausend Dollar, wenn nicht direkt von Moskau? Sie wollten unter keinen Umständen glauben, daß die Bühnenausstattung von dem Hollywooder Künstler Phil Stein entworfen und ausgeführt worden war (der damals im Gefängnis saß, aber dort arbeiten durfte und nach seiner Entlassung die Kulissen in meinem Hinterhof baute) und daß die Sänger der Hauptrollen ohne Entgelt gesungen hätten. Mit einem Wort: Sie glaubten mir gar nichts, und es war sinnlos, sie überzeugen zu wollen.
Sie wußten auch, daß ich 1927 in New York den ersten Ausschuß für kulturelle Beziehungen mit Rußland gegründet hatte, in dem Leopold Stokowski, Edgar Varèse und andere berühmte Musiker Mitglieder waren. Wer zahlte die Auslagen, und was konnte ich über die politische Einstellung von Stokowski und Varèse aussagen? Sie wußten die genauen Daten meiner Abreise nach England, Polen und Italien im Jahre 1923 und wie viele Konzerte ich damals gegeben hatte. Sie waren jedoch falsch orientiert darüber, wieviel Geld ich dabei eingenommen hatte und mit wem ich zusammengekommen war. Sie wußten, wo ich

gewohnt hatte, und natürlich auch von meinen Auftritten im Madison Square Garden bei der Lenin-Feier. Aber wer wußte das nicht?
Alle Daten über Abfahrt und Ankunft nach, in und von Moskau stimmten; ebenso die Daten über die Artikel, die ich in der *New York Times* und im *Daily Worker* zum Lobe des russischen Theaters und der allgemeinen Lebensbedingungen in Rußland geschrieben hatte. Sie kannten einige der Leute, die ich auf Partys in New York und bei einem Empfang kennengelernt hatte, bei dem Earl Browder, der Sekretär der amerikanischen Kommunistischen Partei, zugegen gewesen war. Sie wußten, daß uns diese Empfänge angeblich jeweils mindestens fünfhundert Dollars gekostet hatten. Wo kam das Geld her? Direkt von Moskau oder über die sowjetische Handelsmission, die *Amtorg* in New York? Ich konnte sie nicht davon überzeugen, daß uns diese Einladungen nur zwischen dreißig und vierzig Dollar pro Abend gekostet hatten.
Als ich einmal – der Chef nannte das genaue Datum – aus Moskau zurückkehrte, besuchte mich eine junge Frau, die Sekretärin des Redakteurs vom *Daily Worker*, und blieb von zwanzig Uhr fünfzehn bis morgens drei Uhr fünfundvierzig.
»Was haben Sie in dieser Zeit gemacht?«
An dieser Stelle des Verhörs war ich so mit den Nerven fertig, daß ich schrie: »Wir haben gehurt, Mister!«
Die beiden Assistenten lachten laut auf, und der Chef schrie sie zusammen und drohte mit allen möglichen Strafen. Ich merkte, ich hatte es mit einem sadistischen Narren zu tun.
Er beruhigt sich wieder und legte eine Essenspause ein. Ich konnte nichts zu mir nehmen. Das Verhör ging weiter, während sie Sandwiches aßen und Kaffee tranken.
Das Ganze dauerte sieben Stunden. Offensichtlich war da ein Genosse gewesen, der mich bespitzelt hatte. Ich war schockiert bei dem Gedanken, ständig jemanden um mich herum zu haben, der alles meldete, was ich tat und trieb.
»Wie kommt es, daß Sie sofort nach Ihrer Ankunft in Los Angeles am 16. November 1943 bei einer Versammlung des Komitees für sowjetisch-amerikanische Freundschaft im Shrine

Auditorium die *Internationale* sangen? Nimmt man ein Nichtmitglied dazu?«
Ich sollte Auskünfte geben über andere Personen, die an diesem Treffen teilgenommen hatten.
Hier stimmten die Fragen präzise, denn er hatte ein Programm vor sich. Um mich der Lüge zu überführen, fragte er: »Würde ein Nichtmitglied der Kommunistischen Partei ein Bild von Lenin in seinem Arbeitszimmer aufhängen?«
Ich antwortete: »Ich weiß nicht, ob andere das tun würden. Ich tue es jedenfalls. Lenin war der größte Führer des russischen Volkes, und ich verehre und liebe ihn.«
Bei diesen Worten sprang der Chef so vehement auf, daß ich es mit der Angst zu tun bekam. Er starrte mich einige Sekunden lang wild an und verließ dann das Zimmer. Seine beiden Assistenten erhoben sich ebenfalls und schauten auf die Tür, durch die er verschwunden war. Ich hatte keine Ahnung, was jetzt kommen würde.
Kurz darauf erschien er wieder mit zwei Wachtposten und sagte ganz ruhig: »Sie haben also niemandem gesagt, wohin Sie gegangen sind?«
»Nein, niemandem. Nur meiner Sekretärin.«
Da verlor er die mühsam bewahrte Beherrschung und brüllte den Mann an, der mich hergebracht hatte: »Was hatte ich Ihnen gesagt? Welchen Befehl hatten Sie von mir bekommen?«
Der Mann verteidigte sich und sagte, er habe mir verboten, jemandem Bescheid zu sagen. Der Chef schrie: »Sie lügen! Das werden Sie bereuen!«
Als ich die Aussage des Mannes bekräftigte, fragte er mich, weshalb ich nicht gehorcht hätte. »Ich sage immer meiner Sekretärin, wohin ich gehe, falls sie mich braucht.« Dann nannte er mich wiederum einen Lügner und fragte rhetorisch, ob ich denn keine Achtung vor dem Gesetz habe. Ich gab zur Antwort, ich stünde vor einem bezahlten Diener des Gesetzes und nicht vor dem Gesetz selbst. Jetzt wurde er rasend, und nachdem er mit seinen Leuten einige Zeit verhandelt hatte, wurde mir bedeutet, ich könnte jetzt nach Hause gehen. Aber am nächsten Morgen würden wir weitermachen.

Der Mann führte mich zum Aufzug, und nachdem der Posten weg war, flüsterte er mir zu: »Großartig! Radamsky, Sie haben's dem Schweinehund aber richtig gegeben! Wir hassen ihn wie die Pest. Das wird uns guttun. Geben Sie nicht auf!«
Zu Hause brachte ich es kaum fertig, meiner Sekretärin zu erzählen, was vorgefallen war. Wir überlegten hin und her und kamen zu dem Entschluß, über alles den Mund zu halten, in der Hoffnung, auf diese Weise noch einmal alles niederschlagen zu können. Denn ein Skandal hätte mich beruflich erledigt.
Als ich am nächsten Morgen wieder zum Verhör erschien, fragte der Chef: »Haben Sie jetzt Ihre Meinung geändert und wollen Sie heute meine Fragen beantworten?«
»Selbstverständlich werde ich Ihre Fragen beantworten. Aber meine Meinung habe ich in keinem Punkt geändert.«
Diesmal dauerte es bloß sechs Stunden. Ich hielt allen Beschimpfungen stand, mit denen er mich bedachte. Wiederum verlor er die Beherrschung und verlangte die »Wahrheit« zu wissen, und natürlich brüllte er auch diesmal wieder. Seine Assistenten hatten keine Achtung vor ihm. Im Gegensatz zum vorangegangenen Tage verließen sie uns des öfteren unter fadenscheinigen Vorwänden, und wir mußten jedesmal unterbrechen, bis sie wieder zurück waren.
Ich konnte mich während dieser entsetzlichen Stunden kaum aufrecht halten. Endlich stand der eine seiner Besitzer auf und meinte: »Herr Oberst, für heute ist's genug, meinen Sie nicht auch?«
Der Chef sah fragend von einem zum anderen. Dann stellte er die letzte Frage: »Haben Sie mir noch irgend etwas zu sagen?«
Ich antwortete nicht.
»O.K.« Damit schlug er den Aktendeckel zu. Seine Assistenten taten desgleichen, und ich durfte nach Hause gehen.
Mein Begleiter von gestern führte mich wieder heraus und flüsterte: »Der wird Sie nicht wieder behelligen! Den haben Sie fertiggemacht! O.K.!«
Ich schleppte mich in ein Taxi. Zu Hause angelangt, versagte mir die Sprache, und ich erlitt meinen ersten und letzten Nervenzusammenbruch. Mehr als vierzehn Tage mußte ich im Bett bleiben.

Ich befürchtete, daß mir, wenn diese Angelegenheit in Los Angeles publik werden sollte, große Nachteile daraus erwachsen könnten. Beruflich wäre ich ruiniert, wenn meine Schüler wegblieben und ich keine Aufträge mehr erhielt, Opern zu inszenieren. Also sprach ich mit niemandem darüber außer mit meiner Sekretärin und meinen beiden Schwestern.

In den dreizehn Stunden dieses Verhörs hatte ich soviel Ungereimtes und Falsches gehört, daß ich mich als Mr. Hoover geschämt hätte, solche unfähigen Agenten für die Sicherheit der Vereinigten Staaten zu beschäftigen. Sie hatten Hunderte von Arbeitsstunden, aber offensichtlich nur sehr sehr wenig Gehirn investiert.

Ich erholte mich langsam, und es kam die erfolgreichste Periode meiner Lehrtätigkeit. Bis zu zwanzig Stunden Unterricht gab ich am Tage und verdiente sehr viel Geld. Aber diese Glückssträhne sollte nicht lange andauern. Es gab nicht nur einen McCarthy in Washington, sondern sehr viele mehr, die andere Namen trugen.

Unter den Liberalen in Hollywood war eine kleine Panik ausgebrochen. Manches erinnerte mich durchaus an die Mitte der dreißiger Jahre in Moskau, und das konnte mich kaum heiter stimmen. Verschiedene meiner Freunde saßen hinter Gittern, weil sie nicht aussagen wollten vor dem Ausschuß gegen unamerikanische Umtriebe. Die Reaktion war in voller Blüte. Ich hatte genug davon, und da ich keine Kraft mehr besaß zu kämpfen, beschloß ich, die Vereinigten Staaten zu verlassen. Zwar meinten meine Freunde und meine Schwestern, ich machte mir übertriebene Vorstellungen über McCarthys Einfluß; aber der Gang der Ereignisse sollte mir doch recht geben. Ich mochte nicht mehr. Eine Kämpfernatur war ich noch nie gewesen, und so sammelte ich zehn meiner fortgeschrittenen Schüler und übersiedelte nach Paris.

In Frankreich mietete ich mir ein verlassenes Château, etwa fünfundzwanzig Kilometer von Paris entfernt, und ließ mich als Gesangslehrer nieder. Im Café *Select* am Montparnasse »befreundete« ich mich mit einem Amerikaner. Damals war der Korea-Krieg im Gange, und als wir auf dieses Thema zu sprechen kamen, sprach ich mich scharf gegen den Krieg aus. Ich hatte immer noch nicht gelernt, im Umgang mit Amerikanern auf der Hut zu sein. Bald merkte ich, daß es im *Select* von F.B.I.- und C.I.A.-Agenten wimmelte.

Einen Monat später bat mich ein französischer Beamter unseres Distriktes um die Erlaubnis, in den zu unserem Château gehörenden Feldern seine Bienenkörbe aufstellen zu dürfen. Dreimal die Woche würden er und sein Sohn die Bienen besorgen kommen. Natürlich erlaubte ich es ihm.

Tags darauf erzählte mir der Lehrer, der meinen Schülern Französisch-Unterricht gab, daß diese »Bienenkörbe« nur ein Vorwand seien; in Wirklichkeit stecke die amerikanische Abwehr dahinter. Man hätte zuerst mit ihm Verbindung aufgenommen und ihm große Summen geboten, wenn er uns bespitzeln wollte. Der Lehrer hatte sich jedoch geweigert, und so charterten sie sich einen Beamten von der Ortsbehörde.

Lange Zeit wurden wir überwacht. Aber wir hatten uns inzwischen daran gewöhnt. Einige meiner Schüler wurden ganz unschuldig ausgefragt: »Was für ein Mann ist dieser Radamsky? Wer ist sein Lieblingsschüler? Verdient er viel Geld?« Da meine Schüler gewarnt waren, erzählten sie phantastische Geschichten über mich und führten die Aushorcher an der Nase herum. Endlich wurden unsere Wächter ihrer Aufgabe müde und ließen uns in Frieden. Wenigstens hier außerhalb von Paris.

Nach einem Jahr wurde ich zum künstlerischen Leiter und Regisseur der *Compagnie Lyrique* ernannt, hinter der Cocteau, Sauget und Darius Milhaud als Bürgen standen. Victor Lafont, ein Kanadier, war der Direktor. Wir führten im Théâtre Babylon Opern von Milhaud, Menotti, Simone, Sauget und Kurt Weill auf. Alles ging gut, bis uns die Amerikanische Botschaft bat, doch mit unserem Programm die Amerikahäuser in Frankreich zu bereisen. Wir waren einverstanden. Aber es war kein Geld da für ein Orchester, und man verlangte, wir sollten mit einer Klavierbegleitung vorliebnehmen. Daran hatte ich kein Interesse und lehnte ab. Die Botschaft war erfreut über meine Ablehnung – gerade das hatte man erreichen wollen. Zwei Wochen später wurde das Angebot für ungültig erklärt, und unsere Operntruppe wurde aufgelöst.

Ich merkte, daß ich bei der Botschaft in Ungnade stand und daß nicht nur ich, sondern auch alle unsere Sänger verdächtigt wurden. Deshalb nahm ich eine Einladung an, mit meinen Schülern nach Wien zu kommen.

Wien bot viele Vorzüge. Statt des C.I.A. gab es hier eines der besten Opernhäuser der Welt, und wir konnten alle Strauss- und Mozart-Opern und auch das italienische und deutsche Repertoire hören. Ich wurde bald mit einer Professur an der berühmten Wiener Akademie der Tonkunst ausgezeichnet.

Meine aus Elba stammende italienische Köchin Bianca hatte ich auch nach Wien mitgenommen. Eines Nachmittags kam ein angeblicher Italiener ins Haus und gab bei ihr eine Brieftasche ab, die er im Hauseingang gefunden haben wollte. Da Lire darinnen waren, sei er überzeugt, sie habe sie verloren. Sie gehörte ihr nicht, aber der Mann beschwatzte sie, die Tasche erst einmal zu behalten, aber mir nichts davon zu sagen.

In den nächsten Tagen erschien er noch ein paarmal, schaute sich meine Bücher an und stellte Fragen. Bianca wurde allmählich unheimlich zumute, und sie beichtete mir alles. Der Unbekannte kam nie, wenn mein Auto vor der Tür stand. Sobald ich aber das Haus verlassen hatte, tauchte er auf.

Eines Tages überraschte ich ihn, wie er in meinem Arbeitszimmer mit Bianca redete. Er war so überrascht, daß er sich in fließendem Brooklyn-Amerikanisch zu entschuldigen begann. »Den kenne ich«, sagte ich zu Bianca, nachdem ich ihn mir angeschaut hatte. »Er arbeitet für den F.B.I.« Bei diesen Worten rannte er aus der Tür und ließ sich nie wieder blicken. Das Geld – es waren zehntausend Lire und dreißig Dollar – konnte Bianca behalten.

Das war im Jahre 1953. Rußland, England, Frankreich und Amerika hielten Österreich noch immer besetzt, und Wien war in vier Sektoren aufgeteilt. Da wir uns alle glücklich fühlten in unserer neuen Umgebung, vermied ich es sorgsam, mich im sowjetischen Sektor oder in Begleitung von Russen zu zeigen.

Ich hatte eine sehr schöne Wohnung gekauft, und da sie im Botschaftsviertel lag, ganz in der Nähe der französischen, schwedischen und russischen Botschaftsgebäude, hieß es bald, ich hätte insgeheim mit ausländischen Diplomaten zu tun. Aber keines dieser Gebäude habe ich je betreten; ich konnte nur lachen über das Gerede. Aber ich wußte aus Erfahrung, daß diese Gerüchte überall auftauchten, wo ich war.

Der Direktor der Wiener Staatsoper, Dr. Seefehlner, betraute mich bald darauf mit der Aufgabe, in Budapest nach Sängern Umschau zu halten, die auf Abruf in Wien aushelfen konnten. Da es von Wien bis Budapest nur drei Autostunden sind, war die Verbindung nach Ungarn kürzer als nach Deutschland.

In Budapest besuchte ich jeden Abend zwei Vorstellungen, indem ich von einem Opernhaus zum andern wechselte. Sänger und Aufführungen waren von hohem Niveau. Ich notierte mir die Namen der Künstler, die nach meiner Ansicht für Wien aushilfsweise in Frage kamen – es waren sehr viele –, und nach vier Tagen konnte ich Dr. Seefehlner Bericht erstatten.

Nach meiner Rückkehr suchte mich die Wiener Presse auf, um mich zu interviewen. Als ich jedoch das Lob der Budapester Opernaufführungen sang, war das Interesse nur gering. Man wollte mehr über die dortigen Lebensbedingungen wissen.

»Ist es wahr, daß die Leute dort hungern und in Lumpen gehen?«

»Nein. Sie sind ärmlich gekleidet, aber nicht in Lumpen.«

»Stimmt es, daß die Cafés leer sind?«

»Nein. Ich habe Menschen in den Cafés gesehen.«

»Aber bestimmt haben Sie kein Fleisch und keine Lebensmittel in den Läden gesehen?«

»Darauf kann ich nicht antworten. Ich habe Leute in die Läden hineingehen und aus Läden herauskommen sehen. Aber ich bin nicht nach Budapest gefahren, um Läden anzusehen, sondern um mir Sänger anzuhören.«

Aber damit war die Geschichte noch nicht zu Ende. Am nächsten Tag kamen die Journalisten wieder und hatten diesmal schriftlich fixierte Fragen dabei. Ich blieb bei meiner Auskunft, daß ich aus künstlerischen Gründen nach Ungarn gefahren sei. Fragen anderer Art könne und wolle ich nicht beantworten. Wieder wurde ich jetzt als Radikaler gebrandmarkt, der mit dem kommunistischen Regime in Ungarn sympathisierte.

Wien ist eine herrliche Stadt, mit wunderbaren Opernhäusern und Symphonie-Orchestern, und die Menschen dort können sehr reizend sein. Gerüchte fließen dort rascher als die blaue Donau.

Bald nach diesem journalistischen Intermezzo kam ein sehr herzlicher Brief vom Direktor der Wiener Musik-Akademie, ungefähr des Inhalts, aus Einsparungs-Gründen müßten sie leider für das kommende Jahr auf meine Mitarbeit verzichten. Immerhin hatte ich die höchstbezahlte Professur inne. Damit war es mit meiner schönen Stellung an dieser berühmten Institution zu Ende. Ich hatte schon einen höheren Preis zahlen müssen für meine Überzeugung. Von der Akademie entlassen zu werden, war eine arge Enttäuschung. Aber sie ließ sich verschmerzen von jemandem, der nicht nur von Brot allein zu leben versuchte.

Zunächst blieb ich in Wien und genoß weiterhin das Musik- und Theaterleben. Ich blieb befreundet mit Dr. Egon Hilbert, einem der besessensten und eifrigsten Operndirektoren, die ich kennengelernt habe und den Wien trotz aller Intrigen und trotz allen kleinlichen Gezänks noch viele Jahre lang nicht vergessen wird. Und ich werde der Stadt stets dankbar bleiben für die schönsten Aufführungen von Mozart- und Strauss-Opern, die ich je erlebt habe. Sie waren den Aufführungen an der Metropolitan Opera in New York, an der Scala in Mailand und überhaupt an allen anderen Opernhäusern weit überlegen.

Opernregie in Deutschland

Ich unterrichtete indessen weiter und nahm das Angebot an, *Madame Butterfly* in Ulm zu inszenieren.

Als ich eines Abends von der Probe nach Wien zurückkehrte, stellte ich beim Grenzübergang fest, daß mein Paß um Mitternacht ablief und ich dann Wien nicht mehr verlassen konnte. Die Amerikanische Botschaft in Wien konnte mir nicht helfen, weil die gesetzlichen Bestimmungen damals verlangten, daß im Ausland geborene Amerikaner vor Erneuerung ihres Passes mindestens ein Jahr lang in den Staaten gelebt haben mußten. Ich hatte aber kein Verlangen, fünfzehn junge Gesangsschüler allein in Wien und Deutschland zurückzulassen; und außerdem wollte ich die *Butterfly*-Inszenierung in Ulm nicht aufgeben.
In diesem Dilemma gab mir Dr. Egon Hilbert den Rat, mich doch an einen bekannten Wiener Rechtsanwalt zu wenden. Ich setzte ihm meine Lage auseinander, und eine Woche später erhielt ich ein Schreiben von ihm: »Professor Radamsky, seien Sie so freundlich und gehen Sie morgen zur Paß-Abteilung auf dem soundso vielten Polizei-Revier und bringen Sie ein Paßphoto mit.« Ich ahnte nicht, was mir dort ausgehändigt wurde: die gesamten Papiere für die österreichische Staatsbürgerschaft mitsamt einem Paß! Ich mußte nur noch meinen Namen daruntersetzen.
Am selben Abend probte ich in Ulm als vollgültiger und angesehener Österreicher. Muß ich betonen, daß ich meinen österreichischen Freunden, der Regierung und auch meinem kleinen Glücksstern sehr dankbar war?
Wie fühlt man sich, wenn man nach siebenundvierzig Jahren als Amerikaner plötzlich Österreicher ist? Ganz großartig! Ich merkte wieder einmal, daß es viel mehr liebenswürdige und verständnisvolle Menschen auf dieser Welt gibt, als man manchmal glauben möchte.
An der Bezeichnung selbst liegt natürlich nicht viel; aber ein österreichischer Paß ist viel wert.
Jetzt konnte ich wieder ungehindert unterrichten und reisen.

Nach einem schönen Erfolg in Ulm wurde ich eingeladen, an anderen deutschen Opern zu inszenieren: *La Traviata*, *Die Hochzeit des Figaro*, den *Barbier von Sevilla*, die Operetten *Fledermaus* und *Zigeunerliebe*, und auch Schauspiele, darunter Gorkijs

In der Tiefe und Tschechows *Onkel Wanja*. Ich leitete auch die Erstaufführung von Haydns Oper *L'infideltà delusa*, mit der mich der bekannte Haydn-Forscher Robbins Landon betraut hatte. In Rendsburg machte mir die Arbeit am Landestheater viel Freude. Die Stadt ist nicht groß, verfügte aber über ein ausgezeichnetes Ensemble, das Schauspiele, Operetten und Opern aufführte. Es war eine wirklich harmonische Zusammenarbeit. Nur einen kleinen Zwischenfall gab es. Eigenartigerweise – oder hätte man es erwarten sollen? – machte mir ein Schauspieler Schwierigkeiten, der aus Ostdeutschland geflohen war und nun alle Russen haßte.

Das Ganze passierte bei der Aufführung von *Onkel Wanja*. Für diesen Schauspieler waren alle Russen hassenswert, ob nun Bolschewiken, die er in Ostberlin kennengelernt hatte, oder Tschechows Onkel Wanja, den er zu spielen hatte. Nach seiner Meinung legte ich in Tschechows Gestalten menschliche Gefühle, während sie doch in Wirklichkeit keines Mitgefühls fähig wären. Er habe sie in Ostberlin erlebt und wisse, daß sie zum Beispiel niemals leise sprächen. Deshalb schrie und brüllte er seine Rolle aus Leibeskräften.

Vom Direktor bis zum Bühnenarbeiter war alles entsetzt über sein Verhalten. Ich konnte meinen Gleichmut bewahren. Die Situation wuchs sich langsam zu einem Skandal aus. Erst drei Tage vor der Premiere sah unser wilder Wanja ein, daß er sich nur lächerlich machte mit seinem Getobe und ließ sich zu guter Letzt bekehren.

Abgesehen von diesem einzigen dummen Erlebnis war die Arbeit in Deutschland ganz herrlich, und ich bin vielen Persönlichkeiten aus dem Theaterleben und auch der Öffentlichkeit sehr dankbar für vielerlei Hilfe und Unterstützung.

Mary

Im Jahre 1962 erhielt ich die Einladung, dem Tschaikowskij-Wettbewerb in Moskau beizuwohnen. Da eine Gruppe von mehr

als hundert Künstlern von Wien aus dorthin fuhren, entschloß ich mich, mitzureisen. Ich war seit 1936 nicht mehr in der Sowjetunion gewesen.
Der Besuch weckte gemischte Gefühle bei mir. Ich wußte, daß viele meiner alten Freunde schon lange liquidiert waren. Auch Stalin war inzwischen gestorben und die abscheulichste aller Kreaturen: Lawrentij Berija.
Aber ich würde Moskau wiedersehen, das neue, junge Rußland. Ganz bestimmt würde ich Schostakowitsch und andere Freunde aus der Musik- und Theaterwelt treffen. Ich freute mich auf ein großes Erlebnis, auf mein geliebtes Moskau, an das ich so viele gute und schlimme Erinnerungen hatte.

Mein Freund Edouard Forner, ein junger amerikanischer Dirigent, brachte mich zur Bahn. Auf dem Bahnsteig saß ein junges Mädchen bei seinem Gepäck. Er machte mich auf sie aufmerksam und flüsterte: »Lassen Sie sich auf ja keinen Fall in eine Diskussion mit der da ein, Maestro.«
»Was ist denn los mit ihr?« fragte ich erstaunt.
»Nichts. Aber bei ihr gibt's nur zweierlei: Entweder sie spielt unaufhörlich Klavier, oder sie schwatzt ständig. Und da sie jetzt auf der Moskaureise im Zuge achtundvierzig Stunden lang kein Klavier unter den Fingern hat, wird sie Sie dumm und albern reden.«
Zu meiner Verblüffung sprach die »geschwätzige« Pianistin auf der ganzen Reise nicht ein Wort, und ich fragte mich, aus welchen Gründen der gute Forner mich wohl so vor ihr gewarnt haben mochte.
Mein Zugabteil wurde der Treffpunkt aller, die etwas über Leben und Musik in der Sowjetunion wissen wollten. Zwei Tage lang diskutierten wir über die Künste in Rußland, und zu meiner Überraschung hörte ich keine Kritik an der Regierung oder der Kommunistischen Partei. Entweder sind Musiker unpolitisch oder liberal im weitesten Sinne. Wie man es nehmen will.
Je näher wir an Moskau herankamen, um so größer wurde die Begeisterung der Reisenden. Mein einziger Kummer war, daß die hübsche Pianistin, die mich dumm und albern schwatzen sollte,

nicht die geringste Notiz von mir oder sonst jemand nahm. Alle anderen fragten und redeten – sie hörte nur aufmerksam zu oder las in einem Buch. Ich interessierte mich für sie und ließ mich vorstellen. Unsere Unterhaltung dauerte nur so lange, daß ich feststellen konnte, sie spielte lieber Beethoven als Chopin. Im Augenblick hatte ich andere Sorgen. Wie würde es meiner alten Freundin Jelena gehen? Als ich sie 1936 verließ, hatte sie gerade geheiratet. Ihr Mann, ein prominentes Parteimitglied, war gestorben. Sie leitete ein Krankenhaus und hatte einen Sohn. Mehr wußte ich nicht. Auch Marija Michailowna war tot. Wie war sie gestorben? Alexandrows Tod war mir lange verheimlicht worden, und als ich nach den näheren Umständen fragte, erhielt ich keine Antwort. Das war Anfang der fünfziger Jahre.

Noch eine Stunde, und wir waren in Moskau. Alle waren in heiterster Stimmung, sie packten, machten sich fertig und schauten erwartungsvoll aus den Fenstern. Mir ist, als wäre ich erstarrt; die dreißiger Jahre in Moskau ziehen an mir vorbei. Stalin, Berija, Jagoda. Kerenskij taucht auf einmal auf, Lenin, Trotzkij, der Bürgerkrieg, Kulaken, die Hungersnot an der Wolga, Leichen und Skelette in Kellern, Sandro, Meyerhold, Efrem. Was werde ich vorfinden?

»Professor, wo ist Ihr Gepäck? Wir sind in Moskau!« Ich werde aus dem Zug geführt und in ein Auto gebracht. Straßen, Häuser, Menschen huschen draußen vorbei. Dann bin ich in einem Hotel. Die Zimmer waren neu und modern. Wir aßen, und ich sah um mich herum heitere Gesichter; auch die Moskauer schienen fröhlich. Einige von uns gingen anschließend ins Bolschoj zu *Aida;* andere wurden ins Kunst-Theater geführt. Ich freute mich auf ein großes Ereignis im Konzertsaal des Konservatoriums: die Uraufführung von Schostakowitschs Vierter Symphonie. 1935 war sie fertiggeworden; den Proben in Leningrad hatte der Parteisekretär Shdanow beigewohnt, der die Aufführung verbot. Jetzt, siebenundzwanzig Jahre später, sollten wir sie endlich zu Gehör bekommen. Da ich zwei Karten hatte, lud ich die »geschwätzige« Pianistin ein, mitzukommen.

Schostakowitsch war anwesend, fühlte sich jedoch offensichtlich unwohl. Die Musik und letztlich die Menschen hatten trium-

phiert. Schostakowitsch umarmte mich – sechsundzwanzig Jahre waren vergangen, Jahre der Freude und des Kummers, seit der denkwürdigen Aufführung der *Lady Macbeth* in Moskau, wo Dmitrij Schostakowitsch in unserer Loge Qualen ausstand, während sich uns gegenüber Stalin, Shdanow und Mikojan halb totlachen wollten. Heute fand die Vierte Symphonie jubelnde Anerkennung. Dmitrij lächelte.
Moskau hatte sich verändert. Die Sonne schien und die Menschen wirkten entspannt. Auch meine junge Pianistin wurde von der russischen Begeisterungsfähigkeit, von der Wärme und Freundlichkeit der Menschen angesteckt. Ich fühlte mich jünger als im Jahre 1936. Aber mir blieb auch das Tragische nicht verborgen. Der »große Führer« Stalin hatte sterben müssen, um das Leben wieder heiter werden zu lassen.
Am nächsten Morgen spazierte ich auf der Bolschaja Dmitrowka und fragte einen ordensgeschmückten Offizier nach dem Weg zum Malyj Theatr. Er bot sich an, mich dorthin zu begleiten. Unterwegs erzählte ich ihm, ich sei Italiener und mit einer Gruppe von Professoren zum Tschaikowskij-Wettbewerb nach Moskau gekommen. Nach fünf Minuten waren wir alte Bekannte. Er fragte nicht: »Wie gefällt Ihnen Moskau?« sondern: »Ist Moskau nicht wunderschön?« Er riet mir, nach Charkow zu fahren, seiner Geburtsstadt, und den herrlichen Dnjepr zu sehen, und natürlich auch nach Leningrad, »das mehr Paläste und Museen besitzt als Rom und Paris«.
Mein Russisch wurde immer fließender und ich fragte ihn: »Wie ist das Leben hier heute im Vergleich zu früher?«
Er blieb stehen, und deutete mit dem Arm in den Himmel. »Sehen Sie diese Gebäude? Zehn Stockwerke – sechzehn Stockwerke. Mein Vater hat so etwas nie gesehen. Als ich klein war, wohnten wir in einem Keller ohne Wasser und ohne Toilette. Ich bin Jude, müssen Sie wissen. Mein Vater erinnerte sich noch an die Pogrome. In der zaristischen Armee hat er als Soldat gedient. Wenn er es nur hätte erleben können, daß sein Sohn Ilja als Offizier der Sowjet-Armee mit vier Orden ausgezeichnet wurde. Ich liebe Moskau!«
Er sprach pathetisch wie ein Schauspieler, um mir ganz deutlich

zu machen, was er damit sagen wollte. Passanten schauten uns zu, lächelten und hätten am liebsten an unserer Unterhaltung teilgenommen. Den Stummel seiner Zigarette hob er sorgsam auf, bis er einen Abfallkübel fand. Ich war ganz beeindruckt von dieser Sauberkeit. Nirgendwo in der Welt habe ich Ähnliches erlebt wie diesen Stolz der Russen auf ihr Moskau.

Mein Freund Sergej Borisowitsch Jewelenow, der Leiter des Tschaikowskij-Konzertsaales, lud mich zu sich ein.

»Wissen Sie noch, wie Sie in den dreißiger Jahren hier waren? Wir lebten damals in zwei kleinen Zimmern. Jetzt haben wir ein großes Schlafzimmer, Küche, Eßzimmer und diesen kleinen Salon, um Gäste zu empfangen. Es hat sich einiges geändert, Sergej Matwejewitsch.«

Es hatte sich tatsächlich sehr viel geändert.

Ich wurde natürlich auch von vielen Menschen beneidet, weil ich ein Haus besitze in Italien und reisen kann, wohin ich will. Gregorij Schneerson, der in den dreißiger Jahren Sekretär des Komponistenverbands gewesen war, hatte alle Verfolgungen glücklich überstanden. Ich fand seine Familie gesund und munter. »Sergej Matwejewitsch – Sie waren zwar verbannt, aber Gott sei Dank nicht nach Sibirien. So können Sie also wiederkommen, und hoffentlich recht bald.«

Dieses Mal war es leicht, Moskau zu verlassen, wo ich alles soviel glücklicher und zufriedener vorgefunden hatte als sechsundzwanzig Jahre zuvor.

Als ich im Frühjahr 1962 in meine Sommer-Opernschule auf Elba zurückkehrte, hatte unser Korrepetitor und Begleiter Robert Wallenborn inzwischen die Leitung der Musikabteilung an der St.-Louis-Universität übernommen und konnte deshalb nicht mehr bei uns mitwirken.

Ein anderer Begleiter war nicht ausfindig zu machen, und so schrieb ich die kanadische Pianistin an, die ich auf der Moskau-Reise kennengelernt hatte. Die Antwort kam schnell: »Ich hätte gern in Ihrer Opernschule mitgearbeitet, bin aber leider verhindert, da ich Verwandte in England besuchen will.«

Wir suchten nach Pianisten in Wien, Rom und Florenz, aber für die Saison war es zu spät. Ganz verzweifelt schrieb ich ein zweites Mal: »Liebe Miss Mary, ich hoffe, Sie haben den schönen Abend mit Schostakowitschs Vierter noch nicht vergessen. Erlauben Sie mir zu sagen: Wenn Sie wüßten, wie dringend wir Sie hier brauchen, würden Sie vielleicht doch noch kommen.«

Und tatsächlich erhielt ich ein Telegramm: »Komme.«

»Nun, Miss Mary, was hat Sie bestimmt, doch noch zu kommen?«

»Professor Radamsky, weil es das erste Mal war, daß jemand zu mir gesagt hat, er brauche mich.«

Sie war einundzwanzig und ich einundsiebzig. Kurz darauf heirateten wir. Jetzt bin ich dreiundachtzig Jahre alt.

Mary: jung, schön, eine Pianistin, der Stolz ihrer Eltern. Sie heiratete einen Russen, einen Radikalen, der einundfünfzig Jahre älter ist als sie. Ihr Vater war nicht glücklich darüber, und ihre Mutter konnte mich nicht ausstehen. Ich kann es ihnen nicht verübeln.

Heute ist Mary glücklich, ihr Vater ist zufrieden, ihre Geschwister sind einverstanden, und ihre Mutter sendet mir ihre »besten Grüße«. Es sind außergewöhnliche Eltern und sie freuen sich über unser Glück. Und ich bin für viel Mühsal mehr als reichlich belohnt worden. Ich bin dankbar.

Desdemona, Carmen und der Rennfahrer

Im Sommer 1965 kam eines schönen Tages eine hübsche junge Dame in mein Gesangsstudio auf Elba und sang mir aus der Partie der Desdemona vor.

»Sie singen sehr hübsch. Aber die Desdemona hat einiges zu singen, und im zweiten Akt wird es recht dramatisch.«

»Mein Lehrer hat nie gesagt, daß die Partie zu dramatisch für mich sei.«

»Dann sage ich es Ihnen. Sie sollten leichte lyrische Lieder oder Partien studieren.«

»Maestro, ich sehe wie Desdemona aus und empfinde wie sie. Also werde ich die Partie studieren, bis ich sie schaffe.«

»Ist Ihr Mann denn ein Schwarzer?«

»Was hat das damit zu tun? Mein Mann ist Weißer, und wir sind eigens nach Europa gekommen, damit ich hier mein Opernstudium fortsetzen kann. Und nur wenn Sie mit mir die Desdemona studieren, kann ich bei Ihnen Unterricht nehmen.«

»Sagen Sie, warum verklemmen Sie eigentlich immer die Beine, wenn Sie singen? Hat das auch etwas mit Desdemona zu tun?«

»So? Tue ich das? Das hat mir noch nie jemand gesagt.«

»Hat Sie denn Ihre frühere Lehrerin nicht darauf aufmerksam gemacht, daß man in der Stellung nicht singen kann?«

»Nein. Sie saß ja immer hinter ihrem Klavier und konnte meine Beine nicht sehen.«

»Aber Sie wissen schon, daß Sie auf der Bühne Ihre Beine nicht so verklemmen können, als ob Sie dringend ein kleines Geschäft erledigen müßten?«

Nach ein paar Unterrichtsstunden mit ähnlichen kleinen Reibereien trennten wir uns.

Auch ihr Mann hatte übrigens einige Zweifel. Sechs Monate später lud er mich in Florenz einmal zum Essen. Als ich ihm auseinandersetzte, daß ich seiner Frau keinen Unterricht hätte geben können, weil sie diese Partie in keinem Opernhaus der Welt an den Mann brächte, meinte er: »Sehen Sie, sie wollte unbedingt Sängerin werden. Ich habe sie geheiratet, wir haben zwei Kinder und das dritte ist unterwegs. Soll sie doch ihr Vernügen haben!«

»Aber sie nimmt das ernst, mein Freund. Sie glaubt wirklich, daß sie die Desdemona in einem italienischen Theater singen wird.«

»Warum sagen ihr die Lehrer, daß sie das schaffen wird?«

Italienische Lehrer sind nicht anders als Lehrer anderer Länder. Eine hübsche blonde Amerikanerin mit einer netten Stimme und drei Kindern ist überzeugt, die erforderliche Stimme zu besitzen; ihr Mann ist froh, ihr den Gefallen tun zu können, und bezahlt den Unterricht; beide sind dabei glücklich – warum also sollte ihr ein Lehrer diese Illusion rauben und die ganze Familie ins Unglück stürzen?!

In diesem Augenblick kam Madame nach Hause zurück. Unterm

Arm trug sie einen Klavierauszug – *Othello* natürlich. Wir tranken noch ein Gläschen zusammen, und dann verabschiedete ich mich und wünschte ihr viel Glück mit Desdemona.
Ein Jahr später erreichte uns die freudige Nachricht, daß sie ihr viertes Kind bekommen hatte und die Partie der Desdemona nun fast gänzlich beherrschte.

Jane kam zu mir in die Wiener Akademie, aber nicht um dort zu studieren. Von Schulen hatte sie genug und wollte nur noch Privatstunden. Ich merkte sofort, daß diese Texanerin einen eigenwilligen Kopf hatte.
»Ich bin Mezzosopran und möchte die Carmen und ähnliche Partien singen.«
Sie sang mir die *Habanera* vor, und wir begannen dann mit Tonleitern. Ich riet ihr, die Stimme nicht zu forcieren und sie nicht groß und voll erscheinen zu lassen; sie solle ganz natürlich singen. Nach fünfzehn Minuten sagte ich:
»Miss Jane, mir scheint, ihr Mezzosopran ist nur vorgetäuscht. Ihre Stimme klingt forciert und unnatürlich. Und wenn Sie mit Ihrer natürlichen Stimme singen, sind Sie kein Mezzo, sondern ein sehr schöner großer lyrischer Sopran.«
»Nein«, antwortete sie brüsk. »Ich war immer schon ein Mezzo, und kein Mensch hat mir je gesagt, ich sei ein Sopran. Außerdem kann ich nur bis G oder höchstens As singen und nicht weiter.«
»Wissen Sie, wie hoch Sie eben gekommen sind?«
»Ich nehme an, bis A oder As.«
»Nein, bis zum hohen C.«
Sie wurde krebsrot vor Wut und zischte: »Nein, Maestro. Niemals im Leben habe ich das hohe C geschafft und werde es auch nicht schaffen. Ich bin Mezzo. Und ich muß die Carmen singen. Das wollte ich schon mit zwölf Jahren, als ich die Oper das erstemal in Dallas gehört habe. Ich will die beste Carmen der Welt werden und will nichts anderes als Mezzosopran-Partien singen.«
Zunächst einmal sangen wir weiter Skalen, und als wir in die obere Lage kamen, hörte sie einfach auf.
»Ich will nicht höher singen; ich kann es einfach nicht.«

»Gut«, meinte ich, »meine liebe Jane, als erfahrener Lehrer sage ich Ihnen, Sie sind ein Sopran. Aber nur wenn Sie wollen. Wenn nicht, kann ich nichts daran ändern. Dann sind Sie eben ein Mezzo. Aber was haben Sie denn gegen die hohen Töne? Ein guter Mezzosopran singt bis zum hohen C. Als Carmen müssen Sie es auch singen. Die Eboli hat das H und die Amneris das B.«

»Nein, ich will die Carmen singen. Alles andere ist mir egal. Hohe Töne will ich nicht haben. Und wenn Sie mich nicht als Mezzo unterrichten, kann ich nicht bei Ihnen bleiben. Und eigens um bei Ihnen zu studieren, bin ich nach Wien gekom-
um bei Ihnen zu studieren, bin ich nach Wien gekommen!«
nicht weiter zu forcieren und »brustig« zu singen, und wir setzten unsere Stunden fort. Die Stimme entwickelte sich sehr schön, und sie verlor auch ihre Angst vor den hohen Tönen. Ich ließ sie einem Impresario vorsingen, der überzeugt war, sie würde innerhalb eines Jahres für eine große Karriere fertig sein.

Eines Tages teilte sie mir mit, daß sie ein Konzert geben werde. Ich war ganz überrascht.

»Wann denn?«

»Im April.«

Wir hatten Februar.

»Ist das nicht etwas eilig?«

»Nein. Ich bin soweit.«

»Wer hat Ihnen das gesagt?«

»Jeder, der mich hört.«

»Und wo findet das Konzert statt?«

»Natürlich im Brahms-Saal in Wien.«

Ich war wie vor den Kopf geschlagen. Aber ich bewahrte die Ruhe und fragte:

»Warum haben Sie sich so plötzlich dazu entschlossen, ein Konzert zu geben, ohne mich vorher zu fragen?«

»Aus dem einen Grunde, weil ein amerikanischer Komponist hier ist. Er hat einen herrlichen Liederzyklus geschrieben, den ich in Europa uraufführen will, und da er ein ausgezeichneter Pianist ist, wird er mich selbst begleiten. Ich bin ganz sicher, daß es ein voller Erfolg wird.«

»Sind Sie ganz sicher?«

»Absolut. Ich habe schon das Datum festgesetzt und eine Anzahlung hinterlegt.«
Ich fiel fast vom Stuhl. »Und was singen Sie noch?«
»Das Programm habe ich schon abgeschickt. Ich singe noch *Frauenliebe und -leben* von Schumann.«
»Unmöglich, meine Liebe! Das haben wir noch gar nicht gearbeitet.«
»Im College habe ich diese Lieder zum Abschlußkonzert vorgetragen, als ich den Bachelor of Arts gemacht habe.«
»Aber das hier ist kein College-Konzert. Sie singen in Wien, und wir haben kaum noch Zeit, daran zu arbeiten.«
schon viel Erfolg damit gehabt.«
Im ersten Augenblick wollte ich sie rausschmeißen. Aber dann
»Das will ich auch gar nicht. Ich kann die Lieder. Ich habe
erkannte ich die gefährliche Situation, in die sich mich gebracht hatte. Wenn ich mich weigerte, mit ihr vor dem Konzert zu arbeiten, und sie fiel durch, würde ich die Schuld bekommen. Also gab ich nach und arbeitete noch ein paar Stunden mit ihr. Dann fuhr sie nach Wien. Ich schickte einen Brief hinterher, der ihr einen Tag nach ihrem Konzert übergeben werden sollte. Darin teilte ich ihr mit, daß ich fortan nichts mehr zu tun haben wolle mit ihrer Karriere.
Es kam, wie es kommen mußte: Ihr Konzert wurde fast ein Skandal, und nach der Pause war der Saal so gut wie leer. Barmherzigerweise übergingen die anwesenden Kritiker dieses Debakel mit Stillschweigen. Jane erkannte, daß sie versagt hatte. Da ich mich grundsätzlich geweigert hatte, sie weiterhin zu unterrichten, ging sie zu der berühmtesten Lehrerin in Wien. Die neue Lehrerin lehnte es rundweg ab, sie als Mezzo zu behandeln, und wollte sie nur als Sopran ausbilden. Diesmal war Jane einverstanden. Aber es lief alles ganz anders, als sie es sich vorgestellt hatte. Anstatt daß sie, wie man ihr versprochen hatte, schon im Herbst an deutschen Opernhäusern als Sopran vorsingen durfte, hieß es jetzt, es würde noch länger als ein Jahr dauern, bis sie die hohe Lage in der Kontrolle habe. Sie war bestürzt; wie war es möglich, daß sie bei mir als Mezzo bis zum hohen C singen konnte und jetzt als Sopran nicht hochkam?

Jane mußte einsehen, daß sie ihre Karriere selbst verdorben hatte. Als nächstes hörte ich, daß sie einen Nervenzusammenbruch erlitt, mitten in der Nacht auf der Kärntnerstraße im Nachthemd aufgegriffen und in ein Krankenhaus gebracht worden war. Ein Vierteljahr lang mußte sie von einem Psychiater behandelt werden. Glücklicherweise erholte sie sich von diesem Schock und konnte sich in den letzten Jahren ihren Lebensunterhalt als Chorsängerin in New York beim Rundfunk und anderswo verdienen. So wurde eine erstklassige Karriere durch unglaubliche Dummheit und Unbelehrbarkeit ruiniert.

Grace kam aus Montreal – ein Mezzosopran mit brillanten hohen und tiefen Tönen, mit einer Stimme von großer Wärme und runder Tonschönheit. Sie ließ sich leicht unterrichten, spielte gut Klavier, besaß eine ausgezeichnete Figur und erfreute sich bester Gesundheit. In Deutschland besorgte ich ihr eine Verdienstmöglichkeit als Chorsängerin, wo sie die Chance hatte, kleine Partien zu singen. Auf diese Weise konnte sie Deutsch lernen und zugleich Bühnenerfahrung sammeln. Nach einigen Monaten bot man ihr schon Solo-Partien an.

Bei all ihren Vorzügen hatte Grace nur einen kleinen Fehler: ihr Busen war nicht sehr voll und sie mußte deswegen manchen Spott über sich ergehen lassen. Sie wollte zunehmen und versuchte, mehr zu essen. Aber das half nichts. Also ging sie zum Arzt und ließ sich Pillen verschreiben, um üppiger zu werden. Bald wurde sie tatsächlich fülliger, aber auf einmal bekam sie Schwierigkeiten mit der Stimme.

Nach zwei Monaten Pillenschluckerei konnte sie nicht mehr im Chor singen. Zuerst schob sie dem kalten Wetter und dem spärlichen Sonnenschein in Norddeutschland die Schuld daran zu. Sie verließ die Stadt und suchte einen Spezialisten in München auf. Als er von ihren Pillen hörte, schlug er ein Buch auf und ließ sie selbst nachlesen, daß davor gewarnt wurde, diese Pillen Pfarrern, Lehrern und vor allem Sängern zu verschreiben.

Fünf Jahre hat sie gebraucht, um sich wenigstens teilweise von den Schädigungen zu erholen. Wird sie noch Karriere machen können?

Finnland ist nicht eigentlich bekannt als Heimat schöner Stimmen. Aber vier ganz berühmte Opernsänger von heute sind Finnen: Marti Talvela und Kim Borg, Bassisten, und Tom Krause und Kari Nurmela, Bariton.

Karis Aufstieg ist ein ganz außergewöhnlicher Fall von praktischer Klugheit, Intelligenz und Arbeit. Er kam zu mir nach Wien im Jahre 1956 – ein netter junger Mann von zweiundzwanzig Jahren. Bis zum Alter von neunzehn hatte er sich nur für Auto-Rennen interessiert und war mit seiner jungen Freundin auf einem Motorrad kreuz und quer durch ganz Europa gefahren. Er stammte aus einer bekannten, begüterten Familie und sprach neben seiner Muttersprache fließend Englisch, Deutsch und Schwedisch, und dazu noch etwas Russisch. Heute spricht er auch noch Französisch und Italienisch, und zwar außerordentlich gut. Er war gut gebaut, hatte einen vollen Haarschopf und ein betörendes Lächeln.

1953 hatte er aus einer Laune heraus zu singen begonnen. Als Baß hatte er angefangen, und schon 1955 gab er sein erstes Konzert in Helsinki. Der Erfolg ermutigte ihn, nach Wien zu gehen, um dort seine Studien fortzusetzen. So kam er zu mir und sagte:

»Ich suche einen Lehrer und würde gern bei Ihnen studieren.«

»Was singen Sie?« fragte ich.

»Baß.«

Er sang, und ich hörte eine kleine Stimme ohne Höhen und Tiefen, aber von sehr angenehmer Tonqualität.

»Sie sind kein Baß«, sagte ich.

»Was bin ich denn?«

»Wir werden sehen.«

Kari machte es sich bequem, zog seine Jacke aus, und ich erkannte, daß er nur einen Arm hatte; der linke Unterarm fehlte. Offensichtlich litt er nicht darunter; aber ich machte mir Sorgen.

Nach kurzer Zeit entwickelte sich seine Stimme beachtlich, und meine anderen Schüler wurden eifersüchtig. Wie konnten sie Neid empfinden, wo er mit seiner Prothese doch bestenfalls im Konzert singen konnte?!

Kari nahm täglich Unterricht und besorgte nebenbei alle Reparaturen im Haus und hielt meinen Citroën in bestem Zustand. Er war nicht nur ein hervorragender Schüler, sondern auch ein treuer Gefährte.

1961 wurde ich eingeladen, den *Barbier von Sevilla* in Norddeutschland zu inszenieren, und zwar in doppelter Besetzung. Ich nahm größtenteils eigene Schüler und wollte Kari den Figaro singen lassen, weil Stimme, Figur und sein Lächeln so vollkommen zu dieser Rolle paßten. Aber fast alle Leute meinten, ich sei übergeschnappt. Alle Figaros, die ich in fünfzig Jahren erlebt hatte, waren auf der Bühne hin und her gelaufen und hatten beide Arme in die Luft geworfen: »Figaro quà, Figaro là; Figaro sù, Figaro giù.« Kari war bereit, die Partie zu singen, und ich gab ihm einen Schubkarren, auf dem er die ganzen Utensilien seines Gewerbes mit sich führte: Perücken, Kämme, Bürsten, Seifen und so weiter.

Mein zweiter Figaro war ein hübscher Neger, William Ray, auch ein Schüler von mir, mit einer herrlichen Stimme, gutem Spielvermögen und viel längerer Ausbildungszeit als Kari. Er hatte großen Erfolg. Aber Kari war eine Sensation. Mit seiner Stimme, seinem Spiel, seinen Augen, seiner Mähne und seinem Charme. Niemand merkte, daß er eine Prothese trug.

Als er später jedoch bei anderen Opernhäusern vorsingen wollte, wollte ihn niemand anhören. Er mußte erst Photos und Zeitungskritiken über seinen *Barbier* vorlegen. Bald darauf wurde er in Detmold, Freiburg und an anderen Bühnen engagiert und hatte überall viel Erfolg mit seinem Spiel sowohl wie mit seiner Stimme.

1966 wurde er an eines der größten deutschen Opernhäuser verpflichtet, nach Stuttgart. Zu seinen Partien gehören der Ford in *Falstaff*, Marcello in *La Bohème*, Wolfram in *Tannhäuser*, Malatesta in *Don Pasquale*, Figaro im *Barbier von Sevilla*, Heerrufer in *Lohengrin*, Germont in *La Traviata*, Renato im *Maskenball* und als Krönung seines Erfolges der Scarpia in *Tosca*.

Die meisten dieser Partien singt Kari in Deutsch und Italienisch.

Er singt auch mit großem Erfolg Gastspiele in italienischen Opernhäusern, in Venedig, Florenz und Bologna, wo ich ihn

1972 als Canio im *Bajazzo* hörte. Es ist schon viele Jahre her, daß ich eine bessere Aufführung erlebte und herzlicheren Beifall, als er an diesem Abend empfing.

Hat es sich gelohnt?

Hätte ich gewußt, daß ich wegen meiner begrenzten Stimme Jahre lang studieren müßte; daß ich nur mit viel Geld und mit dem glücklichen Zufall, auch einen guten Lehrer zu finden, Karriere machen könnte, die im besten Fall höchst unsicher und gefährdet war – ich hätte gewiß einen anderen Beruf ergriffen, um mir den Lebensunterhalt zu verdienen. Ich hätte nur zu meinem Vergnügen gesungen.

Die Angst der Leute, mich zu verletzen, und leichtfertige, unverantwortliche Ratschläge haben mich immer wieder in unmögliche Situationen hineinmanövriert. Zu guter Letzt fand ich dann doch Anerkennung und konnte Geld verdienen. Aber hat es sich gelohnt, in der Fabrik zu arbeiten, viele Jahre lang Monate hintereinander zu hungern, in Kellern und auf Parkbänken und in Untergrundbahn-Stationen zu schlafen und immer nur alte Kleider zu tragen und auf die einfachsten Annehmlichkeiten des Lebens verzichten zu müssen?

Trotz aller Not, Sorgen, Verzweiflung, Mühsal und Enttäuschung kann ich nicht undankbar sein dafür, daß ich große Partien bei Operntruppen und über zweitausend Konzerte in kleineren Musikvereinen sowohl wie in den großen Sälen der Großstädte, darunter der Carnegie Hall in New York, gesungen habe; daß ich der erste ausländische Künstler war, der 1927 in Moskau und der ganzen Sowjetunion auftrat und in Sibirien mit einer Medaille der Roten Armee ausgezeichnet wurde; und der erste ausländische Künstler, der 1928 in Palästina sang. Ich habe viel Lob erfahren von den ersten Kritikern in New York, London, Moskau, Leningrad und anderen Städten; ich wurde 1932 von Dr. Schatzkij zum Professor am Moskauer Konservatorium ernannt und war jahrelang Professor an der Wiener Akademie,

am Los Angeles City College und an den Scripps und Pomona Colleges. Ich habe Hunderte von Studenten gehabt, von denen viele heute an Opernhäusern in Deutschland, Wien und den USA singen und von denen mindestens fünfzehn in Amerika und anderswo lehren.
Das allein wäre schon ein reicher Lohn. Und wenn man dazu noch die Opern und Operetten zählt, die ich in Amerika und Deutschland inszenierte und leitete; und die Stücke von Tsche chow und Gorkij, dazu auch meine eigene Bühneneinrichtung der *Brüder Karamasow*, die ich in Deutschland zur Aufführung brachte – dann habe ich eigentlich allen Grund, dankbar zu sein. Ich habe einen hohen Preis zahlen müssen; aber ich habe es fertiggebracht, meine Ideale und meine radikalen politischen Anschauungen gegen alle Pressionen aufrechtzuerhalten. Daß das möglich war, verdanke ich vielen Menschen – ich habe mich bemüht, mich ihres Vertrauens und ihrer Hilfsbereitschaft würdig zu erweisen.